L.I.E. 영문학총서 제12권

19세기 영국여성작가 읽기

한애경 지음

L. I. E. – SEOUL
2008

책머리에

이 책은 조지 엘리엇(George Eliot)의 전 작품을 페미니즘적 관점에서 접근한 『죠지 엘리어트와 여성문제』(1998) 이후 쓰인 논문 중에서 몇 편을 골라 모은 것이다. 본인은 박사논문으로 엘리엇의 작품을 연구했기 때문에, 아무래도 엘리엇 소설에 대한 관심에서 멀리 떠날 수 없었다. 이 논문들은 그 후 엘리엇으로부터 제인 오스틴과 메리 셸리, 샬롯 브론테로 본인의 연구 범위를 확대하려는 노력의 소산이다. 그럼에도 불구하고 조지 엘리엇과 제인 오스틴에 편중되어 있긴 하나, 제인 오스틴과 샬롯 브론테, 메리 셸리를 포함함으로써 연구 작가는 일단 다양해진 셈이다. 또한 19세기 주요 여성작가를 다 아우르지는 못했지만, 에밀리 브론테와 엘리자베스 개스켈만 빼면 주요 여성작가는 거의 다 들어간 듯하다.

그동안 출판을 염두에 두고 연구한 것이 아니지만, 논문을 추리다 보니 몇 가지 공통적인 관심사를 귀납법적으로 찾아낼 수 있었다. 이 논문들에 일관된 한 가지 관심은 여전히 페미니즘 비평이다. 가부장적 사회 안에서 겪는 여주인공의 성취욕과 좌절 등에 주로 초점을 맞춘 접근에서 한 걸음 나아가 사랑과 예술 간에 겪는 여성의 갈등이나 최근의 몸 담론까지 관심을 확대시키려고 노력했다.

또 하나는 이런 페미니즘 접근을 프랑스의 저명한 사회학자인 피에르 부르디외(Pierre Bourdieu, 1930-2002)나 지젝(Zizec)의 관점과 결합시킨 연구범위의 확대다. 19세기 문학 작품에 부르디외나 지젝의 몇 가지 개념을 도입한 분석은 시대에 따라 비평의 잣대를 달리 해 접근해도 여전히 뭔가 보여주는 고전 작품의 현재성을 확인시켜준다는 점에서 즐거운 작업이다. 또한 본격적인 탈식민주의 분석은 아니지만 문학 텍스트에 재현된 영국 제국주의의 변모 과정을 세 권의 영국 소설에서 살핀 탈식민적 관점의 분석도 시도해보았다. 이런 논문은 탈식민주의 접근이나 부르디외, 지젝의 개념에 의거한 페미니즘과의 접점 모색의 소산이라 하겠다.

구체적으로 I부에서는 제인 오스틴의 작품분석을 모아보았다. 주지하다시피, 제인 오스틴의 전 작품은 이전에도 일부 영화화되었지만 20세기에 들어 모두 영화화될 정도로 새롭게 인기를 끌고 있다. 소위 "제인 오스틴 붐"이나 "제인 오스틴 리바이벌"이라 불릴 정도로 오스틴의 작품이 현대에 들어 새로운 관심을 끌고 있다. 최근 1990년 이후 오스틴의 여섯 편의 장편 소설은 모두 영화화되었으며, <센스 & 센서빌리티>는 1995년에, <엠마>는 1996년에 오스틴의 작품 중에서는 가장 늦게 영화화되었다. 또한 영화화에 따른 동반상승의 효과로 문학 텍스트까지 더불어 인기를 누리고 있다. 그 시작은 오스틴의 『오만과 편견』을 영화화한 <브리짓 존스의 일기>다. 연기파 여배우 르네 젤위거(Renee Zellweger)의 인기에 힘입어 이 영화가 히트하자, 번역본인 『오만과 편견』(전승희 & 윤지관 역, 민음사)의 판매부수까지 덩달아 늘었다는 사실이 이를 입증한다.

1부에서는 제인 오스틴에 대한 페미니즘적 접근과 "상징폭력"(symbolic violence)이나 "문화자본"(cultural capital)같은 부르디외의 몇 가지 핵심 개념에 입각한 접근이 주를 이룬다. 오스틴의 『맨스필드 파크』를 분석한 논문에서는 흔히 반여성 해방적이라고 비판되어온 여주인공 패니 프라이스(Fanny Price)를 페미니즘의 관점에서 평가하면서 패니의 두통에 숨겨진 의미를 몸 이론과 관련하여 살펴보았다. 『지성과 감성』에 관한 논문에서는 『지성과 감성』을 여성의 몸과 히스테리(hysteria)에 대한 담론과 관련하여 분석하였다. 구체적으로 윌러비에게 실연당한 후 걸린 마리앤의 질병에서 당대 여성들에게 흔한 히스테리 증상과의 몇 가지 공통점을 볼 수 있었으며, 더 나아가 그녀의 몸에 각인된 정신적 갈등 및 여성의 몸과 성욕에 대한 당시 사회의 통제를 볼 수 있었다. 또한 여성의 몸에 대한 이런 담론이 당시 행동지침서(conduct-book)에 나오는 예의바르고 정숙한 귀부인(proper lady)과는 어떻게 관련되는지 분석해 보았다. 또한 부르디외의 "문화자본"과 계급이라는 관점에서 『엠마』를 새롭게 조명해 보았다. 이런 분석은 오스틴의 소설에 등장하는 여성인물들의 결혼을 단지 자아각성이라는 도덕적 측면이나 사회·경제적 측면에서 고려하는 것보다 좀 더 섬세한 분석틀을 제공해주는 바, 부르디외에게 있어 계급 재생산의 핵심 개념인 문화자본이라는 관점에서 『엠마』를 재조명해보았다.

2부에서는 메리 셸리(Mary Shelley)의 『프랑켄슈타인』을 역시 페미니즘의 관점에서 분석하였다. 메리 셸리는 제인 오스틴처럼 20세기 후반부터 지금까지 미국 대학교의 영문과에서 꾸준히 접근되는 작가로서, 이 작품도 20세기 들어 거의 무덤에서 부활하듯, 이전에 사이언스 픽션(Science fiction)이나 괴기 소설로 간주되던 데서 벗어나 복제인간과 창조, 페미니즘 등의 여러 관점에서 다양하게 활발히 접근되고 있다. 주로 『프랑켄슈타인』에 집중되던 연구는 최근 들어 셸리의 전 작품을 다룰 정도로 각광받고 있다. 이러한 메리 셸리의 부활현상에 대해서는 따로 분석해 보아야겠지만, 제인 오스틴과 더불어 특수 인기를 누리고 있다.

3부는 조지 엘리엇의 작품에 대해 다양한 접근을 시도해 보았다. 즉 시대가 시대이니만큼 페미니즘적인 인식을 견지하되, 부르디외와 지젝의 개념을 빌어 새로운 접근을 시도해 보았다. 조지 엘리엇의 세 작품 "암거트(Armgart)"라는 시와 『미들마취』(1871-72), 그리고 『대니엘 데론다』(1876)에 등장하는 암거트와 마담 로르, 알카리시라는 세 여류 예술가가 겪는 사랑과 예술의 갈등을 주로 결혼과 일의 갈등이라는 페미니즘 관점에서 비교·분석해보았다. 『플로스강의 물방앗간』(이하 『물방앗간』으로 약칭함)은 엘리엇의 작품 중에서 지금까지도 가장 많이 읽히며 분석되는 작품으로서, 20세기에 들어 페미니즘뿐 아니라 다양한 각도에서 접근되고 있다. 가령 미국 대학교에서는 지금까지 엘리엇의 최대 걸작이라 불리는 『미들마취』나 짧다는 길이상의 미덕 때문에 많이 읽히는 『싸일러스 마아너』보다 더 많이 읽히는 등 여전히 인기를 누리고 있다.

이 『물방앗간』의 여주인공인 매기에 대한 탐과 마을사람들의 냉대와 냉혹한 반응에서 "상징폭력"을 찾아볼 수 있다는 점에 착안하여 부르디외의 "상징폭력"이라는 관점에서 재조명해 보았다. 또한 같은 작품 『물방앗간』을 지젝의 케보이(Che Vuoi)와 히스테리적 주체, 그리고 이데올로기적 환상(ideological fantasy)과 관련하여 살펴보았다. 나머지는 엘리엇의 마지막 장편소설인 『대니엘 데론다』를 여성의 몸과 히스테리라는 관점에서 분석하였다. 최근 20여 년 동안 문화계의 최대 화두인 몸에 대한 최근의 비평 담론의 관점에서 이 작품의 여주인공 그웬들런 할러스(Gwendolen Harleth)의 몸, 즉 그녀의 히스테리 증상을 고찰하였다. 다시 말해 그녀를 통해 여성의 몸과 히스테리 증상이 어떻게 재현되었는가라는 궁금증에서 출발하여 그웬들런이 종래의 히스테리 환자와 같은 점과 다른 점이 무엇인지, 그리고 이 상이점에 어떤 의미가 있는지 살펴보았다.

4부는 이 저서에서는 유일하게 탈식민적 관점의 논문이다. 이 논문에서는 제인 오스틴과 샬롯 브론테, 그리고 조지 엘리엇이라는 세 여성작가의 문학 텍스트 속에서 약 한 세기(1815-1902)에 걸친 영국 제국주의가 어떻게 재현되며, 그 재현 양상이 어떻게 변화되는지 분석하였다. 이런 빅토리아 소설에 나타난 식민주의의 문제는 기회가 닿는 대로 좀 더 연구해 보고 싶은 분야다.

무엇보다 주님께 감사드린다. 이 책에 수록된 논문을 쓸 때 사고의 잘못을 교정하며 개념과 방향을 바로 잡아주고 같이 토론해준 동학 장 정희 교수와 많은 영감을 준 대전문학이론 독회, 특히 조 애리 교수와 김 진옥 교수에게 이 기회를 빌려 진심으로 감사의 마음을 전한다. 아울러 새벽마다 기도해주시는 어머니와 늘 마음의 격려를 아끼지 않는 우리 사랑하는 가족, 남편과 두 딸에게도 감사한다. 또한 이 책에 수록된 모든 논문을 여러 차례 교정해준 정 유영 조교에게도 감사의 마음을 전한다.

목 차

I. 제인 오스틴
1. 제인 오스틴과 페미니즘:『맨스필드 파크』/ 11
2. 여성의 몸과 히스테리:『지성과 감성』/ 40
3. 보이지 않는 경계선:『엠마』와 '문화자본' / 66

II. 메리 쉘리
1. 『프랑켄슈타인』에 관한 여성론적 고찰 / 91

III. 조지 엘리엇
1. 조지 엘리엇의 세 작품에 나타난 사랑과 예술의 갈등 /127
2. 『플로스강의 물방앗간』과 '상징폭력' /153
3. 지젝의 이데올로기와 주체:『플로스강의 물방앗간』/ 174
4. 여성의 몸과 히스테리:『대니엘 데론다』/192

IV. 영국제국주의
1. 영국 제국주의와 영국 소설:『맨스필드 파크』,『제인 에어』,『대니엘 데론다』/ 221

I. 제인 오스틴

I-1. 제인 오스틴과 페미니즘: 『맨스필드 파크』

1

『맨스필드 파크』(*Mansfield Park*, 1814)는 제인 오스틴(Jane Austen, 1775-1817)의 총 6편의 소설 중, 후기 세 편 가운데 첫 번째 작품이다. 본 연구에서는 이 작품의 여주인공 패니 프라이스(Fanny Price)를 여성론적 관점에서 고찰하고자 한다. 이 작품은 『오만과 편견』(*Pride and Prejudice*, 1813) 이후 발표되었으나, 이전 작품과 확연히 다르기 때문에 칭찬과 비판의 상반된 반응을 받아 왔다. 이 작품에 대한 이제까지의 평가를 보면 이전 작품보다 진지하고 엄숙하여 더 마음에 든다는 긍정적인 반응도 있지만, 이전 작품 『오만과 편견』이나 다음 작품인 『엠마』(*Emma*, 1816)에 비해 너무 엄숙하여 재미없다고 불평하는 반응이 대부분이다. 사실 패니 프라이스는 정의하기 어려운 인물로서 독자들은 그녀가 거의 아무런 행동도 하지 않는 것처럼 보이기 때문에 대부분 그녀에게 실망한다. 이런 상반된 반응들은 패니 프라이스에 대한 논쟁과 밀접한 관련이 있으며, 패니에 대한 논쟁은 대체로 두 가지로 수렴된다. 첫째, 말을 잘 하고 위트 있으며 매력적인 그랜트 목사 부인(Mrs. Grant)의 이복 남매 메리(Mary)나 헨리(Henry)에 비해, 패니는 너무 소극적이며 수동적이라 매력이 없다는 것이다(Halperin 137; Moler 189). 따라서 몇몇 평자들은 크로포드(Crawford)가의 남매를 높이 평가하는 반면, 패니에게는 불만을 토로한다. '도덕적으로 혐오스러운' 사람은 메리나 헨리가 아니라 패니라는 킹즐리 아미스(Kingsley Amis)의 의견이 그 대표적인 예이다(Moore 139). 둘째, 패니를 작가의 도덕적 이상이나 보수적 세계관을 나타내는 중요한 인물로 평가하는 의견들이 있다. 그밖에 그녀를 센티멘탈 소설(sentimental novel)의 여주인공이나(Kirkham 101; Kelly 31) 기독교적 여주인공(Christian heroine)과 관련시켜 논의하는 평자도 있다. 가령 라이오넬 트릴링(Lionell Trilling)은 패니의 연약한 신체를 '병자와 약자, 그리고 죽어 가는 사람을 특별히 신성하게 생각하는 기독교적 전통'과 연관지어 패니를 기독교적 인물로 보고(1978 214; Kirkham 102 & Halperin 150에서 재인용) 패니의 도덕성을 기독교적 배경에 뿌리를 둔 것으로 보기도 한다. 이러한 평가들은 나름대로 일리 있는 주장들이다.

그런데 대다수 평자들은 입장이나 관점의 차이에도 불구하고, 패니가 재치 있고 활기찬 엘리자벳 베넷(Elizabeth Bennett)같은 오스틴의 다른 여주인공에 비해 매력이 없다는 점에 일단 동의하고 있다. 이런 반응의 일부 원인으로서 이 작품이 출판 연도상 『오만과 편견』 다음에 출판되었지만, 실제로는 오스틴의 20대 초기에 쓰인 『오만과 편견』보다 15년 뒤인 30대 후반에 쓰인 후기작으로서 중년으로 갈수록 더욱 보수화된 오스틴의 세계관을 반영하고 있음을 생각해 볼 수 있다(Halperin 149). 작가는 편지에서 주제를 완전히 바꾸겠다고 표명한 바 있는데, 그 새로운 주제란 바로 "성직 수여식과 결혼"(*Letters* 2:298; Lenta 172에서 재인용)이었던 것이다. 이러한 주제는 소수인 젠트리 사회의 전통을 위협하는 위험들이 많아져 젠트리의 도덕적 재생이 필요함을 부각시키는데(Brown 1979-85) 적합한 주제였던 것이다. 확실히 이 작품은 주제나 문체, 인물과 분위기 등 여러 면에서 오스틴의 여타 작품과는 다른 분위기를 갖고 있으며, 도덕적이며 보수적인 색채가 유난히 강해 오스틴의 소설들 중에서 가장 진지하고 심각한 소설이라 평가된다.[1)]

이 논문에서는 패니에 대한 이런 논쟁을 염두에 두고 패니가 당대 여성의 행동지침서(conduct-book)에 나오는 예의바른 귀부인(proper lady)에 부합하는지 아니면 이런 여성상을 뛰어넘는 존재인지, 즉 남성에 비해 하위존재로 그려진 패니를 페미니즘의 관점에서는 어떻게 평가할 수 있는지 분석해 보기로 한다. 다시 말해 그녀가 과연 수동적이며 소극적인 인물인지, 그녀가 말과 행동을 하지 않는 것에 어떤 의미가 있는지, 몸에 관한 서술이 패니에게서 어떻게 나타나는지 여성의 몸에 대한 이론과 관련하여 살펴보고자 한다. 이러한 작업을 통해 오스틴의 여성론적 인식도 자연스럽게 드러날 것으로 보인다. 이런 연구는 다양한 논쟁을 불러일으켜온 패니에 대해 보다 다각적이며 깊이 있게 이해하게 해줄 것이다.

2

1) 오스틴의 작품 중 유일하게 이 작품에서는 10세 무렵부터 18세까지

---

1) 이런 이유로 이 작품을 심지어 오스틴 작품에서 '변종'으로 보는 평자도 있지만, 소수의 평자들은 이 작품이 '변종'이 아님을 알고 있다(Halperin 138). 오스틴의 오빠인 헨리(Henry)는 그의 『전기적 주목』(*Biographical Notice*)에서 오스틴의 가정적인 특성(domesticity)과 만족, 경건함, 종교성을 강조함으로써, 지적인 여류 미혼 작가가 받을 당대 공격의 화살에서 그녀를 보호하려 했다.(Kirkham 55-56)

패니의 어린 시절 성장과 성년기가 그려진다. 요컨대 패니가 겁 많고 가난하고 지위가 낮은 더부살이 친척에서 시작하여 맨스필드 파크(Mansfield Park)의 버트람(Bertram)가 일원이 되기까지의 과정이 그려진다는 것이다. 구체적으로 패니는 열 살이 되던 해 포츠머스(Portsmouth)에서 큰 이모댁인 버트람 부인(Lady Bertram)의 맨스필드 파크에 오게 된다. 그녀가 이곳에 오게 되는 과정을 알기 위해서는 작품의 맨 앞에 나오는 헌팅돈(Huntingdon)의 워드(Ward)가 세 자매의 결혼 – 각기 상·중·하류 계급 남성과 결혼하는 – 얘기를 볼 필요가 있다. 패니는 세 자매 중 제일 못 사는 프라이스 부인(Mrs Price)과 자녀를 키울 만한 능력이 없는 무능한 전직 해군 대위의 아홉 자녀 중 맏딸로서, 11년만에 화해를 시도한 목사 부인인 둘째 이모 노리스 부인(Mrs. Norris)의 주선으로 준남작(baronet)인 토머스 버트람 경(Sir Thomas Bertram)과 결혼하여 제일 잘 사는 큰 이모 집으로 와서 양육된다.

그녀는 맨스필드에 오기 전 평범하지만 나름대로 매력적인 소녀였다. "다소 민감하고 자그마"[2)]한 "그녀는 나이에 비해 키가 적었으며, 안색도 빛나지 않았으며, 눈에 띠는 아름다움도 없었다. 지극히 수줍고 부끄러워했으며 주목받기를 기피했다. 그러나 촌스럽긴 했지만 그녀의 태도는 속되지 않았다. 그녀의 목소리는 감미로웠다. 그녀가 말할 때, 그녀의 안색은 아름다웠다."(9)

그렇지만 그녀는 맨스필드 파크라는 낯선 환경에서 집에 대한 향수와 노리스 부인이 강요하는 감사 사이에서 갈등을 느끼며, 이 갈등은 불행하다는 의식으로 나타난다. 다음 인용문에는 버트람가 자녀들의 연극공연 전까지 주위 사람들의 사랑과 관심밖에 놓여 있는 그녀의 소외된 상

---

2) Austen, Jane. *Mansfield Park* (Harmondsworth: Penguin Books, 1970). 이제부터 나오는 본문의 인용은 이 판에 의거하여 면수만 표기하기로 한다. p. 9.

황이 잘 표현되어 있다.

> 그 동안 어린 방문객은 최대한 불행했다. 모든 사람을 두려워하고, 자신을 부끄러워하고, 그녀가 떠난 집을 그리워하면서, 그녀는 어떻게 올려다봐야 할지 알지 못했으며, 울지 않거나 거의 들리게 말할 수 없었다. (10)

> 패니는 사촌들과 가까이 있든지 떨어져 있든지, 서재에 있든지 거실에 있든지, 관목숲에 있든지 누구에게나 어디서나 두려움의 대상을 발견하고 한결같이 외로웠다. 버트람 부인의 침묵에 낙담했으며, 토머스 경의 엄숙한 표정에 두려움을 느꼈고, 노리스 부인의 훈계에 압도되었다. 손위 사촌들은 작은 키를 상기시켜 그녀를 괴롭혔고, 수줍음에 주목하여 부끄럽게 만들었다. 리 양(Miss Lee)은 패니의 무지에 놀랐으며 하녀들은 패니의 남루한 옷을 비웃었다. . . . 이 모든 슬픔에 더해 동생들 생각에, 그녀의 작은 가슴을 낙담시킨 절망은 격심했다. 웅장한 저택은 그녀를 놀라게 했지만, 위로해 줄 수는 없었다. 그녀에게는 방들이 너무 커서 편하게 움직일 수가 없었다. 무엇이나 건드리면 해를 끼칠 것 같아서 그녀는 항시 뭔가를 두려워하며 살금살금 걸어 다녔다. 자주 자기 방에 가서 울었다. 밤에 거실을 떠날 때면 자신의 특별한 행운을 잘 아는 것 같다는 애기를 듣는 이 어린 소녀는 울다가 잠드는 것으로 매일 매일 슬픔을 마감하였다. (11)

또한 1권 4장에서 사촌들이 다 파티에 갔을 때도 그녀는 "자신의 상황을 너무 낮게 여겨 [사촌들과] 똑같이 받아들여질 수 있다고는 상상도 못"(31) 할 정도로 위축되어 있다. 이러한 패니의 모습은 불안과 외로움 등에 있어 가히 제인 에어를 연상시킨다.

그녀가 이렇듯 소외된 이유를 생각해 보자. 첫째, 이모 집에서 가난한 친척으로 얹혀 사는 그녀의 의존적인 처지를 생각해 볼 수 있다. 친척이지만 친딸은 아닌 그녀의 위치는 맨스필드 파크에서 다소 애매한 위치, 즉 사회적·경제적 면에서 주눅들기에 충분한 상황이었다. 둘째로, 그녀의 소극적이며 수동적인 성격과 나이에 비해 작고 별로 예쁘지 않은 외모 및 나약한 심신을 고려해볼 수 있다. 셋째로, 그녀가 이렇다 할 교육을 받지 못했다는 사실을 생각해볼 수 있다. 이 패니의 교육과 관련하여 당대의 여성교육을 잠시 살펴 보면, 버트람가의 마리아(Maria)와 줄리아(Julia)가 기숙학교에서 받은 교육에 암시되듯 유행과 피상적 지식, 장식적 교양만을 강조하는 빈약하기 짝이 없는 교육이다. 뿐만 아니라 지각이 없는 노리스(Norris) 부인도 그들의 허영심을 조장하며, 딸들의 교육에 전혀 관심 없고 게으른 맨스필드 파크의 안주인 버트람 부인도 딸들에게 악영향을 미친다. 버트람 부인은 "멋진 옷을 차려입고 소파에 앉아 아무 쓸모없고 예쁘지도 않은 오래 걸리는 바느질을 하면서, 자식들보다 강아지를 더 생각하지만 자식들에게 매우 엄하지 않게 하루하루 보내는 여성"(16-17)으로 묘사된다. 이런 모습을 통해 유한계급 귀부인의 무력한 삶이 암시된다. 버트람 부인이 얼마나 피상적인 속물인가 하는 점은 늘 무시하던 패니가 나중에 재산과 지위를 지닌 헨리의 청혼을 받자 패니를 높이 평가하는 데서 단적으로 드러난다.

더욱 서글픈 현실은 패니가 이 빈약한 교육조차 받지 못해 어리석은 존재로 무시당한다는 사실이다. 가령 그녀는 버트람 가의 가정교사 및 사촌인 마리아와 줄리아에게 그들이 다 아는 로마 황제와 영국 왕들의 연대와 유럽 등의 지리를 잘 모를 뿐 아니라, 피아노도 잘 못 친다는 이유로 무시당한다.

이러한 연유로 패니는 행동도 말도 잘 안 한다. 구체적으로 패니의 행동거부는 말하기를 거부하는 것으로 그려진다(Kelly 41). 그뿐 아니라 그녀는 나서지 않고 조용히 보이지 않게 없는 듯 처신하려 한다. 이런 행동을 통해 얄팍한 "교양"보다 내적 능력의 중요성을 선호하는 작가의 생각을 엿볼 수 있다. 가령 그녀는 당대 여성에게 요구되던 피아노와 그림 등 과시적이며 장식적인 여성의 교양교육을 거부하고 조용히 숨어 할 수 있는 독서에만 몰두한다. "항상 매우 예의바르게 듣는 사람이며 종종 가까이에서 듣는 유일한 사람"(147)이라는 표현에 암시되듯, 패니는 듣기만 하는 인물이 되려 한다. 이런 면모는 작품의 여러 곳에서 볼 수 있다. 가령 에드먼드와 얘기할 때 "모든 것 – 내 상황 – 어리석음과 촌스러움"(22)에 대한 자의식 때문에 "난 결코 누구에게도 중요한 존재가 될 수 없어"(22)라거나 "누군가에게 나 자신이 중요한 존재라고 느낄 수 있다면 기쁜 일일 거야. 여기서 난 아무 존재가 못 된다는 걸 알고 있어"(23)라는 발언은 자신의 가치를 인정하지 못해 위축되고 움추린 그녀의 태도를 암시한다. 이런 특성은 미모와 교양, 이만 파운드의 수입 외에도 재치와 위트가 있으며 말도 잘하고 자기 의사를 분명히 표명하는 메리와는 매우 대조된다.3)

그런데 패니의 이런 태도는 패니 자신이 원하는 태도이기도 하지만, 동시에 그녀에게 요구되는 것임을 간과해서는 안 된다. 가령 맨스필드 파크에서는 모두 다 그녀를 똑똑하지도 예쁘지도 않다고 여기며, 특히 노리스 부인은 패니에게 버트람가의 은혜에 감사해야 하며 늘 "어디에 있건, 네가 가장 비천한 최후의 존재임을 잊지 말라"(199)고 더부살이하는 그녀의 위치를 끊임없이 환기시켜 그녀의 불행을 가중시킨다.

이렇듯 부족한 패니는 버트람 가의 네 사촌 남매 중에서 차남인 에드

---

3) 패니와 메리라는 두 여성의 대조는 "패니에게 평온하며 위로가 되는 일이 메리에게는 지루하고 화가 나는 일"(258)이며 "섬세한 취미와 정신, 감정"(73)을 지닌 패니와 남녀관계에만 관심을 갖는 메리, 그들의 "기질과 습관의 차이"(259) 등으로 표현된다.

먼드(Edmund)에 의해 성장하게 된다. 이튼(Eton)과 옥스퍼드(Oxford) 대학의 졸업생이자 "강력한 양식과 올바른 정신"(18)을 지닌 인물로서 성직자가 될 예정인 그는 패니의 내적 아름다움과 가치를 일찍이 알아보고 가까이 대해준다. 한 살 손위 오빠 윌리엄(William)에게 편지 쓰기를 도와준 것을 계기로 그녀와 가까워진 그는 건강을 위해 패니에게 승마를 가르치며, 패니가 독서를 좋아함을 알자 읽을 만한 책을 골라 빌려줄 뿐 아니라 후에 다시 그녀와 읽은 책에 관해 토론함으로써 그녀의 정신적 성장을 도와준다. 그는 "그녀가 영리하며, 양식과 독서에 대한 취미 뿐 아니라 빠른 이해력"(19)을 지녔음을 간파하고 취미를 격려하며 분명한 도덕 원칙과 판단력을 갖게 해줌으로써, 사촌누이 패니에게 '스승'이자 '아버지' 역할을 한다. 이후 읽고 쓰기 외에 아무런 교육도 받지 못한 패니는 광범위한 독서 외에 불어와 역사를 가르쳐준 가정교사 리 양, 에드먼드의 가르침, 그리고 무엇보다 맨스필드에서 받은 고통을 통해 문학 등 지식 면에서 뿐만 아니라 판단력과 분별력을 지닌 여성으로 점차 괄목할 만한 성장과 발전을 이루게 된다.

2) 패니가 소극적인 여성이라는 점은 앞에서도 밝힌 바 있다. 패니의 이 소극적 성격을 어떻게 해석해야 할까? 이 문제와 관련하여 그녀의 나약한 심신을 여성의 몸에 대한 이론과 관련하여 살펴볼 필요가 있다. 버트람 가에 오기 전 그녀는 포츠머스 집에서도 하층 중산계급 가정의 장녀로서 부모의 별다른 애정과 관심을 받지 못하고 성장하였다. 가령 그녀의 아버지는 아내를 비롯한 모든 여자를 경멸하였으며, 아들만 편애하는 어머니는 딸들을 하찮은 존재로 여겼던 것이다. 그 결과 나약한 심신을 지닌 패니는 부정적인 자아상을 갖게 된다. 원래 수줍고 소극적인 그녀의 성격은 여성의 중요한 평가기준인 신분이나 외모의 결여 및 버트람

가에서의 불편한 위치 때문에 더욱 강화된다. 집에서 어린 동생들을 돌보는 보모나 가정교사, 놀이 친구 역할을 하던 패니는 맨스필드에 도착한 뒤 토지 젠트리 계급인 이모들과 사촌 언니들의 심부름꾼이자 고급하인 역할, 즉 어려서는 버트람 부인에게 애완 동물이나 토머스 상원의원의 자선을 입증해주는 존재(Trilling 92)로서, 커서는 버트람 부인의 무보수 하녀 역할을 하게 된다. 이런 환경으로 인해 그녀는 자기의심과 두려움, 우울증 등 정신적으로 몹시 위축되고 억압된 상태에 놓여 있음에도 불구하고, 속으로는 자신이 애정의 중심이 되기를 바라고 있다.

   여기서 주목할 점은 그녀의 의사가 두통이나 피로 등 신체적 증상으로 표시된다는 점이다. 가령 그녀는 에드먼드와의 관계에서 말로 표현할 수 없는 것을 몸으로 표현한다. 이런 일화들은 작품 속에 산재해 있다. 가령 2장에서 패니는 에드먼드가 오빠 윌리엄에게 편지 쓰기를 도와 줬을 때도 "표정과 몇 마디 서투른 말"(14)로 감사를 표시한다. 7장에서 메리에게 이끌린 에드먼드가 패니에게 빌려주었던 말을 메리에게 빌려주자 햇빛 속에 산책하다가 느끼는 패니의 두통은 실은 에드먼드의 관심을 사로잡은 메리에 대한 질투와 그녀가 무시되었다는 느낌 때문에 생긴 것이다(64). 9장에서 서더톤(Sotherton) 소풍시 서더톤 내부를 구경한 뒤 밖으로 나온 일행과 떨어진 패니는 벤치에 앉아 여러 쌍, 특히 에드먼드와 메리의 이끌림을 묵묵히 관찰하면서 산책중인 그들을 기다리는 등 여러 번 혼자 남겨져 피로와 비참함을 느낀다(82). 이런 감정도 실은 에드먼드와 메리의 상호 이끌림을 감지한 패니의 질투에서 비롯된 것이다. 14장에서 함께 공연하기로 한 연극의 배역을 정할 때도 패니만이 혼자 외롭게 남겨지며(124), 17장에서 연극공연을 준비할 때 주변의 모든 사람은 즐겁고 행복한 반면에 "패니만이 서글프고 중요하지 않은 존재"(143)가 된다. 토머스 경이 베풀어준 무도회에서 그녀가 피곤해지는 것도 메리에 대한 질투 때문이다. 이처럼 그녀는 서더톤 소풍시 두통에 시달린다거나 맨스필드 파크에서도 종종 두통과 피로에 시달리는데, 이런 일화들은 메리에 대한 질투 등 대부분 말이나 행동으로 직접 표현할 수 없는 패니의 내면 심리가 몸으로 표현된 것이다. 가령 샤르코(Charcot)나 브로이어(Breuer), 프로이트(Freud)(Showalter 147-64; Trotter 628-29; Hunter 257-76)와 브룩스(Brooks 222-24), 버틀러(Judith Butler 27-55)의 몸 이론에 의거하면, 그녀의 심리적 고통은 주로 몸의 병으로 나타난다는 것이다. 바꿔 말하면 그녀의 신체적 증상은 여성의 몸과 내면 심리간의 밀접한 상관관계를 보여준다는 점에서 주목할만하다. 구체적으로 엘리자베트 폰 R.(Elizabeth Von R.) 양에 관한 프로이트의 사례분석에서 이른바 전환(conversion)의 과정 내지 '상징화'(symbolization)에 따르면, 환자는 이 상징화에 따라 "그녀의 독립적 지위 결여 및 상황을 변화시킬 수 없는 무능력을 몸으로 표현"(『표준판』2:76)한다는 것이다(Brooks 226). 또한 저 유명한 프로이트의 안나 O.(Anna O.) 분석에서도 정신분석에서 말로 하던 것을 육체의 언어로 표현함으로써 심리적 메시지가 육체적 표현으로 "번역"되었다는 것이다(Hunter 272). 다시 말해 여성은 여러 가지 이유로 말보다 몸의 증상으로 자신을 표현한다는 것이다.

본고의 주제가 사회적 상황에 맞선 여성의 주체적 삶이라는 커다란 틀 안에서 논의되고 있으므로, 두통이나 피로와 같은 육체적 증상이 사회적으로 억압된 내면적 욕구의 표현이라고 할 때 이것은 패니의 내면적 욕구를 드러내는 동시에 그녀가 사회적 억압에 굴복한 것으로 해석할 수 있는 양면적 요소가 있다. 따라서 이런 신체적 증상 자체가 그녀가 수동적인 여성이 아님을 입증하는 증거가 될 수는 없지만, 이런 신체적 증상을 통해 그녀의 상황과 내면적 욕구간의 극심한 갈등이 미루어 짐작된다는 것이다. 본고에서 몇 가지 에피소드를 통해 논의된 패니의 소극적 성격이 변모하는 과정이 몇몇 에피소드의 분석 이상보다 심층적인 해석이 되려면 패니의 소극성이 몸 이론과 관련하여 더욱 보완되어야 할 것이다.

3) 당시 여성들에게 요구되던 규범은 앞으로 나서지 않고 조용히 있는 예의바른 여성이었으므로, 패니의 소극적 특성은 그녀를 당대 여성상에 부합하는 인물로 보이게 한다. 그러나 패니는 수동적인 존재만은 아니다. 이런 면을 가장 잘 보여주는 두 가지 중요한 예는 패니가 버트람가 남매들이 주관하는 연극공연에 반대하며, 헨리의 청혼을 거부하는 것이다. 첫째로, 연극 공연에 대한 패니의 반대를 살펴보자. 그녀는 토머스 경이 사업상 탐을 데리고 안티구아(Antigua)에 간 동안 연극공연을 주동한 장남 탐(Tom)과 그의 친구 존 예이츠(John Yates)가 무대에 올리기로 한 『연인들의 맹세』(*Lovers' Vows*)라는 연극공연에 반대한다. 특히 이 연극의 내용이 도덕적으로 적당치 못하며 아버지가 집을 떠난 부재중에 약혼한 마리아가 남자들과 어울려 연극하는 것은 옳지 않다고 주장하던 에드먼드까지 메리와 함께 공연하고 싶은 유혹 때문에 자신이 참여하지 않으면 가족 외의 남성이 하나 더 참여해야 한다는 이유로 자신의 참여 합리화하면서 공연에 대한 반대 입장을 끝까지 고수하지 못하고 공연에 참여하게 된다. 게다가 에드먼드와 헨리가 각기 마리아와 메리의 상대역을 하는 등 그들이 연극에서 맡은 배역과 실제 상황 사이에는 밀접한 상관관계가 있다. 가령 메리는 급진적이며 자유로운 사고를 하는 아멜리아(Amelia), 러쉬워스(Rushworth)는 그녀에게 청혼했다가 거절당하는 어리석은 카셀(Cassel) 백작, 에드먼드는 메리의 연인 역할, 즉 아멜리아와 사랑에 빠져 번민하는 성직자 안할트(Anhalt), 마리아는 타락한 여인 애거서(Agatha, Lady Ravenshaw) 역을 맡는다. 각별히 마리아가 유혹을 당하는 비극적 여인 애거서역을 맡으며, 메리가 극중에서 에드먼드에게 먼저 사랑을 고백하는 데는 심오한 예언적 아이러니가 있다.

그러나 패니는 함께 공연하기를 종용하는 탐에게 절대로 연기를 할 수 없다고 말한다. 그녀는 엘리자벳 인치발드(Elizabeth Inchbald)의 극 결혼제도를 비판하며 감정에 토대한 자유로운 남녀간의 결합을 주장하는 급진적 사상을 담은 -이 가정에서 상연되기에는 부적합하다고 생각하여 공연에 반대한 것이다. 이런 반대를 자신의 의사를 끝까지 주장하는 적극적 행동으로 간주하기에는 다소 무리가 따를 수도 있지만, 경제적으로나 사회적으로 의존적인 패니의 상황을 상기할 때 그녀 혼자서 여러 인물들에게 반대한다는 것은 큰 용기를 필요로 한다. 그러므로 그녀의 공연 반대는 패니가 그 사이 정신적으로 크게 성장했음을 보여주는 증거가 될 수 있다.

그렇다면 이 연극 공연이 왜 그렇게 문제가 되는가? 패니의 반대에 대해 여러 가지 의견이 개진되어 왔으며, 그녀를 매력 없는 인물로 보이게 하는 큰 이유 중의 하나는 바로 이 공연 반대이다. 그렇다고 그녀가 문학과 연극을 사랑하지 않는 것은 아니다. 인간 헨리와 책을 낭독하는 헨리를 착각하지 않던 그녀가 잠시 그에게 이끌리는 것도 연극에 대한 사랑, 즉 패니가 버트람 부인에게 셰익스피어의 『헨리 8세』(King Henry VIII)를 읽어줄 때 그가 즉흥적으로 아무 준비 없이 이 작품을 매우 극적으로 훌륭하게 낭독하였기 때문이다. 이 천부적인 헨리의 연기력은 패니의 판단으로 그가 "가장 훌륭한 배우"(185)라는 표현에 전달된다. 다시 패니가 공연을 반대하는 이유로 돌아가 보자. 첫째로, 그녀는 연극을 싫어하기 때문이 아니라 마리아와 헨리, 메리 등이 연극을 이용하여 이기적이며 위험한 열정을 충족시키려 하기 때문에 이 공연에 반대하는 것이다. 다시 말해 그녀만이 자신의 판단력과 분별력에 의거하여 이 연극공연을 추진하는 사람들의 동기, '위험한 허영과 자기몰두'(Moore 143)를 간파하였다는 것이다. 둘째로, 그녀는 분명히 예상되는 토머스 경의 반대 때문에 공연에 연루되길 거부한다. 이 토머스 경의 의사존중에 대해 그녀가 그의 보수적 가치에 그대로 순응하는 것이 아니냐는 논란이 있지만, 패니가 토머스 경의 의사를 존중하는 행동의 진정한 의미는 패니가 토머스 경이라는 개인에 순응하는 것이라기보다 토머스 경이 대변하는 맨스필드 파크의 바람직한 가치에 순응하는 것으로 보면 더 이해하기 쉬울 것이다.

이 연극반대에 함축된 의미를 이해하기 위해 연극이 중단되고 패니의 가치가 인정받는 과정을 좀 더 자세히 살펴보자. 그녀의 반대에도 불구하고 강행되던 연극은 예기치 않게 안티구아에서 돌아온 토머스 경의 갑작스런 등장으로 중단된다. 즉 "아버지가 오셨어! 이 순간 아버지가 홀에 계셔"(155)라는 줄리아의 말에 모두 혼비백산한 채 연극이 중단된다. 후에 에드먼드는 토머스 경에게 이 소동의 진상을 설명하면서 패니만이 신뢰할 수 있는 인물이라고 얘기한다.

> "패니만 빼고 우리 모두, 우리 모두 대체로 비난을 받아야 해요" 라고 그가 말했다. "패니만이 시종일관 바른 판단을 내렸어요. 패니는 일관성이 있었지요. 그녀는 감정적으로 처음부터 끝까지 꾸준히 연극공연에 반대했어요. 패니는 결코 아버지께 적합한 것이 무엇인가에 대한 생각을 그치지 않았어요. 아버지는 패니가 바랄 수 있는 모든 존재임을 아시게 될 거예요." (168-69)

이 공연을 둘러싼 일련의 소동으로 인해 패니의 가치가 인정되며, 이 시점부터 패니는 듣기만 하던 앞에서의 단순한 관찰자에서 벗어나 유일하게 사건의 실상을 파악하는 능동적인 여주인공, 즉 보다 적극적인 맨스필드의 도덕적 힘으로 부각된다.

이 연극공연과 관련하여 토머스 경의 부재 시 가부장적 부권의 상실과 그의 귀환으로 인한 권위회복을 잠시 생각해 볼 수 있다. 토머스 경이 경영하는 서인도 제도 안티구아(Antigua) 식민지의 노예제 사탕 농장은 본국인 영국 지주들의 부와 정치권력을 위해 존재한다. 요컨대 이 안티구아 식민지는 맨스필드 파크에서 영국인들이 누리는 사치스럽고 여유로운 물적 생활의 토대가 된다.4)

둘째로, 패니가 주위의 기대와는 달리 헨리의 청혼을 거부하는 일을 생각해 보자. 패니가 헨리의 청혼을 거절하는 이유를 알기 위해, 헨리의 청혼 과정을 살펴볼 필요가 있다. 연극 소동 이후 마리아가 러쉬워스와 결혼하여 줄리아를 동반하고 브라이튼(Brighton)으로 떠나고 예이츠와 탐도 떠나자 심심풀이겸 장난으로 패니에게 관심을 보이던 헨리는 "중요성이 증가"(184)한 패니에게 본격적으로 관심을 갖게 된다. 헨리의 이런 관심은 윌리엄의 방문으로 생기를 얻은 패니가 전에 비해 아름다워졌으며 주변 여성들과는 달리 자신에게 무관심한 그녀의 마음을 정복해 보겠다는 반발 심리에서 비롯된 것이다. 그러나 헨리가 청혼하는 보다 근본적인 동기는 패니의 예의바르고 정숙한 귀부인의 측면, 즉 자신의 강렬한 감정과 열정을 억압하고 예법에 일치시키려는 겸손하고 순종적인 면모가 그에게 어필했기 때문이다. 요컨대 정숙한 귀부인과는 다른 면모에도 불구하고, 그는 그녀를 이런 정숙한 여성으로 오해했다는 것이다. 바

---

4) 사탕 농장과 노예제 등 이 안티구아 농장 일화는 제국주의와 관련하여 최근 그 중요성이 부각되고 있다. 이 농장을 포스트콜로니얼리즘(Postcolonialism)에 관련하여 논한 사이드(Said)와 스피박(Spivak)의 견해 참조. 특히 오스틴이 안티구아 노예제에 무심하다는 사이드와 영국에서 패니의 도덕적 지위를 안티구아 노예의 지위와 비교한 Kirkham, 118 참조.
프레맨은 오스틴이 안티구아 언급에 무심했으며 영국 제국을 옹호했다는 사이드의 묘사는 19세기 유럽 문화, 특히 영소설이 제국주의 정치에 동조했다는 그의 주장과 일치한다고 보지만, 오스틴이 토머스 경의 해외 재산을 맨스필드의 평온, 질서, 미의 확대로 보았다는 사이드의 전제는 맨스필드의 도덕적 타락에 대한 오스틴의 비판으로 거부될 수 있으며(810), 권위에 대한 오스틴의 페미니스트적 비판에 사이드가 무심했다고 비판한다(815). Fraiman, 805-21, 특히 806-8; 이외에 Stewart, 105-136 참조.

람둥이 난봉꾼인 그의 이상적 여성상은 아이러니컬하게도 확고한 도덕적 원칙과 정숙한 태도를 겸비한 '가정의 천사'였던 것이다.5) 그러므로 패니에게서 천사의 모습을 발견한 그는 그녀를 결혼상대로 진지하게 고려하게 된다. 다음 인용문은 그의 이런 기대를 잘 표현해준다.

> 그[헨리]가 어떤 남성이라도 그녀[패니]의 신념과 완전함을 충분히 신뢰할 수 있을 정도로 패니가 한결같이 규칙적인 행동과 고귀한 정조개념, 예법을 잘 준수하는 점을 언급했을 때, 헨리는 패니가 매우 원칙적이고 종교적임을 알고 고무된 바를 표현한 것이다.
> "그녀를 완전히 그리고 절대적으로 믿을 수 있었어"라고 그가 말했다. "바로 그게 내가 바라는 바야." (266)

연 수입 4천 파운드와 노포크(Norfolk)에 토지를 소유한 헨리와의 결혼이 사회적·경제적 신분상승을 보장한다는 것은 두말할 필요도 없다. 게다가 그는 위컴(Wickham)이나 프랭크 처칠(Frank Churchill)처럼 여성에게 호감을 주는 태도와 "유쾌한 말솜씨"(39), 그리고 도시적 멋까지 겸비한 신사다. 이러한 까닭에 자매인 마리아와 줄리아는 헨리를 사이에 두고 경쟁하기까지 한다. 그의 청혼을 응낙하기만 한다면 귀부인이 될 수 있음에도 불구하고, 패니는 성격과 교육, 습관 등 여러 가지 면에서 그와 맞지 않으며 결혼을 원할 만큼 그를 사랑하지 않는다는 이유로 헨리의 청혼을 거부한다. 그러나 그녀가 이 청혼을 거부하는 보다 근본적인 이유는 에드먼드에 대한 사랑 외에도 버트람가 딸들에게 했던 행실을 통해 그의 인간성을 꿰뚫어 보았기 때문이다. 다시 말해 그녀는 자신의 이익

---

5) 헨리는 패니의 나약함을 센티멘탈 소설에 나오는 나약한 여주인공과 같은 것으로 생각하여 그녀를 보호해 주고 싶어하지만, 나약한 척하여 남성들의 보호본능을 자극하는 센티멘탈 소설의 여주인공과는 달리 패니는 나약한 척하지 않으며 성인다운 성숙한 마음과 이성적 판단력을 지니고 있다. 이점에 관해 Kirkham 53-120, 특히 101-106의 분석이 훌륭하다.

보다 윤리적인 이유로 그를 거부하는 것이다. 패니가 당대의 예의바른 여성과 달라지는 것은 바로 이 거부에 있으며, 이러한 연유로 패니의 거부를 부각시켜 보아야 한다. 주변 사람들은 모두 이 거절에 놀라고 분개한다. 가령 노리스 부인은 그녀의 거절을 배은망덕한 행동이라 분개하며, 버트람 부인은 지참금도 없는 패니가 재산과 지위를 갖춘 헨리의 청혼을 받았다는 사실 때문에 이제까지 무시해 왔던 그녀를 다시 평가하는 우스꽝스러운 반응을 보인다. 에드먼드조차 헨리와 결혼하면 그녀가 메리의 친척이 될 거라는 이유에서 헨리를 받아들이라고 권한다. 그는 지금까지 패니의 행동에는 흠잡을 데가 없었으며 그녀를 이상적 여성으로 여겨온 주변 사람들의 기대를 앞으로도 저버리지 말라고 설득한다.

> "크로포드의 애정은 평범한 게 아니야. 그는 전에 없었던 네 애정을 받을 희망을 갖고 끈기 있게 버티고 있어. 물론 이건 틀림없이 시간이 걸리는 일이지. 그러나 (에드먼드는 패니에게 다정한 미소를 지으며) 결국 그가 이기게 해줘. 패니, 결국에는 그가 이기도록 해줘. 넌 자신이 올바르고 공정하다는 걸 증명했어. 이제는 네가 은혜를 알고 부드러운 마음을 가졌다는 걸 보여줘. 그러면 넌 내가 항상 생각해온 대로 타고난 완벽한 여성의 모델이 될 거야." (315)

그 중에서도 이모부 토머스 경은 패니가 헨리를 정말로 거절했는지 세 번이나 묻는다. 그는 큰 재산과 연간 12000 파운드의 수입을 지닌 살찌고 어리석은 젊은이 제임즈 러시워스(James Rushworth)와 마리아의 결혼을 단지 경제적 이유로 찬성하고 식민지 안티구아의 노예제 운영으로 이익을 보는 영국귀족으로서, 패니가 이렇듯 유리한 거래를 거부하자 매우 분개한다. 연극 공연 소동을 계기로 패니에게 관심을 갖고 그녀의 분별력과 신중함을 높이 평가했던 그는 그녀를 이스트 룸(East Room)에 불러

"자기 멋대로 하고 고집세고, 이기적이며 배은망덕"(289)하며 자기 이익에 둔감하다고 야단친다.

> "네 행동에 대해 내 의견을 말하는 것이 의무라고 여겨 단지 이 말만 더 하겠다. 넌 모든 내 기대를 실망시켰고 너 자신이 내 생각과는 정반대 성격임을 입증하는구나. 패니야, 내 행동을 보고 틀림없이 알았겠지만, 왜냐하면 영국에 돌아온 뒤 네게 매우 호의적인 견해를 갖게 되었기 때문이란다. 난 특히 고집이나 자만심, 현대에 심지어 젊은 여성 사이에 지나치게 유행하고, 젊은 여성에게서는 모든 다른 무례함보다 더 불쾌하고 혐오스러운 독립적인 정신의 경향에서 네가 자유롭다고 생각했었단다. 그러나 넌 지금 너도 고집세고 심술궂을 수 있으며, 분명히 너를 지도할 권리가 있는 사람들을 전혀 고려하거나 존중하지 않고, 그들의 충고를 청하지도 않고 네 마음대로 결정하고 또 결정하려 한다는 걸 보여주는구나. 네 자신이 나의 상상과는 매우, 매우 다른 존재임을 보여주는구나. 이런 경우 네 가족- 네 부모, 네 형제와 자매 - 이 받을 이익이나 불이익은 네 생각에서 한순간도 고려할 가치가 없는 것 같구나. 그들이 얼마나 혜택을 볼 것이며 네 정착에 얼마나 기뻐할 것인지는 네게 아무런 의미도 없구나." (288)

이때 그녀는 울면서도 이 청혼을 거부하는 이유를 말하지 않는다. 왜냐하면 그녀가 헨리를 거부하는 이유를 밝히려면 마리아와 줄리아에게 했던 헨리의 나쁜 행실을 폭로해야 하며, 이런 폭로는 헨리는 물론 마리아와 줄리아에게도 피해를 끼칠 것이기 때문이다. 이처럼 그녀는 자신을 희생하여 가족이 부자가 될 기회를 거부한다(Fraiman 812). 요컨대 그녀는 무조건 토머스 경이 원하는 대로 하지 않고 토머스 경의 결혼관에 반대한다. 다시 토머스 경과 에드먼드가 배은망덕과 이기심 등 패니가 가장 두려워하는 용어를 사용하여 설득하려 해도 패니는 독립성과 스스로 선택할 여성의 권리를 주장한다.

"제 생각에," 패니가 잠시 회상한 후 힘들여 말했다, "어떤 남성이 일반적으로 매우 유쾌한 사람이라 해도, 여성이라면 모두 적어도 여성 중 누군가가 그를 인정하지도 사랑하지도 않을 가능성이 있다고 틀림없이 느낄 거예요. 그가 세상의 모든 완벽함을 지녔다 해도, 그 사람 스스로 우연히 좋아하게 된 모든 여성에게 받아들여진다고 보장할 수 없는 거예요. 그러나 크로포드 씨가 그의 누이들 생각처럼 모든 권리를 가졌다고 해도, 내가 어떻게 그와 같은 감정을 갖고 그를 대할 준비를 해야 하나요?... 요구되자마자, 내가 어떻게 그에게 애정을 줄 수 있겠어요?" (321)

패니는 이처럼 에드먼드에게 누구에게나 선택의 자유가 있다고 주장한다. 패니가 평소에 가장 두려워하는 것이 은혜를 입은 사람에게 감사할 줄 모르는 배은망덕과 이기심임을 고려해볼 때, 이 시점에서 패니의 자아개념은 전반부보다 성장하였음을 알 수 있다. 이런 관점에서 이 작품이 어린 시절에는 지극히 의존적이고 자아개념이 약한 여성이 위기상황 속에서 독립성을 주장하기까지의 정신적 성숙을 추적한 교양소설이라는 지적은(McDonnell 198) 타당하다. 거듭 강조하지만 이 거부에서 주목할 점은 당연히 예상되는 주변의 부정적 반응에도 불구하고, 그녀가 용기 있게 헨리를 거부한다는 점이다.

이상에서 패니는 당시 행동 지침서에 나오는 수동적인 여성으로 보이지만, 필요한 때는 자신의 의지대로 행동하는 여성임을 알 수 있었다. 다시 말해 그녀는 평소에 말과 행동을 아끼지만, 결정적인 행동이 요구될 때는 모든 사람의 반대가 예상될지라도 옹골찬 의지로 자신의 의사를 표명한다는 것이다.6)

한편 토머스경은 헨리의 청혼을 거부한 패니에게 화가 나 그녀를 고향 포츠머스로 보낸다. 이러한 결정은 헨리와의 결혼이 약속하는 풍요로운 삶을 택하도록 맨스필드의 가부장제에 불복종한 패니를 결핍과 고통을 감수해야 할 포츠머스로 추방한다는(Fraiman 810) 의미가 있다. 이 포츠머스 부분은 오스틴이 젠트리 계급이 아닌 하층 중산계급의 삶을 탐구한 유일한 경우로서(Gard 1992 142), 그간 그리워하던 포츠머스를 구년만에 방문하게 된 패니는 이 방문을 몹시 기뻐하지만 맨스필드와는 대조적으로 정돈되지 않은 좁은 환경에 크게 실망한다. 한 마디로 포츠머스의 "소음, 무질서, 무례함"(357)은 맨스필드의 "우아함, 예의, 균형과 조화, 무엇보다 평화와 평온"(354)과는 대조적이었던 것이다. 다음은 포츠머스의 묘사다.

> 그곳은 소음과 무질서, 무례함의 장소였다. 아무도 제자리에 있지 않았고, 아무 것도 되어져야 하는 방식으로 행해지지 않았다. (354)

> 여기서는 모든 사람이 시끄러웠고 모든 소리가 컸다.... 문이 계속 탕 하고 닫혔다. 계단의 삐걱대는 소리가 결코 쉬지 않았다. 아

---

6) 반면 패니의 소극적 면모에 대해 다음과 같이 상반된 견해도 있다. 패니가 토마스경에게 인정을 받고 그 재산을 상속받게 되는 것은 식민지인이 제국주의 권력에 복종하듯이 그의 가부장적 절대 권력에의 복종을 통해 이루어지므로, 패니의 '자아실현'이 남성중심의 가부장적 가치관- 제국주의자의 가치관 -에 복종하고 그들이 요구하는 여성적 미덕을 구현했기 때문이다. 그리고 제국주의 사업을 위해 집을 자주 비우기 때문에 야기되는 가장의 권위 상실, 이를 극복하기 위해 남성들이 본국의 여성들에게 '여성적 미덕'을 설정하여 통치하려 하였으며, 이런 '여성적 미덕'을 그대로 수용하고 받아들인 패니가 맨스필드에 동화되어 가는 과정을 통해, 제국주의 절대 권력 아래 복종하면서 그들이 제시하는 가치를 그대로 내면화하는 식민지인의 모습을 볼 수 있다는 것이다. 제국주의자요 한 가장의 가장인 남성들의 권위의식은 통치하기에 적합한 패니같이 수동적이고 나약한 여성만을 '이상적'으로 규정하였다는 것이다. 이 혜지 55-76, 특히 66, 69, 72, 56-57 참조,
이런 주장은 나름대로 타당성이 전혀 없는 것은 아니지만, 이제까지 우리가 살펴본 바와 같이 패니가 수동적인 여주인공에 머물지 않고 성장하며 권력에 편입되기 의해 토머스경에게 무조건 복종하지만은 않는다는 점에서 반박될 수 있을 것이다.

I. 제인 오스틴 29

무 것도 소음 없이는 이루어지지 않았다. 아무도 가만히 앉아 있지 못했다. 아무도 말할 때 주의를 모을 수 없었다.
　한 주가 다 지나가기 전에 두 집을 회상해보면서, 패니는 결혼과 독신에 관한 존슨 박사(Dr. Johnson)의 유명한 판단을 두 집에 적용시켜 보고 싶었다. 즉 맨스필드 파크에서는 다소 고통스러웠지만, 포츠머스에서는 아무런 즐거움도 없었다. (357)

　이와 같이 패니는 포츠머스에서 맨스필드의 가치를 인식하고 이제 맨스필드가 자기 집임을 깨닫는다. 이러한 깨달음이란 패니의 도덕적 성장, 즉 맨스필드의 "매너"와 예법(decorum)에 대한 새로운 인식, 그런 자질의 발전에 필요한 적당한 수입의 필요성에 대한 인식이라 바꿔 말할 수 있을 것이다.(Moler 189)
　패니에게 거절당한 헨리는 이후 해군 대위(Lieutenant)로 윌리엄이 승진했음을 알리는 편지를 갖고 포츠머스로 패니를 방문하여 이 모든 것이 그의 노력의 결과임을 알리면서 진지하고 사려 깊은 태도로 그녀의 가족을 대한다. 그의 변화된 태도는 "그녀는 그가 그렇게나 유쾌한 것을 본 적이 없었다. … 그는 분명히 나아졌다."(371)거나 "맨스필드에서보다 다른 사람들의 감정에 신경쓰며"(371) "그녀를 기쁘게 해주려"(235) 노력한다고 표현된다. 개인적으로 이런 태도상의 변화 뿐 아니라 그는 사회적인 책임 면에서도 변화된 모습을 보인다. 예컨대 그는 지주이면서도 런던 사교계의 쾌락에 빠져 돌보지 않았던 노포크의 영지경영에도 관심을 갖고 소작인과 농가를 방문하는 등 가난하고 억눌린 사람들의 친구가 되려 노력한다. 이렇듯 그가 성숙하고 책임 있는 가장이자 지주가 될 가능성에도 불구하고, 패니는 헨리가 여전히 "사치와 쾌락주의(epicurism)"(371) 속에서 자라 도덕적으로 깊이 타락한 인물임을 간파하고 있다.

4) 다음으로 패니와 에드먼드의 결혼이 갖는 의미를 검토하기 위해 그들의 결혼 과정을 살펴보자. 패니는 에드먼드와의 결혼으로 신데렐라같은 인물이 되지만, 그들의 결혼은 에드먼드에 대한 감사에서 사랑으로 발전된 패니의 선택이리기보다 메리에 대한 에드먼드의 생각이 바뀜으로써 이루어진다. 에드먼드는 미모와 재치, 활달한 성격을 지닌 메리에게 처음부터 사로잡혀 메리가 부도덕한 크로포드 제독 부부, 특히 숙모의 양육 결과 그녀의 가정 교육과 사고방식에 문제가 있다고 여러 번 느끼지만, 그녀를 놓치고 싶지 않은 마음 때문에 이를 심각하게 여기지 않는다. 많은 유산을 상속받게 될 장자 탐에게 잠시 호의를 느꼈던 메리 역시 시골생활과 목사 아내로서의 단조로운 삶은 거부하지만 선천적인 바람둥이 기질을 지닌 탐보다 에드먼드를 더 좋아한다. 에드먼드는 한번도 패니를 누이 이상으로 생각해 본 적이 없으나, 그 동안 호의를 갖고 있었던 메리가 결혼한 지 6개월도 안되어 남편을 버리고 런던 사교계에서 다시 만난 헨리와 도망한 마리아의 스캔들을 얘기할 때 그들의 행실보다 그들의 행동이 발각되게 한 부주의와 경솔함을 더 문제시하는 것을 보고 비로소 그녀의 실체를 파악하게 된다. 요컨대 그는 그녀가 타인에게 관심 없는 이기적이며 런던의 나쁜 영향을 받은 부도덕한 인물 "원칙의 잘못 … 타락하고 손상된 정신"(416)으로 표현되는 - 임을 깨닫게 된다는 것이다. 메리에 대한 마술이 풀려 이제야 제대로 보게 되었다는 에드먼드의 언급은 자아만족과 물질적 가치만을 중시하는 - 가령 결혼이 "모든 계약 중에서도 사람들이 타인에게 가장 많은 것을 기대하고, 자신들은 전혀 정직하지 못한 계약"(79)에 불과하다는 메리의 결혼관에 드러나듯 - 보다 본질적이며 뿌리깊은 메리의 결함에 대한 패니의 판단이 옳았음을 증명해준다.

이제 에드먼드는 묵묵히 그를 지켜보며 사랑해왔던 패니의 가치를 인식하고 패니를 택한다. 그가 메리 대신 수동적이며 말이 없는 패니를 택하는 것은 표면상 근간 메리에 대한 실망으로 "패니에게 유리한 상태"(454)가 되었을 때 패니가 곁에 있었기 때문이지만, 한 걸음 더 나아가 헨리가 착각했던 패니의 예의바른 숙녀로서의 면모 때문이 아니라 소극적 성격이지만 그녀의 강한 의무감과 확고한 도덕성 때문이다.

이 결말 역시 결혼으로 끝나는 오스틴식의 결말이지만, 그들의 결혼은 매우 간단하고도 다소 갑작스럽게 처리되어 있다. 따라서 이 결말은 당대는 물론 현재까지도 많은 독자들에게 아쉬움을 자아내어 왔다. 가령 "그녀[패니]와 에드먼드간의 더 많은 사랑"이 묘사되고 패니가 헨리와 결합하는 결말이었으면 좋겠다는 오스틴의 언니 카산드라(Cassandra) 및 조카 패니 나이트(Fanny Knight)의 의견은(Halperin 140; Hudson 53) 이러한 독자들의 아쉬움을 단적으로 대변해준다. 또한 당시 드물지는 않았지만 금기시되었던 근친상간의 분위기가 이 작품에 있는 것도 사실인 바(Hudson 54; Brown 1979 99), 이 결혼은 사촌간의 근친상간적 결혼이라는 점에서 주로 찬사보다 비난을 받아 왔다. 여기서 이 결혼이 나타내는 상징적 의미가 무엇인지 생각해 볼 필요가 있다.

첫째로, 젠트리의 붕괴에 대한 위기의식을 느끼던 오스틴의 관심과 초점은 그들의 결혼이나 로맨스가 아니라, 사촌인 패니와 에드먼드의 결혼을 통해 맨스필드 파크가 대변하는 전통적이며 보수적 가치와 질서가 메리나 헨리같은 크로포드 가의 외부 세력으로부터 과연 보존될 수 있느냐 하는 점에 있었다(Hudson 53-68).[7] 지역사회의 정신적 스승이자 도덕적 모범으로서 막중한 사회적 책임을 통감하는 등 교구목사로 공동체에 대한 강한 책임의식을 가진 에드먼드와 분별력 있고 신중한 패니가 결혼생

---

[7] 허드슨은 이 결말에서 새 시대, 도덕적 가치 전도, 급진적 변화에 대한 오스틴의 회의가 나타난다고 본다. Hudson, 61.

활을 잘 꾸려나갈 것 같다는 점에서, 에드먼드와 패니의 결혼은 젠트리의 붕괴를 저지하며 맨스필드의 소생을 암시하게 된다. 즉 맨스필드를 구하는 것으로 옹호되는 것은 패니의 관점이다.(Lenta 174)

둘째로, 그들의 관계는 같이 자라 서로 잘 알고 이해할 수 있는 평등한 부부관계 내지 동반자적 결혼(companionate marriage)을 암시한다는데 그 의미가 있다(Stone 325-36). 패니의 어린 시절에 대한 기나긴 묘사는 패니의 성장을 지켜보고 그녀를 "나의 유일한 위안"(405)이라 부른 에드먼드와 그를 존경하고 신뢰하는 패니가 어린 시절의 경험을 공유했기 때문에 서로 속속들이 잘 알며, 이런 관계는 강력한 공감적 사랑에 기초한 동반자적 결혼을 암시한다는 점에서 그 의미를 찾을 수 있다. "오랫 동안 그래 왔듯이, 그녀에 대한 지대한 관심과 더불어 [그의] 관심은 순진함과 무력함에 대한 가장 소중한 주장 위에 세워지고 점증하는 가치에 대한 모든 칭찬으로 완성되었다. 그러한 변화보다 무엇이 더 자연스럽겠는가?"(429)라는 문장은 사촌간의 애정에서 출발한 부부간의 애정과 이로 인한 그들의 평등한 관계를 시사한다. 그들의 상호사랑과 애정 어린 관심은 "항상 그녀와 함께 있으며, 항상 속을 터놓고 얘기"(422)하는 공감적 관계에 있다(Hudson 62). 즉 남녀간의 바람직한 관계는 부부보다 남매간에서 찾을 수 있다는 오스틴의 생각이 암시된다(Kirkham 119). 다시 부언하자면 가장 친밀한 형태인 결혼은 서로 대등하게 여기는 개인끼리 결합할 때만 행복하고 좋다고 오스틴이 믿었다는 것이다(Lenta 170).

그러므로 이 결말의 배후에는 이러한 과제가 버트람가의 내부 인물로 이 가문의 바람직한 미덕을 간직한 패니에 의해서만 보존되리라 믿었던 오스틴의 보수적 세계관이 숨어있다. 패니는 표면상 나약해 보이지만, 확고한 도덕적 원칙으로 크로포드 남매로 대변되는 급격한 혁신과 변화에 저항했던 것이다. 버트람가의 장남인 탐은 오랜 방탕한 생활의 결과로 깊은 병이 들었으며, 유부녀인 마리아는 헨리와 도망쳤고 혼전의 줄리아는 예이츠와 스코틀랜드로 도피함으로써, 자녀들은 버트람 가문에 수치를 가져왔다. 포츠머스와 맨스필드, 런던을 오가는 편지를 통해 무대 뒤에서 처리된 이런 일련의 사건으로 인해 상심한 토머스경 부부를 위로하러 돌아왔을 때 패니가 그에게 정말 필요한 딸이었다는 토머스 경의 말은 하층 중산계급 친척인 패니가 젠트리 계급인 버트람가의 자녀들보다 맨스필드의 가치를 계승할 만한 딸임을 입증해준다. 패니는 침묵과 부동성 가운데서도 맨스필드의 인물이 모두 저버린 맨스필드의 이상적 가치를 내면화하고 수호함으로써 오스틴의 여주인공 가운데 가장 작가의 도덕적 의도를 대변하는 인물이 된다.

오스틴의 보수적 세계관의 확인이라는 이런 결론은 패니를 페미니즘의 관점에서 보겠다는 논의와 얼핏 상치되는 것처럼 보인다. 그러나 전형적으로 예의바른 숙녀와 유사해 보이는 패니가 보다 적극적인 여성으로 변모하는 과정을 통해 오스틴은 큰 틀 안에서 나름대로 여성 행동 지침서의 예의바른 여성에 대한 전복을 꾀한 것으로 보인다는 점에서, 이러한 결론과 패니에 대한 페미니즘적 접근이 반드시 상치한다고 할 수 없다.

한편 그들의 결혼과 관련하여 토머스 경의 변화를 생각해 볼 수 있다. 가정을 통제하지 못한 패니의 아버지와는 달리 토머스경은 영지와 가정관리에 있어 가장으로서의 통솔력과 책임감을 갖고 있지만, 권위주의적이며 억압적인 태도 때문에 아버지 역할에는 실패한다. 억압과 방관이 반반 섞인 토머스경의 교육방식은 버트람가 자녀들을 도덕적으로 타락시킨 근본 원인이라 할 수 있다. 아버지가 안티구아에 가기로 하자 딸들이 숨막힐 듯한 "모든 속박에서 해방되어"(28) 아버지의 부재를 환영하는 것이 그 단적인 예다. 그러므로 단지 낭비와 향락을 위해 태어난 듯 탐이 가정에 마음을 붙이지 못하고 이기적인 쾌락과 방탕한 생활을 추구하는 것이나, 딸들이 자기들에게 지나치게 엄격한 아버지를 단지 탈출하고 싶은 대상으로 여기는 것도 당연하다. 이런 맥락에서 장녀 마리아와 러쉬워스의 약혼도 이해해야 한다. 마리아는 그녀가 동경해온 화려한 도시적 삶과 사교계 생활을 약속하는 수단으로서 12,000 피운드의 연 수입과 런던에 저택을 지닌 부자 러쉬워스에게 이끌린다. "가능하면 빨리 아버지와 맨스필드를 벗어나려는"(216) 탈출욕구와 런던의 저택 및 아버지보다 더 많은 수입을 보장한다는 이해가 맞아 떨어져 그녀는 이 결혼을 "명백한 의무"(34)로 생각했던 것이다.

    그는 이렇듯 자신의 자녀교육상의 자신의 잘못을 인식할 뿐 아니라 신사로서도 성장한다. 그는 예의와 질서, 권위를 대변하는 전형적 영국신사의 특성을 지니고 있지만, 시작 부분에서 마리아와 러쉬워스의 결혼이 그에게 "체면과 영향력을 증가"(215)시킬 거라는 이유에서 환영하고 그의 아들과 결혼할 가능성 때문에 패니가 오는 걸 반대할 정도로 속물이었다. 그가 예견했던 이 결혼은 그의 기준에서 볼 때 절대로 일어나서는 안될 뿐더러 그의 신분을 타락시키는, 상상조차 할 수 없는 일이었다. 후에 그의 우려가 현실화되자, 패니와 에드먼드의 결혼을 환영하고 축복할 만큼 변모한다. 왜냐하면 그는 러쉬워스와 헨리, 그리고 예이츠와 벌인 딸들의 스캔들과 연극소동 등 그간에 여러 가지 불행한 사건들을 겪고 나서 과거 자신의 자녀교육상의 잘못과 딸들의 부족함을 메꿔줄 패니의 진정한 가치를 깨달았기 때문이다. 이러한 맥락에서 패니의 관점에서 읽는 패니 얘기는 백인 지배담론의 역사에서 토머스 경으로 대변되는 지배 담론의 해체와 재구성 과정을 보여준다는 점에서 그 의미가 있다고 하겠다.

3

　이 논문에서는 흔히 페미니즘의 관점에서 반여성해방적이라고 비판 받아온 여주인공 패니를 평가함에 있어 몸의 증상을 통한 표현이라는 측면과 패니가 보이는 도덕적인 확고함과 주체성에 주목하여 긍정적인 해석을 시도하였다. 특히 프로이트 등의 히스테리 분석을 도입하여 패니의 두통에 숨겨진 의미와 수동성 속의 적극성을 찾아보았다.
　이상의 분석 결과 패니의 말 못하는 의사가 몸의 증상으로 표시됨을 통하여 당대 여성상 및 여성의 상황을 짐작해 볼 수 있었으며, 그녀가 너무 소극적이라 매력이 없다는 비판 역시 주로 앞부분의 패니 인상이 너무 강해서 나온 해석임을 확인하였다. 또한 패니가 앞에 나서지 않고 소극적이며 수동적인 인물이란 점에서 당시 여성행동 지침서에 나오는 예의바른 숙녀처럼 보이지만, 패니의 연극공연 거부 및 헨리의 청혼거부 등을 통해 결정적인 때 온갖 위험과 비난을 무릅쓰고 자신의 의사를 표명할 뿐더러 자신의 의지대로 행동한다는 점에서 예의바른 전형적 숙녀와는 다소 거리가 있음을 확인해 보았다.

< 인용문헌 >

이봉지 & 한애경.『육체와 예술』. 서울: 문학과 지성사, 2000.
이혜지.『제인 오스틴 소설에 나타난 제국주의적 요소들 -『맨스필드 파크』를 중심으로』.『근 대영미소설』. 제4집 2호 (December, 1997). 55-76.
Brooks, Peter. *Body Work: Objects of Desire in Modern Narrative*. Cambridge, Massachusetts: Harvard UP., 1993.
Brown, Julia Prewitt. *Jane Austen's Novels*. Cambridge: Harvard UP., 1979.
Butler, Judith. *Bodies that Matter: On the Discursive Limits of "Sex"*. New York & London: Routledge, 1993.
Colby, Robert A. *Fiction with a Purpose: Major and Minor Nineteenth-Century Novels.* "*Mansfield Park*: Fanny Price and the Christian Heroine". Bloomington and London: Indiana U.P., 1967.
Fraiman, Susan. "Jane Austen and Edward Said: Gender, Culture, and Imperialism." *Critical Inquiry* 21: 4 (1995): 805-21.
Gard, Roger. *Jane Austen's Novels: The Art of Clarity*. New Haven: Yale UP., 1992.
Halperin, John. "The Novelist an Heroine in Mansfield Park: A Study in Autobiography." *Modern Language Quarterly* 44:2 (1983): 136-56.
Hudson, Glenda A. "Incestuous Relationships: Mansfield Park Revisited". *Eighteenth-Century Fiction* 4:1 (1991): 53-68.
Hunter, Dianne. "Hysteria, Psychoanalysis, and Feminism: The Case of Anna O." *Writing on the Body: Female Embodiment and Feminist Theory*. Katie Conboy, Nadia Medina, & Sarah Stanbury Ed. New York: Columbia UP., 1997.
Johnson, Claudia. *Jane Austen: Women, Politics, and the Novel*. Chicago: U. of Chicago P., 1988.
Kelly, Gary. "Reading Aloud in *Mansfield Park*." *Nineteenth-Century Fiction* 37:1

(1982): 29-49.

Kirkham, Margaret. *Jane Austen, Feminism and Fiction*, London & NJ : The Athlone Press, & Atlantic Highlands, 1997.

Lenta, Margaret. "Androgny and Authority in *Mansfield Park*." *Studies in the Novel* 15:3 (1983): 169-82.

McDonnell, Jane. "A Little Spirit of Independence: Sexual Politics and the Bildungsroman in *Mansfield Park*." *Novel* 17:3 (1984): 197-214.

Moler(28-30), Kenneth L. "Miss Prince All Alone : *Metaphors of Distance in Mansfield Park*". *Studies in the Novel* 17:2 (1985): 189-93.

Moore, Susan. "The Heroine of *Mansfield Park*." *English Studies; A Journal of English Language and Literature* 63:2 (1982): 139-44.

Nicholson, Linda J. *Gender and History : The Limits of Social Theory in the Age of the Family*. N.Y : Columbia UP., 1986.

Poovey, Mary. *The Proper Lady and the Woman Writer: Ideology as Style in the Works of Mary Wollstonecraft, Mary Shelley, & Jane Austen*. *Chicago & london*: Chicago U.P., 1984.

Said, Edward. *Culture and Imperialism*. New York: Vintage, 1993.

Showalter, Elaine. *The Female Malady*. Harmondsworth: Penguin Books, 1985.

Spivak, Gayatri Chakravorty. *In Other Worlds: Essays in Cultural Politics*. London: Methuen, 1987.

Stewart, Maaja A. *Domestic Realities and Imperial Fictions: Jane Austen's Novels in Eighteenth Century*. Athens & London: U. of Georgia P., 1993.

Stone, Lawrence. *The Family, Sex and Marriage in England 1500-1800*. New York: Hagerstown, San Francisco, London : Harper & Row, Publishers, 1993.

Tanner, Tony. Jane Austen. London: MacMillan Education Ltd., 1986.

Trilling, Lionel. "*Mansfield Park*". *The Opposing Self*. New York: Harcourt, 1978.

Trotter, David. *Columbia History of the British Novel*. New York: Columbia UP.,

1994.

York, Lorraine M. "The Pen of the Contriver" and the Eye of the Perceiver: *Mansfield Park*, The Implied Author and the Implied Reader." *English Studies in Canada* 13:2 (1987): 161-73.

Ⅰ-2. 여성의 몸과 히스테리: 『지성과 감성』

1

최근 20여 년 동안 문화계의 중심 화두는 단연 몸에 대한 담론이다. 피상적 차원에서는 성(sex)과 다이어트 등의 거대한 몸 숭배 사상이 이미 만연되어 있으며 이론적 차원에서는 "사회적 구성물로서의 몸, 다시 말하면 의미가 각인된 곳으로서의 몸"(브룩스 ix)에 관한 여러 이론들이 소개된 바 있다. 최근 학계에서 이렇듯 몸에 관심을 갖는 이유는 근대 데카르트 이후 인간의 몸이 받아온 상대적인 평가절하 때문이다. 몸은 더 이상 데카르트가 정신과 분리시켰던 몸, 즉 물질이 아니라 문화에 의해 형성된 하나의 문화적 구성물이며, 이런 문화적 구성물로서의 몸에 대한 관심이 바로 20세기 후반의 몸에 대한 담론을 특징짓는다.

이제까지 제인 오스틴(Jane Austen)(1775-1817)의 『이성과 감성』(*Sense and Sensibility*)(1811)에 관한 논의는 주로 엘리너(Elinor)의 '이성'과 마리앤(Marianne)의 '감성' 중에서 어느 것이 더 우월하며 더 바람직한 가치인가 하는 점에 집중되어 왔다. 매우 대조적인 성격을 지닌 두 자매 중 어느 쪽이 과연 예의 바른 귀부인(proper lady)에 근접하는 인물인가에 관해서는 당연히 사회의 제도를 무시하는 마리앤보다 엘리너 쪽이 바람직하다는 것이 대다수 평자들의 결론이었다. 다시 말해 지성과 감성의 조화가 남녀의 이상적 결합에 필수적이되 감성보다는 지성이 더 중요하다는 것이 오스틴의 기본적 입장이므로, 이 작품은 종종 감성 비판으로 읽혀져 왔다는 것이다.

그러나 좀 더 자세히 들여다보면 실은 이런 전체적인 동의 안에서도 이견이 있다. 대다수 평자는 엘리너의 '이성'이 마리앤의 '감성'보다 우월하다는 입장을 취하고 있지만, 근자에 들어서는 이런 획일적 결론에 반대하여 반드시 그렇지만은 않으며 후자가 더 우월하다거나 적어도 더 매력적이라고 주장하는 입장이 점차 많아지는 추세로서, 이런 요소를 찾아내는데 주력하는 평자들도 있다. 왜냐하면 엘리너에게 분별력이 있긴 해도 감성이 전혀 없지는 않으며, 마리앤이 뛰어난 감성 때문에 열정적· 충동적이며 사회적인 관습이나 의례적 관계를 무시하고 마음이 통하는 사람과만 교류하려 하지만 나중에 이성을 얻게 됨으로써 후자가 일률적이며 도식적으로 나쁜 인물로 그려져 있지 않기 때문이다. 가령 많은 독자들에게 마리앤의 "활기"가 엘리너의 조심스럽고 억압된 신중함보다 매력적이며 마리앤과 윌러비(Willoughby)은 로맨스가 엘리너의 기나긴 좌절보다 매력적이라는 의견(Poovey 185)은 바로 이런 맥락의 지적이다. 즉 엘리너에게도 비난 받을 만한 구석이 있으며, 마리앤에게도 칭찬할 만한 측면이 있다는 것이다. 이는 마치 오스틴의 다른 작품인 『맨스필드 파크』(*Mansfield Park*)에서 패니(Fanny)보다 메리(Mary), 그리고 에드먼드(Edmund)보다 헨리(Henry)에게 매료당하는 독자가 많은 것과 유사한 현상이다. 즉 작가의 바람직한 가치를 대변하는 엘리너나 에드워드보다 부족하고 흠 많은 마리앤과 윌러비를 더 생생하고 매력적인 인물로 간주하는 독자들이 많다는 것이다.[8]

그렇지만 본고에서는 이런 '감성'과 '지성'에 대한 논쟁보다 이 작품을 여성의 몸과 히스테리(hysteria)에 대한 담론과 관련하여 분석하고자 한다. 구체적으로 윌러비에게 실연 당한 후 걸린 마리앤의 질병에서 당대 여성들에게 흔한 히스테리 증상과의 여러 가지 공통점을 볼 수 있으

---

[8] 이러한 연유로 영화에서는 지성 못지 않게 감성이 강조되었다는 인상을 받게 된다. Troost & Greenfield eds. Jane Austen in Hollywood, 39-43, 51-56. 이외에 졸고 "지성 그리고/또는 감성 : 영화 <지성과 감성>론."『문학과 영상』, II. 2(2001, 가을), pp.115-39 참조.

며, 더 나아가 그녀의 몸에 각인된 정신적 갈등 및 여성의 몸과 성욕에 대한 당시 사회의 통제를 볼 수 있다는 전제 하에 이를 입증해보려 한다. 또한 이런 담론이 당시 행동지침서(conduct-book)에 나오는 예의바르고 정숙한 귀부인(proper lady)과는 어떻게 관련되는지 분석해 보려 한다. 이런 관점에서 접근할 때 필연적으로 엘리너보다는 마리앤에게 초점을 맞출 것이다.

이런 분석을 위해서는 필연적으로 여성의 몸에 대한 의학 담론 및 오스틴 시대에 통용된 '지성'과 '감성'의 개념을 잠시 살펴볼 필요가 있다. 먼저 18·19세기 여성의 몸에 대한 의학 담론에서 광기와 히스테리 등 여성의 질병은 주로 불규칙적이며 불안정한 멘스와 관련된 것으로 간주되었다(Shuttleworth 47-68). 다시 말해 여성의 주기적 멘스로 인해 불안정한 여성의 몸은 출산 기능을 통해 가족과 사회에 연관되는 여성의 육체에 대한 남성의 통제 대상이 되며, 여성의 병은 이 통제에 대한 저항을 보여준다. 이렇듯 여성의 생리구조와 출산기능 및 성적인 본성을 강조하는 전통적 의학 담론은 여성을 본질적으로 열등하고 불안정한 존재로 봄으로써 여성에 대한 가부장적 편견 및 여성의 몸에 대한 남성의 통제와 억압 및 감시를 정당화하는 이론적 근거가 되었다. 이런 의미에서 19세기 후반부 문화사는 "알 수 없는 정신이상의 메시지가 새겨지는 공간이 여성과 여성의 몸임을 강조"(브룩스 415)한다는 지적이 설득력을 얻는다. 또한 히스테리는 가부장적 사고 및 자기를 부정하는 여성의 저항 담론이라 할 수 있다. 이런 연유로 몸은 사회적 조건상 언어로 말하지 못하게 한 것을 표현한다는 지적(헌터 166)에서 여성의 몸과 히스테리의 상관관계를 감지할 수 있다.

여기서 여성의 몸과 감성, 성욕간의 관계를 파악하기 위해 오스틴 시대에 통용된 '지성'과 '감성'이라는 개념을 살펴볼 필요가 있다. 가령 이 작품이 신중(prudence)과 자선(benevolence), 이성과 열정, 훈련과 자유를 다루고 있다는 지적(Duckworth 103)은 이 두 가지 개념을 잘 설명해주므로, 이런 관점에서 '지성'과 '감성'을 대략 '이성과 열정'으로 대치할 수 있을 것이다. 더 부언하자면 '감성'은 현재 징서나 감징 등의 의미로 쓰이지만, 그 당시에는 이성이나 논리에 반대되는 감상이나 열정을 의미했다. 18세기 의학 저서인 『신경과민, 우울증, 또는 히스테리로 통칭되는 질병의 성질과 원인, 치유책에 대한 고찰과 신경 교감에 대한 서설』 (*Observations on the Nature, Cause, and Cure of those Disorders which are commonly called Nervous, Hypochondriac, or Hysteric, To which are prefired some Remarks on the Sympathy of the Nerves*)(1768)에서는 감성의 정신적·도덕적 측면과 신체적 측면, 그리고 과민한 신경이나 감성으로 인한 우울증과 히스테리 등의 신체적·정신적 질병, 요컨대 질병과 감성의 밀접한 연관을 설명하고 있다. 울스톤크래프트(Wolstonecraft)가 『여권의 옹호』(*A Vindication of the Rights of Woman*)에서 여성적인 감성을 공격하며 몸을 인정했을 때에만 "살아있는" 감성과 "적극적" 미덕이라는 이상을 성취할 수 있다고 주장한 것도 바로 이러한 맥락에서 가능하다.9) 이상의 의학적 논의에서 우리는 도덕적 정서와 신경질환의 상응관계를 확인할 수 있다. 즉 적당한 감성은 고결한 감수성이 되겠지만 감성이 과도하면 위선이나 무절제한 성욕으로 보일 수 있다는 것이다. 이런 맥락에서 마리앤의 병을 통해 여성의 몸과 히스테리, 그리고 위험한 것으로 억압된 여성의 과도한 감성을 작품 속에서 분석해볼 것이다.

---

9) 남성에게 바람직한 예민함이 여성에게는 위험한 질병의 원인이 되었다. 다시 말해 신경이 예민한 여성의 몸은 감수성이란 특권과 동시에 히스테리를 일으킬 위험성도 안고 있었다. 이러한 질병과 열정의 밀접한 연관 때문에 여성의 몸은 극단적으로 치우치기 쉽다고 여겨졌다. 이런 성욕과 지나친 감성이 억제되지 않을 때 히스테리와 우울증 등 여러 가지 신경계 질병에 걸린다고 생각되었다. 이런 사상적 배경 하에서 바람직하고 예의 바른 귀부인도 나오게 된다.

2

1) 정숙한 귀부인

예의 바른 귀부인이라는 사회적 규범과 관련하여 작품 초반부 세 장의 상속과 돈에 관한 상세한 묘사에 어떤 의미가 있을까? 유산 및 상속에 대한 결정이 대쉬우드(Dashwood)가 여성들의 운명, 즉 그들의 법적·금전적 지위에 지대한 영향을 미치게 된다는 점에서, 오늘날의 독자가 보기에 지나칠 정도로 상세한 돈에 대한 묘사에는 장자상속법과 '귀부인법'(Lady's Law)[10] 등 여성의 지위와 관련하여 의미심장한 의미가 들어 있다.[11] 대쉬우드의 돈이 존에게 상속되어 야기된 두 자매의 곤경을 통해 결혼에 있어 가장 중요한 돈의 문제, 즉 여성의 경제적·사회적 권리 및 상속에 있어 여성의 소외라는 페미니즘적 문제가 제기되나, 후반부로 갈수록 두 자매의 로맨스 비중이 커져 이 문제의 초점이 흐려진다.

정숙한 귀부인의 개념에 비추어 볼 때 두 자매 중 누가 더 이 개념에 근접할까? 정숙한 귀부인을 지성과 감성을 겸비한 여성이나 타인과 사회를 배려할 줄 아는 인물로 정의한다면, 물론 엘리너 쪽이다. 엘리너를 여주인공으로 만든 것은 자신보다 다른 사람을 먼저 배려하는 것이며, 이것은 사회 관계에서 매우 중요한 자질이다. 즉 그녀에게는 그녀가 원하는 것과 해야 하는 것 사이의 갈등이 중요한 문제이다. 엘리너는 마리앤의 개인적 본능과 주위사람의 이기적 동기에 대항하여 사회적 인습의 가치를 인정하고 기존의 윤리적·사회적 행동 원칙 안에서 행동한다(Duckworth

---

[10] '덮개'(cover)가 핵심인 귀부인법에 관해 Smith, 3-4 참조.
[11] 18세기 말 여성 소설에서 중요 모티프인 금전적 플롯에 대해 연 25, 20-40, 50, 100, 200, 300, 400, 500, 800-1000, 4000-5000 파운드까지 상세히 분석한 Copeland, 22-33, 특히 24 참조.

111).12) 이와 같이 두 자매는 매우 대조적인 성격을 갖고 있다. 가령 작가의 입장을 대변하는 엘리너는 자신을 자제할 줄 알며 사회에서 요구하는 예의를 지키지만, 마리앤은 자신을 잘 통제하지 못할 뿐더러 남보다 자신을 최우선직으로 배려하며 사회의 요구를 무시한다. 다음 묘사는 이 점을 잘 보여준다.

> [엘리너는] 뛰어난 이해력과 침착한 판단력을 지녔다. 그녀의 마음씨도 빼어났다. 성격은 다정했고 열정적 감정을 지녔다. 그러나 그녀는 그런 것을 다스릴 줄 알았다. … 마리앤은 여러 능력 면에서 엘리너와 비슷했다. 그녀에게는 분별력도 있고 영리했다. 그러나 모든 점에 열정적이었고 슬플 때나 기쁠 때나 적당한 선이 없었다 그녀는 관대하고 상냥했으며 재치도 있었으니 신중하지 못하다는 점만 빼고 다 좋았다. (3-4)

그들의 단적인 차이는 의무에 대한 상반된 견해다. 참는 게 의무인 엘리너와는 달리, 마리앤은 뭐든지 숨기기 싫어하며 감추지 않는 게 의무라고 생각한다.

그러므로 흔히 마리앤의 감성을 부정적으로 평가하지만, 실은 그 안에 말 못하는 여성의 욕망이 담겨 있다는 점에서 부정적으로 평가할 수 없는 면이 있다. 가령 "생명력과 활기, … 열렬함"을 지닌 그녀가 예의를 위선이라 생각하여 쓸데없는 허식을 무시하고 마음이 있을 때만 형식을 지켜야 한다고 생각하는 것은 감성의 긍정적 측면이다. 예컨대 할리 스트릿(Harley Street)에 있는 페라스 부인(Mrs. Ferras)의 거실에서 모든 양

---

12) 때로 엘리너는 지성만 있는 차갑고 냉정한 인물로 보이지만, 그녀에게도 감성이 없지는 않다. 먼저 엘리너가 병든 마리앤에게 용서를 구하려고 윌러비가 재등장하자 그의 과거 잘못에도 불구하고 연민으로 마음이 흔들린다거나 스틸 양과 결혼한 줄 알았던 에드워드가 청혼하자 엘리너가 기쁨을 이기지 못해 옆방으로 가 눈물을 흘리는 일화 등은 그녀의 감성을 입증해주는 예들이다.

(Miss Morton)을 칭찬하려고 엘리너의 그림을 무시할 때 보이는 마리앤의 반응이 바로 그런 예이다. 그녀는 패니 모녀가 엘리너의 그림을 칭찬하다 부유한 모튼 경(Lord Morton)의 딸이라는 이유만으로 모튼 양의 그림을 칭찬하자 페라스 부인에게 화를 폭발시킨다.

> 마리앤은 이 말을 그냥 넘어갈 수가 없었다. 그녀는 이미 페라스 부인 때문에 속이 상할 대로 상해 있었다. 게다가 엘리너를 희생하여 엉뚱한 사람을 얼토당토않게 칭찬하는 것을 보고, 그런 말들이 어떤 의미를 내포하고 있는지 전혀 몰랐지만 즉각 열을 내어 말하지 않을 수 없었다.
> "정말 칭찬치고는 특이하군요! 모튼 양이 누군가요? 누가 그런 여성을 알고, 누가 상관이나 한데요? 우린 엘리너 얘기를 하고 있다구요." 이렇게 말하면서 그녀는 당연히 받을 칭찬을 자기가 해주려고 올케에게서 가리개를 가져왔다. (160)

돈에 좌우되는 세계에서 마리앤의 이런 반응은 칭찬해줄 만하다(Duckworth 105). 감히 말 못하는 가려운 곳을 긁어 주는 그녀의 당당한 모습에서 우리는 시원한 보상 심리를 느끼게 된다. 이처럼 몇몇 장면에서 마리앤이 본능에 충실하고 매우 개인적이지만 이기적이지 않으며 비본질적이며 가식적인 예의와 평범한 예의(decorum)를 거부하기 때문에 낭만적인 여주인공처럼 보인다.

그러나 마리앤의 감성에는 부정적 면도 있다. 즉 이런 감성은 개인의 내적 능력을 도덕적 행동의 기준으로 여겨 여러 가지 사회적 의무와 규범 내지 전통이나 예의를 무시한다는 단점이 있다. 마리앤에게 적당함(propriety)과 도덕은 사회 규범에 일치시키는 게 아니라 자기 주관대로 행동하는 것이다. 이런 예들은 작품 도처에서 찾아볼 수 있으며, 가장 대표적인 예는 대쉬우드 거실에서 마음에 들지 않는 대화가 나오자 전혀 말하지 않는 마리앤 대신 예의상 말할 의무가 엘리너에게 떨어지는 일화이다. "마리앤은 말이 없었다. 아무리 사소한 경우라도, 그녀는 자신이 느끼지 못하는 걸 말할 수 없었기 때문이다. 그러므로 예의상 거짓말을 하는 일은 언제나 엘리너에게 떨어졌다."(81) 대쉬우드 거실에서처럼 런던행 마차에서도 엘리너는 마리앤 대신 억지로 사교적인 말을 해야 한다. 따라서 마리앤은 주변 상황에 상관치 않는다. 가령 그녀는 음악과 자기 생각에 몰입하면 자기 말고 누가 그 방에 있는지 남을 전혀 의식하지 않으며, 런던에서 윌러비를 기다릴 때도 자기 생각에 빠지거나 슬픔 때문에 언니나 윌러비의 존재를 의식하지 못하는가 하면, 자기 침실에서처럼 그레이 씨(Mr. Gray) 가게에서도 자기 생각에 몰두하여 주변을 무시한다.

이렇듯 위험한 '감성' 내지 개인주의적 경향은 윌러비와의 관계에서 가장 단적으로 드러난다. 마리앤은 윌러비를 만난 뒤 낭만적인 주인공으로 보이는 그에게 몰두하여 현실은 물론 정숙한 여인에 대한 사회의 요구를 무시한다. 그녀는 자신이 윌러비를 사랑하듯 그도 모든 것을 접고 자신을 사랑할 것으로 기대하고 자신이 원하며 보고 싶은 것만 본다. 한편 잘 생긴 외모와 "보통 이상으로 우아한 태도"(28), "열정"과 "재능", "활기"에도 불구하고, 돈과 쾌락을 추구하는 방탕한 그는 자신의 이기심 때문에 사회적 규범을 완전히 무시하지 못한다.[13] 말과 개들과 몰려다니며 총들고 사냥하는 귀족으로서 남성적으로 보였던 그는 아이러니컬하게도 경제적·정서적으로 여성에게 매우 의존하여 여성들을 소모시키는

---

[13] 주로 남성 인물을 통해 가족이 비판된다. 나이 들고 나쁜 사람들이 주로 남자인 반면, 어머니와 딸들은 서로 아끼고 사랑한다. 물론 상속권을 남용하는 여성들도 간혹 있다. 가령 두 아들에게 상속권을 미끼로 권력을 휘두르는 페라스 부인이나 일라이저와의 일로 상속권을 박탈해 버린 스미스 부인, 그리고 마리앤에게 잔인한 편지를 보내게 한 그레이 양 등이 그런 여성들이다. 돈을 통제함으로써 이 여성들은 좋은 주인이라는 가부장적 이미지를 패로디한다. Stewart, 85.

존재다. 가령 그는 스미스 부인의 유산상속을 기대하며 빈둥대다가 돈 때문에 그레이 양과 결혼하는 등 여성의 경제력에 의존하며, 후에 엘리너에게 천사 마리앤과 "악마처럼 질투하는 소피아(Sophia)"(224) 사이에 있는 자신을 동정해 달라고 호소하는 등 정서적으로도 여성에게 의존한다(Stewart 84). 다시 마리앤으로 돌아오면 그녀는 마을 사람들의 우려와 비난의 눈길, 즉 타인과 사회의 안목을 무시하며, 처음부터 좋아하는 감정을 다 드러내지 말고 윌러비에게 좀더 신중하고도 조신하게 행동하라고 적당한 자제를 권하는 언니에게 자기 감정에 솔직하지 못하다고 오히려 반발한다. 따라서 마리앤은 가족의 줄어든 수입에 들 추가비용을 생각지 않고 윌러비가 준 말 선물을 덥석 받는가 하면, 최근 알게 된 남자로부터 이런 선물을 받는 것이 적절치 않다는 엘리너의 비난에 "친밀함을 결정짓는 것은 시간이나 기회가 아니라, 단지 기질"(59)이라 반박하는 등 점점 더 적절치 못한 행동을 한다. 더욱 결정적인 예는 둘이 스미스 부인의 집인 앨런햄(Allenham)을 함께 방문한 일이다. 이 방문은 스미스 부인의 관점에서 본다면 상속에 대한 기대 때문에 부인의 감정을 고려하지 않고 그녀의 죽음을 재촉하는 듯 무례하게 느껴질 수 있다. 또한 미래에 대한 아무 언약도 없는 상태에서 마리앤은 약혼도 안 한 윌러비에게 애정의 표시로 머리카락을 잘라주는 일화가 있다. 이 머리카락은 낭만적 애정 뿐 아니라 성적 관계의 상징이기도 하므로(Cottom 72), 이는 마리앤의 '감성'이 무분별한 성욕과 열정 내지 성적 에너지와 연관되어 사회에서 위험하게 여겨지는 성적인 의미가 함축된 중요한 일화이다. 자매가 각기 실연으로 고통 받는 모습도 대조적이다. 똑같이 실연의 고통을 겪고 있는 엘리너가 4년간 지속된 에드워드와 스틸 양의 비밀 약혼을 알고 큰 충격을 받지만 비밀을 지키기로 한 스틸 양—계산적이고 교활하며 "끝없이 열심히 자기 이익만 따지는"(258) 이기적 인물인—과의 약속 때문에 비참하고 고통스러운 심정을 전혀 내색하지 않고 초인적으로 꿋꿋이 견디는 반면, 마리앤은 자신이 겪는 실연의 고통을 아무도 모를 거라면서 주위 사람들을 몹시 괴롭힌다.

이런 몇 가지 예들은 마리앤이 타인을 배려하지 않고 자기 감정에만 빠져 예의와 정숙한 귀부인 등 사회의 요구를 무시함을 보여준다. 다시 말해 오스틴은 거의 모든 중요한 순간마다 엘리너와 마리앤을 대조시킨다. 즉 고통스러운 순간에도 신중히 선택하는 엘리너와 자기에 몰입하여 자신과 주변에 해로운 결정을 내리는 마리앤을(Poovey 184-85) 대조시킨다. 마리앤은 이러한 버릇없는 행동에 대해 늦게라도 대가를 치루어야 한다(Cottom 99).[14]

2) 마리앤의 병

이제 마리앤의 병이 여성의 몸이나 히스테리와 갖는 상관관계를 보기 위해 마리앤의 플롯을, 그 중에서도 특히 그녀가 병에 걸리기 전후를 간단히 살펴보자. 꿈과 상상력이 풍부하고 열정적인 마리앤은 언덕에서 발목을 삔 자신을 구해준 윌러비를 만나자 열정적인 그에게 걷잡을 수 없이 빠지며, 그가 결혼에 대한 분명한 언질 없이 런던으로 갑작스럽게 떠난 뒤에도 희망을 버리지 않는다. 그녀는 그 후 런던에 가서 그를 만나 반가워하지만 다시 만난 윌러비가 자신에게 거리를 두고 대하자 매우 당황하며, 곧이어 5만 파운드라는 많은 돈을 상속받은 그레이 양(Miss Grey)과 약혼했다는 소식을 듣고는 충격을 받아 병에 걸린다. 그녀는 런던에서 집으로 귀환중 방문한 클리브랜드(Cleveland)에서 심한 폐렴에 걸려

---

[14] 마리앤의 도전적 면모는 사회 안에서 성취를 발견할 수 없는 돈키호테 같은 19세기 비극적 여주인공을 예기케 한다. 그러나 오스틴은 마리앤의 돈키호테적인 성격을 통해 사회의 제약을 비판하는 한편, 그녀가 지닌 이상주의의 한계를 드러낸다. Duckworth, 104.

죽을 뻔하지만 언니와 어머니의 극진한 간호로 회복하여 비로소 지나친 감성에서 벗어나 분별력을 얻고 그 동안 한결같이 헌신해온 브랜든 대령과 결혼한다는 것이 마리앤 플롯의 대략적인 줄거리이다.

이런 줄거리 요약에서도 알 수 있듯이, 마리앤은 여성에게 제약적인 현실의 타개책이나 돌파구로 낭만적 성향을 갖게 된다. 가령 "하루종일... 바쁘게 몰두"(104)하며 자기를 훈련하는 엘리너와는 달리, 마리앤은 "감정의 탐닉"과 "절망의 조장"(83)에 몰두하며 주로 독서나 음악, 공상을 즐긴다. 그녀가 즐겨 읽는 책은 톰슨(Thompson)이나 '감정의 시인'(poets of sensibility)이라 불리는 스콧(Scott), 셰익스피어나 카우퍼(Cowper) 등 낭만주의 이전(Pre-Romantic) 및 낭만주의 시인과 작가들, 그리고 『아이반호』(Ivanho) 등의 비현실적이며 낭만적인 로맨스 소설과 고딕 소설(Gothic novel), 공포 소설(Horror novel)이다. 표면상 세련된 태도를 지녔지만 정신적으로 부족한 존 부부나 미들톤가, 제닝스 부인 같은 친척과 이웃에 둘러싸인 마리앤이 상상력을 얻기 위해 자연을 노래한 카우퍼에게 의존하며, 로맨스 소설에서처럼 그녀의 미모 덕분에 낭만적인 기사의 마음을 얻게 될 거라 상상하는 것은 놀라운 일이 아니다. 이처럼 자연에의 도피와 낭만적인 영웅에 대한 마리앤의 열정적인 동경 이면에는 푸비가 지적한 바와 같이 "상상력에 대한 목마름"이 숨어 있다(188). 또한 마리앤은 당시 문화계에 유행하던 고딕 소설을 좋아한다는 점에서 『노생거 애비』(Northanger Abbey)의 캐더린(Catherine)과 비슷하지만, 더 제대로 교육받고 음악과 그림 등에 깊은 조예를 지녀 자기 의견이 분명하고 독서에 더 비판적 안목을 지녔다는 점에서 작가는 마리앤에게 상당한 공감을 보인다.

그렇다면 마리앤의 병에는 무슨 의미가 있는가? 이 병에서 (히스테리의 증상 및 여성 히스테리 환자에 대한 비난과 관용의 반응은 정확히 부합하지 않으나) 히스테리의 원인과 치료책 등을 볼 수 있다. 먼저 히스테리의 원인을 보자. 마리앤이 걸린 병은 표면상 "지독한 감기"(209)나 폐렴으로서 문자 그대로 히스테리는 아니지만, 그녀가 병에 걸리는 과정에서 지적인 여성들의 성취욕과 현실에 대한 욕구불만과 좌절 등 히스테리의 발병 원인과 유사한 점을 볼 수 있다. 마리앤이 병에 걸린 일차적 원인은 윌러비에게 버림받은 상처, 즉 실연으로 인한 충격과 절망이다. 다시 말해 이 병은 윌러비와의 관계가 실패하자 세상이 끝난 것으로 생각하는 등 그녀의 지나친 감성 내지 자신에게 몰입하는 내부로의 경향이 심화되어 생긴 것이다. 엎친데 덮친 격으로 실연으로 상심한 그녀는 비를 맞고 폐렴에 걸린다.

여기서 마리앤의 경우를 프로이트(Freud)가 분석한 저 유명한 히스테리 환자 안나 O.(Anna O.)의 사례분석과 비교해 볼 수 있다. 안나의 본명은 베르타 파펜하임(Bertha Pappenheim)으로 원래 프로이트 스승인 브로이어(Breur)의 환자였다. 프로이트는 안나를 만난 적이 없지만 나중에 브로이어가 프로이트에게 얘기하여 그들의 공저인 『히스테리 연구』(Studies on Hysteria)(1895)에 히스테리의 최초 사례로 수록되었다. 일반적으로 히스테리에 걸리는 여성은 지적이며 나름의 성취욕 때문에 자기 현실에 불만을 갖고 있다. 안나는 원래 전통적인 유대 가정의 딸로서 매우 지적이며 매력적인 젊은 여성이다. 그녀보다 똑똑하지 못한 남동생이 비엔나(Vienna) 학에 진학한 반면, 스물 한 살의 그녀에게는 일상적이며 단조로운 가사 뿐 아니라 결핵으로 죽어가는 아버지의 장기 간호라는 의무가 맡겨진다. 여성에게 가족의 간호를 맡기는 것은 19세기에 특별한 일이 아니라 보편적인 일이었다. 안나는 지적 욕구가 좌절된 자신의 답답한 현실에 대한 분노와 욕구불만을 히스테리 증상으로 폭발시킨다. 브로이어는 안나가 히스테리에 걸린 원인을 다음과 같이 분석한다.

"첫째로, 가정 생활은 단조롭고 머리를 쓸 만한 적당한 일이 없어서 그녀는 정신적 활기와 에너지를 못써 넘치는 상태에 있었다. 그녀는 꾸준한 상상력이라는 활동에서 탈출구를 찾았다. 둘째로, 이것은 백일몽(그녀의 '개인극장'인)을 꾸는 습관을 낳았다. 이 백일몽은 그녀의 정신적 인격분열의 토대를 마련했다," (Breur 『히스테리 연구』<표준판>, 2: 41; 헌터 157)

안나의 히스테리 증세는 팔과 다리, 목에 심한 마비와 두통, 몽유병, 청각 및 시각 장애 등 여러 신체 증상 외에 여러 언어를 섞어 말하다가 나중에 말을 아예 못하는 실어증에 걸리는가 하면 모국어인 독일어를 이해하거나 말하지 못하면서 다른 외국어나 영어를 유창하게 하는 심각한 언어혼란으로 나타난다. 마리앤은 안나처럼 이러한 언어적 마비현상이나 언어 혼란은 보이지 않지만, 현실세계 대신 공상세계에 몰두하는 것으로 보인다. 이런 언어혼란에 대해 헌터는 안나가 언어를 일치시키지 않고 바꾸는 증상, 표현수단으로 횡설수설하며 제스처를 사용하는 것이 전통적인 가부장, 즉 아버지로 대변되는 문화질서에서 물러서려는 퇴행 현상으로 간주한다.15) 이 해석은 안나가 독어를 못하는 것이 독어로 대변되는 가부장적 문화를 거부한다는 점에 비추어 타당한 지적이다. 또한 그녀가 정식교육을 받지 못한 상태를 나타내는 '정신상의 영양결핍'(defective spiritual nourishment)이란 용어는 히스테리로 인한 식욕부진 증상과 아울러 자신의 심리를 몸을 통해 그대로 나타낸다는 점에서 매우 상징적이다(헌터 151). 후일 안나는 히스테리가 치유된 뒤 독일계 유대 여성 운동

---

15) 헌터는 논리적인 독일어로 말한다는 것은 안나가 거부하고 싶어한 문화적 정체성에 통합됨을 의미하므로, 안나의 실어증 및 횡설수설, 팬터마임을 통한 의사소통을 정신분석적 페미니즘의 관점에서 해석하여 이 언어적 분열 속에서 해방의 동기를 볼 수 있다고 설명하며, 또한 안나의 히스테리를 그녀가 분명히 표현할 수 있는 독일어라는 상징계에서 나와 몸과 알 수 없는 외국어라는 기호학으로 퇴행했다고 본다. 헌터 147, 156-57, 157 참조.

사와 근대의 사회 사업사에 주요 인물이 되었으며 결국 36세에 어머니의 생가 가까이 있는 독일 이젠부르크(Isenburg)에서 고아원 원장이 되어 40년간 자선활동과 사회사업을 하는 등 공인으로서 탁월한 업적을 이뤄 1954년에 "인류를 도운 사람"으로 서독 정부의 상까지 받게 된다.16) 안나의 사례는 욕구와 현실간의 갈등으로 인해 지적이며 성취욕이 강한 19세기 여성들 사이에 히스테리 환자가 많다는 흥미로운 사실을 통해 히스테리의 원인을 밝혀준다. 이와 관련하여 히스테리에서 "깊은 상처의 기원과 잠복기, 신체적 증상이란 패턴"을 찾아내어 히스테리의 원인이 "상처 깊은 경험"(Trotter 608)이라는 분석 역시 적합한 지적이다.

더 나아가 이 병의 이차적 원인은 자기 생활의 탈출구로 매달려 왔던 모든 것에 대한 절망이다. 이 병은 단순히 윌러비의 거부에 대한 실망에 그치는 게 아니라, 그녀가 온 몸과 마음을 바쳐 헌신한 것에 대한 실망, 즉 그녀의 존재와 꿈을 지탱케 해 준 모든 것이 무너진 데 따른 절망이라 볼 수 있다. 그녀는 자기 욕구를 실현할 수 없는 현실에서 낭만적인 것에 매달렸으며, 윌러비와의 사랑도 이런 시도의 일부였다. 윌러비와의 관계가 실패하자 존재 이유를 잃은 그녀의 극심한 절망은 단순한 실연에 그치지 않으며, 그녀가 모든 것을 걸었던 관계의 좌절, 거의 실존적 의미의 절망, 말 그대로 키에르케고르(Kierkegaard)의 이른바 "죽음에 이르는 병"을 연상케 한다. 이처럼 그녀의 병은 실연의 절망에서 시작되어 자신의 실존에 대한 회의로 진전되며, 이렇게 볼 때 마리앤의 절망스런 몸부림과 당시 여성들의 출구 없는 처지가 더 잘 이해될 수 있다. 그러므로 이 병의 직접적 원인은 실연이지만, 이차적 원인은 내면적으로 그녀가 이제

---

16) 헌터, 144. 이외에 안나의 사례는 여성의 히스테리를 병적 증세로 간주한 프로이트 등의 남성 분석가와는 달리, 여성 히스테리 환자를 여성해방의 선구자 내지 가부장제에 대한 저항의 한 형태로 보는 식수(Cixous)나 클레먼트(Clement)같은 비평가들의 견해를 뒷받침해준다.

까지 겪던 갈등과 절망, 즉 여태까지의 억압과 스트레스, 좌절된 심리 등 마음의 병이다. 다시 말해 마리앤의 병은 언어로 명백히 표현할 수 없는 정신적 욕구불만이 몸으로 표현된 것이라 할 수 있다.

이런 의미에서 마리앤의 병은 몸에 쓰인 언어이며[17] 자신의 욕망대로 감성을 추구하면서 살고 싶은 개인의 요구와 정숙한 여인에 대한 사회의 요구 사이의 갈등을 나타내는 기표라 할 수 있다. 이런 맥락에서 "자신이 의식적으로 이해하지 못하는 몰래 감추어진 형태지만 심리 상태가 직접 몸에 나타난다"(브룩스 421)거나, "몸은 정신적 갈등이 각인되는 장소임과 동시에 (예를 들어 히스테리의 경우) 인간 상징의 원천이기도 하다... 몸은 상징화의 장소를 제공하고 궁극적으로 언어 자체의 장소를 제공"(브룩스 xv)한다는 지적이 설득력을 갖는다. 요컨대 그녀의 병에서 단순한 신체적 질병 이상 그녀의 욕망과 좌절간의 복잡한 관계 내지 정신적 갈등을 볼 수 있다는 것이다. 즉 이 병에서 엘리너처럼 조신하고 사려깊고 신중한 태도와 성적 에너지의 절제(정숙한 부인)를 요구하는 당대 사회의 요구와 그녀의 본성(감성과 자유로움, 성적 활기 등)간의 갈등을 짐작할 수 있다. 이렇듯 마리앤은 자신이 원하는 대로 감성을 추구하면서 사회의 요구를 무시하려 했지만, 낭만적 영웅이라 믿었던 윌러비가

---

[17] 이 점에 관해 다음 인용문들 참조. "우리가 히스테리를 무의식을 의식하게 만드는 형식이라 정의한다면, 우리는 안나를 정신분석 페미니즘의 선조라 부를 수 있다... 프로이트의 무의식의 발견은 19세기 히스테리 환자들의 육체가 나타내는 언어에 대한 반응이기 때문이다. 이와 같이 정신분석은 히스테리의 언어를 이론으로 바꾸어 놓은 번역으로 읽힐 수 있다." 헌터, 166-67. "우리는 증상이 은유라는 자크 라캉의 주장을 이해할 수 있다. 왜냐하면 증상이란 바로 육체적 고통으로 나타나는 하나의 기표인데 이 기표는 다른 기표, 즉 억압이라는 '장애물' 아래 놓여 있는 까닭에 의식적으로 나타나지 못하는 또 하나의 기표를 대신하는 대치물에 불과하기 때문이다..... 프로이트의 원숙기 사상에서 육체적 증상이란 라캉이 정의한 바 엄격한 언어학적 의미에서의 은유다." 브룩스, 420, 421, 427 참조. 이와 아울러 아직 병이 들지는 않았지만 윌러비와 마리앤을 바라보는 이웃의 비난과 대쉬우드 부인의 관용에서 히스테리 환자에 대한 주변인의 비난과 관용의 반응을 엿볼 수 있다.

돈 때문에 자신을 떠나자 사회의 요구를 무시할 수 없음을 비로소 깨닫는다. 그러므로 마리앤의 병은 근본적으로 그녀의 지나친 감성에서 비롯된 것이라 할 수 있으며, 이것은 그저 단순한 감성이 아니라 지나친 성욕과 관련되므로 당시 사회에서 억제되고 감시되어야 했다. 이런 연결 고리에서 우리는 마리앤의 병에서 그녀의 몸에 각인된 정신적 갈등 및 여성의 몸과 지나친 감성(및 성욕)에 대한 당대 사회의 억압과 통제를 엿볼 수 있다. 다시 말해 마리앤의 병은 이렇게 통제에서 자유로운 듯한 마리앤에게도 여성의 몸과 지나친 감성(및 성욕)에 대한 사회의 통제 및 정숙한 부인이라는 여성상에 대한 갈등이 있었음을 역으로 입증해준다는 것이다.

3

이 작품의 결말은 예의 오스틴식 결말인 두 자매의 결혼이다. 엘리너와 에드워드, 마리안과 브랜든 대령이라는 두 쌍의 결합으로 끝나는 결말을 몸과 히스테리와 관련하여 어떻게 평가할 수 있을까? 첫 세 장에서 상세한 돈의 묘사를 통해 당대 결혼에 있어 중요한 돈의 문제로 시작하여 리얼리즘 소설처럼 보이던 이 소설은 전통적인 로맨스 소설, 즉『신데렐라』나 『백설공주』, 『잠자는 숲 속의 공주』처럼 낭만적 사랑과 "그 후 행복하게 살았대요"(lived happily ever after)식의 행복한 결혼으로 끝맺을 뿐더러, 이 결혼이 이상적인 결합으로 감상화된다. 게다가 마리앤과 엘리너는 각기 대령의 연 2000파운드로 소설 앞에서 자신이 적당한 수입이라 생각했던 연 1800이나 2000파운드(젠트리에 적당한 수입)와 연 1000파운드(부유한 영국 교회 목사에게 적당한 수입)를 얻음으로써, 소설 끝에서 각자 원하던 수입과 지위를 발견한다. 여기서 도덕적으로 성숙함에 따라 결혼하며 이 결혼과 더불어 물질적 보상을 얻는 오스틴식의 패턴, 즉 결혼과 경제 및 도덕과의 밀접한 관계를 볼 수 있다. 먼저 엘리너와 에드워드의 결합은 상호 이해와 애정에 기반한 새로운 스타일의 동반자적 결혼(companionate marriage)에 근접한다는(Stone 325-46) 점에서 어느 정도 긍정할 수 있다. 말을 아끼며 매사를 미리 계획하는 현실적인 엘리너와 소박하게 교구목사가 되길 바라던 에드워드는 루시와의 약혼 때문에 다소 어려움을 겪지만 바람직한 한 쌍으로 결합한다. 즉 엘리너에 비해 부족해 보였던 에드워드는 루시와의 일을 겪으면서 자기 직업도 찾고 정신적으로도 성장한다. 구체적으로 사회생활을 할 수 없을 정도로 수줍은 에드워드의 소망은 단지 "편안한 가정생활과 조용한 개인 생활"(10)로서 한적한 교구의 목사가 되고 싶어 하지만 정치가나 군인 등 유명인사가 되길 기대하는 야심만만한 어머니와 누나에게 눌려 자기 뜻을 주장하지 못하며 하숙집 딸인 루시와의 비밀 약혼조차 밝히지 못할 정도로 나약한 인물이었다. 그러나 "다정한 마음씨"(9)를 지닌 에드워드는 루시와의 어리석은 약혼을 세상에 대한 무지와 "적극적인 일자리"가 없었던 탓으로 회고하면서 자기 행동에 책임을 지는 철든 인물이 된다.

한편 마리앤과 브랜든 대령의 결혼에 대해서는 이제까지 많은 불만이 표명되어 왔다. 작품에서는 그들의 결혼이 바람직한 결합으로 강조된다. 가령 에드워드와 엘리너는 물론 마리앤과 대령 주위의 사회에서는 이 결혼을 감상화하여 "마리앤이 그 모든 것[대령의 슬픔 에 대한 보상"(259)이라 여긴다. 즉 마리앤의 "특별한 운명"(259)은 그녀가 "저항할 수 없는 열정에 희생되는"(259) 운명을 피한 한편으로, 그들의 의무에 대한 "보답"이자 브랜든의 고통에 대한 "보상"으로 간주된다.

그럼에도 불구하고 이 결혼은 마리앤의 지나친 감성에 대한 벌로 간주되기도 한다. 17세인 마리앤에 비해 35세로 거의 아버지 뻘인 브랜든 대령과의 결합이 마리앤의 지나친 '감성'에 대해 치루는 벌 같다거나, 류머티즘에 걸린 브랜든 대령과 마리앤의 결혼이 그녀의 잘못된 감성에 대한 엄청난 과잉보상이며(Duckworth 104), 마리앤이 실연의 상처 및 병으로 한 풀 꺾여 너무 늙은 브랜든에게 여생을 의탁함으로써 사회에 동화된다는 지적 등은 다 이런 입장의 비판이다. 작가가 결혼으로 "인내심 없이 이야기를 서둘러 포장"(Stewart 99)했다는 지적처럼, 확실히 마지막 장은 서둘러 마무리되었다는 느낌을 준다. 또한 대령의 입장에서 볼 때 작가가 낭만적 견해를 지닌 마리앤에게 벌을 줌으로써 대령은 아무런 준비도 별다른 변화도 없이 마리앤의 짝이 되는 듯 하다는 비판도 있다. 이와 관련하여 이런 결말의 원인을 에드워드와 브랜든 대령을 비롯하여 너무 나약하고 매력 없는 인물로서 실감나지 않는 여성화된 남성 인물들의 형상화에서 찾는 평자도 있다. 실제로 브랜든 대령은 일라이저(Eliza)와의 과거에 사로잡혀 마리앤과 일라이저를 동일시하며 마리앤을 통해 거의 맹목적으로 과거를 회복하려는 "움푹 들어간 눈, 창백한 피부, 힘없이 기댄 자세"(233)를 지닌 침울한 인물로서, 그에게는 낭만적 꿈은 없지만 과거 사랑을 돌이키려는 점에서 마치 갯츠비(Gatsby)를 연상시키는 듯한 인물이다. 마리앤을 바라보는 그의 "우울한 눈길"(233)은 젊었을 때의 열정은 찾을 길 없이 마치 그녀의 활기까지 잠식해 버릴 듯하다. 또한 "절대적인 노총각"(22)인 대령과 마리앤의 결합은 성적 결합이 아니며 결국 마리앤을 (그녀의 섹슈얼리티가 길들여지는) 가정 이데올로기에 귀속시킴으로써(Stewart 79), 마리앤이 남녀라는 성이 없어진 채 가정에 종속된다거나, 이 소설을 쓰던 당시에 진정으로 동등한 결혼을 쓰기 어려웠을 거라는 지적도 있다(Smith 5). 마리앤의 결혼은 주로 이런 불만을 받아 왔으며, 실제로도 이런 측면이 다분하다. 어쨌거나 이런 결말이 마리앤의 로맨스보다 엘리너의 자기 부정이라는 "영웅주의"를 지지한다는 지적(Poovey

93)은 마리앤의 감성에 대한 사회의 통제를 암시한다.

　이러한 통제는 두 일라이저 얘기—브랜든 대령의 사촌이자 동명이인의 모녀로서 마리앤의 운명을 암시하며 그녀의 그림자 역할을 하는—에서 더 분명히 드러난다. 그가 엘리너에게 "기질과 정신상 당신 여동생과 매우 닮은 여성"(57)을 한때 알았다고 두 명의 일라이저 얘기를 하는 이유는 마리앤에게 지나친 감성이나 열정의 위험 내지 타락의 운명을 경고하기 위해서다. 다시 말해 마리앤은 두 일라이저의 운명에서 자신의 성급한 감정에 대해 주의하고 자기 몰입적 열정이 빚어낸 결과를 통해 엘리너의 신중함의 가치를 배우게 된다(Poovey 187). 그렇다면 마리앤과 일라이저의 공통점은 무엇일까? 첫째로, 열정적이며 감성적인 성격을 지닌 마리앤과 첫 번째 일라이저는 둘 다 당시 사회에서 위험하게 여겨진 지나친 열정이나 성적 에너지, 성욕을 대변하며, 둘째로, 둘 다 사랑하는 사람과 헤어진다. 사랑하는 윌러비와 헤어진 마리앤처럼, 일라이저는 그녀의 재산을 탐내는 브랜든 부친 때문에 강제로 브랜든의 형과 결혼함으로써 브랜든과 헤어진다. 한편 일라이저와의 첫 사랑이 좌절되자 "수년 동안 그녀로부터 사라져 두 사람의 행복을 증진시키려"(206) 인도로 떠났던 브랜든은 3년 뒤 식민지인 인도에서 많은 돈을 벌어 돌아오지만, 자기 가문과 일라이저의 파멸을 보게 된다. 즉 브랜든은 애정 없이 결혼한 브랜든의 형에게 2년 뒤 버림받은 그녀가 다른 남자와 소위 바람이 나서 도망갔다가 매춘을 하는 등 성적으로 타락한 뒤 폐병 말기로 죽어가는 것을 발견한다. 더욱 서글픈 것은 일라이저가 임종시 그에게 맡겼던 당시 3세였던 일라이저의 딸, 즉 두 번째 일라이저인 윌리엄 양(Miss William)도 윌러비의 아이를 임신한 상태에서 버림받는 등 엄마와 비슷한 운명을 밟는다는 사실이다.[18] 이처럼 물불을 가리지 않는 위험한 열정으로 남자와 무분별한 관계에 빠져 도망했다가 버림받는 두 일라이저 얘기는 감성의 위험한 측면 내지 성적 에너지 과잉의 결과를 암시한다. 이로써 마리앤도 윌러비와 계속 사랑했더라면 일라이저와 같은 운명의 전철을 밟게 되었을 가능성을 암시한다.

그리니 미리앤에게는 일라이저와 다른 면이 있다. 결국 타락한 일라이저 모녀와는 달리, 마리앤은 주변인들의 도움과 윌러비―"낭비적이고 방탕한데다, 그 두 가지를 합친 것보다 더 나쁜"(141)―의 배반으로 말미암아 타락할 운명에서 벗어난다. 우선 마리앤은 엘리너처럼 분별력 있고 현명한 언니와 그녀를 아끼고 사랑하는 어머니, 그리고 헌신적인 브랜든 대령의 사랑과 도움으로 다시는 버림받지 않는다. 다시 말해 마리앤도 일라이저처럼 실연과 무너진 기대로 신체적인 질병에 걸리지만 타락하거나 매춘을 하지는 않음으로써, 마리앤의 얘기는 일라이저 얘기와 달라진다. 둘째로, 많은 재산 때문에 정략 결혼의 희생자가 된 일라이저와는 달리, 마리앤은 병을 앓고 성숙한 데다 어떤 면에서는 다행스럽게 돈을 추구하는 윌러비가 그녀를 떠났기 때문에 타락할 운명에서 벗어난다.[19] 이러한 일라이저와 다른 면의 강조가 이 작품의 핵심일 것이다.

이상의 다양한 비난에도 불구하고, 결국 이 작품의 결말에는 바람직한

---

18) 두 번째 일라이저는 후견인인 브랜든 대령에게서 도망쳐 윌러비와 도피한 결과, 임신한 채 버려진다. 이 일라이저는 여성의 지나친 열정을 보여주는 두 번째 예가 된다. 브랜든은 여성의 성욕을 두려워하면서도 두 일라이저를 타락시킨 그 열정 때문에 마리앤을 찬미하며 마리앤이 자신에게 감정적으로 반응하길 바라면서도 그녀의 섹슈얼리티가 자기에게만 반응하길 원한다. 브랜든은 첫 번째 일라이저 안에 숨어 있는 여성의 성적 욕망을 두려워했던 것이다. 남성은 여성이 열정적이길 바라나 이 욕망의 결과를 두려워하기 때문에 욕망의 표현을 통제하려는 가부장적 사회의 두 가지 명령 안에 있다. 요컨대 사회는 여성의 지나친 열정을 바람직하지 않게 보며, 이런 연유로 마리앤의 열정적 감성보다 엘리너의 자기부인이 칭찬 받는다. Poovey, 192.
19) 한편 마리앤과 일라이저가 식민지 여성은 아니나 타자로서의 여성과 관련하여 분석한 탈식민주의(Post-colonialism) 담론과 관련하여 생각할 점이 많다. 가령 스튜어트는 이런 감상적이며 비역사적 관점에서 18세기 후반 가정 담론이 식민 담론과 교차하며, 메리 루이즈 프랫(Mary Louise Pratt)에 의하면 "타자(the Other)를 무한한 현재 속에 고정시키려고"(120) 차이를 구체화한다고 본다. Stewart, 81.

히스테리 치료책처럼 보이는 측면이 있다. 미흡한 대로 마리앤은 마침내 고통을 겪고 성숙하여 브랜든 대령과 결혼한다. 즉 그녀는 병으로 미모를 잃고 다른 사람과 결혼할 전망이 별로 없기 때문이기도 하지만, 그보다는 이 폐렴을 계기로 이전의 지나친 감성에서 치유되어 새로운 눈으로 세상을 보게 된다는 것이다. 요컨대 마리앤의 이런 각성 내지 성숙의 결정적 계기는 언니가 자신과 비슷한 상황에서 얼마나 다르게 처신했는가를 깨닫는 일이다. 그녀는 에드워드와 루시의 약혼을 네 달이나 알면서도 전혀 내색하지 않았던 언니에게 어떻게 "그렇게 태연하게! 그렇게 명랑하게 견딜 수 있었어!"(179)라는 질문에 "내 의무를 다 하고 있다고 느껴서지"(179)라는 언니의 대답을 듣고, 자신과 똑같이 실연의 고통을 겪으면서도 주위 사람이 전혀 눈치채지 못하게 처신한 언니의 고통과 인내심을 비로소 깨닫고 언니에게 이렇게 다짐한다.

"앓으면서 생각하게 되었어. 진지하게 생각해볼 여유와 침착함이 생긴 거지.… 옛일을 생각해 보았어. … 자신에 대해서는 신중하지 못했고 다른 사람에 대해서는 친절하지 못했던 면밖에 찾아볼 수 없었어. 나 자신의 감정이 고통을 준비했던 것이며 그것을 견딜 인내심이 없어서 무덤으로 끌려갈 뻔했다는 걸 알게 된 거야. 병이 난 것만 하더라도 전적으로 나 자신이, 심지어 그 당시에도 잘못하고 있다고 느끼면서도, 건강을 그토록 소홀히 했기 때문이야. 만일 내가 죽었다면 그건 자살행위였을 거야. 살아서 신과 언니랑 모두에게 속죄할 시간을 갖고 싶은 열렬한 욕망 덕분에 즉시 죽지 않은 게 이상하게 느껴질 정도야… 스스로에 대한 혐오감을 이루 다 말할 수 없어.

… 내 감정은 절제되고 성격도 고쳐질 거야… 이제는 우리 가족만 위해 살게… 내가 다른 사람과 어울리는 경우는, 정신이 겸손해지고, 성격도 고쳐지고, 내가 공손한 예절이나 살아가며 지켜야 할

자질구레한 의무를 점잖게 인내심을 갖고 해낼 수 있다는 걸 보이기 위해서일 거야… 그렇지만 끊임없이 일을 하면서 신앙과 이성으로 통제하고 조절할 거야." (236-38)

그녀는 실연의 충격 내지 후유증으로 병에 걸려 죽을 뻔하지만 엘리너와 어머니의 헌신적인 간호로 회복되어 사랑의 열병 내지 위험한 감수성, 성욕에서 치유되며 결혼을 통해 사회에 통합된다. 그녀는 자신을 흠모하여 그 동안 헌신적인 도움과 지원을 아끼지 않고 곁을 지켜준 브랜든 대령의 따뜻한 마음과 다정한 성품을 받아들여 그와 결혼한 뒤 마침내 에드워드와 결혼한 언니와 가까이 살게 된다. 즉 마리앤은 어머니와 언니를 포함한 이전 가족은 아니지만, 자신에게 한결같이 충실하였던 브랜든과의 결혼으로 이루어진 새로운 가족에게 돌아감으로써, 명실상부한 히스테리는 아니지만 병이 나아 가족에게 돌아간다는 것이다. 이는 쇼월터 (Showalter 161, 133-34)가 지적한 "집안의 천사"(Angel in the house)로서 가족에게의 복귀, 즉 당시 의사들이 목표로 삼았던 히스테리 환자의 이상적인 치료에 해당한다.[20] 이제 차분해진 마리앤은 브랜든의 아내로서 정숙한 귀부인 역할을 하게 된다는 것이다. 이 결말은 마리앤의 병이 지나친 감성이나 성욕을 치료하는 계기가 되었음을 암시한다.

이와 같이 마리앤의 병을 정숙한 귀부인 개념에 비추어 볼 때 히스테리의 원인과 (가족으로의 귀환이라는) 치료책, 그리고 여성의 몸에 대한 사회의 통제 등을 볼 수 있었다. 작가의 비전은 정숙한 귀부인 만들기에 있었으며, 이는 마리앤의 병을 통한 열정과 감성 길들이기를 통해 성취될 수 있었다. 결론적으로 오스틴은 사회 관습의 한계를 인식했음에도

---

[20] 이상적인 히스테리 치료책이라는 "집안의 천사"로의 복귀 자체를 문제시하는 것이 여성의 몸과 히스테리에 대한 담론과 부합할 것이다. 어쨌든 오스틴은 당대 히스테리 치유책과 유사한 "집안의 천사"로의 복귀를 결말로 내세우는데, 이런 결말에 대해서는 기회 있는 대로 좀더 깊이 분석해 보아야 할 것이다.

불구하고, 이 무정부적 에너지의 해방보다 여성 감정의 위험한 과잉교정에 더 관심이 있었다고 말할 수 있을 것이다(Poovey 193). 감성보다 지성, 자유보다 원칙, 개인의 성향보다 사회의 원칙이 우선함을 강조하는 오스틴의 정숙한 귀부인 만들기 작업 내지 결혼을 통한 가족에의 귀환(및 물질적 토대의 확보방식)은 열정과 감성을 억제하는 사회적 지배 이데올로기의 산물이라는 점에서 여성작가 오스틴의 페미니즘적 의식의 한계를 엿볼 수 있을 것이다.

이 히스테리 증상은 문화에 대해 무엇을 말해주나? 18·19세기에 히스테리 여성 환자가 많다는 사실은 이성과 과학주의, 부권주의, 그리고 여성을 억압하는 가부장제라는 당시의 지배적인 문화적·사회적 지형을 나타낸다. 어떤 면에서는 마리앤이 히스테리 환자라기보다 낭만적인 여주인공이 정신차려 가는 것에 가깝다고 할 수도 있겠으나, 이 마리앤의 병을 통해 히스테리의 원인과 치료책 등 히스테리 증상과의 여러 공통점은 물론, 더 나아가 그녀의 몸에 각인된 정신적 갈등 및 여성의 몸과 여성의 지나친 감성(과 성욕)에 대한 당시 사회의 감시와 통제를 확인할 수 있었다. 다시 말해 마리앤의 감성과 병을 통해 여성의 몸과 성욕을 지적했다는 점에서 오스틴은 정숙한 귀부인만을 바람직한 여성상이라 주장한 작가들과는 구별되며, 또한 히스테리 담론에 관한 19세기 영국 사회의 문화 지형도를 엿보게 해주었다는 점에서 오스틴의 성취를 생각해볼 수 있을 것이다.

< 인용문헌 >

다이앤 헌터/한애경 역. "히스테리, 정신분석, 페미니즘: 안나의 사례", 케티 콘보이, 나디아 메디나, 사라 스탠베리/한애경 외 공역.『여성의 몸, 어떻게 읽을 것인가?』. 서울: 한울사, 2001, 143-67.

데이빗 트로터/한애경 역. "자연주의의 회피: 기싱, 무어, 그랜드, 베넷, 기타", 근대 영미 소설 학회 역.『영국소설사』. 서울: 신아사, 2000, pp. 588-609.

최주리. "감상소설", 근대영미소설학회.『18세기 영국소설 강의』, 서울: 신아사, 1999, 119-51.

피터 브룩스/한애경 & 이봉지 역.『육체와 예술』(Body Work). 서울: 문학과 지성사, 2000.

Adelson, Leslie A. *Making Bodies, Making History: Feminism and German Identity*. Lincoln: Univ. of Nebraska, 1993.

Brooks, Peter. *Body Work: Objectives of Desire in Modern Narrative*. Cambridge: Harvard UP, 1993.

Butler, Judith. *Bodies that Matter: On the Discursive Limits of "Sex"*. New York: Routledge, 1993.

Cottom, Daniel. *The Civilized Imagination: A Study of Ann Radcliffe, Jane Austen, & Sir Walter Scott*. Cambridge, New York, Melbourne: Cambridge UP, 1985.

Copeland, Edward. *Women Writing about Money.: Women's Fiction in England, 1790-1820*. New York: Cambridge UP, 1995.

Deborah, Kaplan. "Achieving Authority: Jane Austen's First Published Novel.", *Nineteenth-Century Fiction*, 37:4 (March, 1983), 531-51.

Duckworth, Alistair M. *The Improvement of the Estate: A Study of Jane Austen Novels*. Baltimore & London, The John Hopkins UP, 1994.

Giobbi, Giuliana. "Sister beware of Sisters: Sisterhood as a literary motif in Jane

Austen," A. S. Byatt & I. Bossi Fedrigotti. *Journal of European Studies (Literature and Ideas from the Renaissance to the Present)*, 22:3 (No. 87) (September, 1992), 241-58.

Grosz, Elizabeth. *Volatile Bodies: Toward a Corporeal Feminism*. Bloomington: Indiana U.P., 1994.

Haggerty, Geoge E. "The Sacrifice of Privacy in *Sense and Sensibility*.", *Tulsa Studies in Women's Literature*, 7:2 (Fall, 1988), 221-38.

Handley, Graham. *Criticism in Focus: Jane Austen*, Wiltshire; The Cromwell Press, 1992.

Hunter, Dianne. "Hysteria, Psychoanalysis, and Feminism: The Case of Anna O.", *Writing on the Body: Female Body and Feminist Theory*, Conboy, Katie, Medina, Nadia, & Stanbury, Sarah eds, New York: Columbia UP, 1997. 257-77.

Jonhson, Claudia L. *Jane Austen: Women Politics and the Novel*. Chicago & London: The U. of Chicago P., 1994.

Margaret, Kirkham, *Jane Austen. Feminism and Fiction*. London & N.J.: The Athlone Press, 1997.

Mcmaster, Juliet. *Jane Austen the Novelist: Essay, Past and Present*, New York: St. Martin's Press, Inc., 1996.

Matus, Jill L. *Unstable Bodies: Victorian Representations of Sexuality and Maternity*. Manchester & New York: Manchester UP, 1995.

Milligan, Ian. "A Missing Word in *Sense & Sensibility*." *Notes and Queries*, 34:4 (December, 1987), 478.

Nicholson, Linda J. *Gender and History: The Limits of Social Theory in the Age of the Family*, New York: Columbia UP, 1986.

Poovey, Mary. L. *The Proper Lady and the Woman Writer*. Chicago & London; The U. of Chicago P., 1984.

_____. *Uneven Developments: The Ideological Work of Gender in Mid-Victorian*

England. Chicago: Chicago UP, 1988.

_____. "Speaking of the Body: Mid-Victorian Constructions of Female Desire". Jacobus, Mary, Keller, Evelyn Fox, Shuttleworth, Sally eds. *Body/Politics: Women and the Discourses of Science*, New York & London: Routledge, 1990.

Reinstein, P. Gila. "Moral Priorities in *Sense & Sensibility*." *Renascence*, 35:4 (Summer, 1983), 269-83.

Shoben, Edward Joseph. Jr. "Impulse & Virtue in Jane Austen: Sense and Sensibility in Two Centuries." *The Hundson Review*, 35:4(Winter, 1982-83). 521-39.

Showalter, Elaine. *The Female Malady: Women, Madness, and English Culture, 1830-1980*. Harmondsworth: Penguin Books, 1985.

Shuttleworth, Sally. "Female Circulation: Medical Discourse and Popular Advertising in the Mid-Victorian Era." 47-68. Jacobus, Mary, Keller, Evelyn Fox, Shuttleworth, Sally eds. *Body/Politics: Women and the Discourses of Science*. New York & London: Routledge, 1990.

Smith, Phoebe. "*Sense and Sensibility* and "The Lady's Law": The Failure of Benevolent Paternalism." *The CEA Critic(The College English Association)*, 55:3 (Spring, Summer, 1993), 3-25.

Stewart, Maaja. A. *Domestic Realities and Imperial Fictions: Jane Austen Novels in Eighteenth-Century*. Athens & London: The U. of Georgia P., 1993.

Troost, Linda & Greenfield, Sayre. eds. *Jane Austen in Hollywood*. The UP of Kentucky, 1988.

Wallace, Tara Ghoshal. "*Sense & Sensibility* and the Problem of Feminine Authority." *Eighteenth-Century Ficton*, 4:2 (January, 1992), 149-64.

Wiltshire, John. *Jane Austen and the Body: 'the Picture of Health'*, Cambridge UP, 1992.

Ⅰ-3. 보이지 않는 경계선 - 『엠마』와 "문화자본"

1. 부르디외의 '문화자본'

『엠마』(*Emma*)는 제인 오스틴(Jane Austen, 1775-1817)이 죽기 바로 전 해인 1816년에 출판된 네 번째 장편이다. 이제까지 『엠마』에 관한 연구는 아이러니나 내러티브 등 주로 형식적인 면이나 자아각성 및 개인과 사회의 조화라는 내용 면에서 제법 많은 접근이 이루어져왔다. 먼저 이 작품은 대체로 기법적으로 짜임새 있는 오스틴의 여섯 편의 장편 중에서도 주로 형식의 균형과 조화 면에서 가장 완성도가 높은 작품으로 극찬을 받아왔다. 『오만과 편견』(*Pride and Prejudice*)이 가장 인기 있는 작품이라면, 『엠마』는 위트가 부족하지만(Poovey 212) 가장 위대한 작품이라 평가된다(Moore 1768). 가령 와트(watt)는 리차드슨(Richardson)의 "표현의 리얼리즘"(realism of presentation)과 필딩(Fielding)의 "판단의 리얼리즘"(realism of assessment)의 장점을 결합시킨 오스틴의 "기술적 천재성"을 칭찬하며(9-37, 337-39), F. R. 리비스(Leavis)는 영문학의 '위대한 전통'이 오스틴에서 시작된다고 본다. 부스(Booth)는 엠마의 결함에도 불구하고 독자로 하여금 여주인공에게 공감과 비판적 거리를 유지하게 한 뛰어난 서술기법과 짜임새 있는 형식을 칭찬한다(Booth 243-64, 특히 256, 249. 이외에 Ferriss 123 참조). 또한 엠마 우드하우스(Emma Woodhouse)의 자아각성이라는 주제에 관해서도 많은 논의가 이루어져왔다. 최근에는 페미니즘 입장에서 접근하여, 오스틴이 여주인공의 결혼에만 관심을 지닌 작가가 아니라 여주인공이 결혼을 추구하는 과정에서 제기되는 여러 가지 여성문제를 아이러니를 통해 비판하고 전복한 페미니스트 작가임을 밝혀준 바 있다.[21]

본고에서는 이런 기존의 접근에서 한 걸음 더 나아가 프랑스의 저명한 사회학자인 피에르 부르디외(Pierre Bourdieu, 1930-2002)의 "문화자본(cultural capital)"과[22] 계급이라는 관점에서 『엠마』를 새롭게 조명해 보고자 한다. 지금까지 『엠마』를 분석한 논문은 많이 있었지만, '문화자본'이라는 개념에 의거한 분석은 가볍게 지나가며 언급한 콥랜드(Copeland)의 분석(Edward Copeland 89-116) 외에 별로 없는 것으로 알고 있다. 그러므로 이런 접근은 자아각성의 주제나 엠마의 결혼을 사회·경제적 측면에서만 보는 분석, 그리고 페미니즘적 접근 등의 기존 분석에서 벗어나 18세기 당시 급부상하던 부르주아 계급 및 귀족계급에 대한 오스틴의 입장을 정립함으로써, 이 작품을 더욱 새롭고도 깊이 있게 이해하게 해줄 것이다.

이제 본격적인 분석에 들어가기에 앞서 싸르트르(Sartre) 이후 프랑스 최고의 행동하는 지성으로 평가되는 부르디외의 '문화자본'에 대해 잠시 살펴보자. 본고의 관심은 ('아비투스habitus'와 계급론, 취향 및 문화자본과 계급재생산, 상징폭력과 지배이론, '장'Field의 이론[현택수 111]과 지식사회학, "구별 짓기" 등) 그의 여러 이론 중 핵심 개념이라 할 문화자본과 계급이다. 그는 자본을 '권력의 사회적 관계', 즉 행위자(집단, 계급)와 지배의 정당성을 획득하고 유지하기 위해 동원되는 모든 수단으로 정의한다. 그는 자본의 개념을 경제적 의미에 한정하지 않고 다른 영역에도 확대하여 경제자본(재화 및 자산)과 문화자본(학위증을 포함한 문화적 산물 및 서비스)·사회자본(사회적 연결망 및 지인, 인맥 등)·상징자본(위신, 신앙, 존엄, 명예, 명성 등 정당화 기제, 사회적 권위 등)의 네 가지 유

---

21) 일례로 Mary Poovey와 Claudia Johnson 등의 논의가 있다.
22) 한국 사회 계급 연구에서 문화 자본이 갖는 함의와 중요성에 주목하기 시작한 것은 1990년대 들어와 부르디외 이론이 소개되면서부터이다(윤정로 1991; 현택수 외 1998; 홍성민 2000; 조은 50).

형으로 나누었다.[23] 그는 이처럼 경제 분석의 논리를 비경제적인 상품과 서비스로 확대하여 '문화자본'이라는 개념을 만들었다(Swartz 1997, 73-74, 75). 문화자본은 "고급문화 활동을 하게 해주는 사회화 과정을 지칭하는 개념"(Kalmijn & Kraaykamp 1996, 23)이나 "사회적·문화적 배제를 위해서 사용되는 태도와 선호, 공식적인 지식, 행동, 상품, 자격증"(Lamont & Lareau 1998, 156), 또는 지배적인 문화의 코드와 관행에 대한 숙달과 친숙함"(Achaffenburg & Maas 1997, 573) 등 다양하게 정의되나(장미혜 99), 대부분의 논의에서 고급문화에 친숙할 수 있는 문화적 성향이나 "가족의 사회화 과정 속에서 얻어진 상징적·인지적·미학적 능력을 모두 포괄하는"(Joppke 1986, 24; 장미혜 109에서 재인용) 복합적인 개념이다.

그 중에서도 문화 자본은 크게 상속자본(inherited cultural capital, 부모의 학력 수준이 높은 사람들)과 획득자본(acquired cultural capital, 본인의 교육 수준이 높은 사람들)의 두 가지로 구분할 수 있다. 상속자본이 "사회화 과정에서 습득되어 오랫동안 지속된 성향과 아비투스"를 의미한다면, 획득자본은 "공식적인 교육과 훈련을 통해 얻어진 자질"을 일컫는다(장미혜 97-98). 그 결과 동일한 상층 계급 내에서도 "학문적인 성공을 매개로 상층 계급에 운 좋게 도달한 사람들(주로 상급 기술자, 공기업 관리직, 중등교육 교사)과 부르주아지 계급의 오랜 구성원"(Bourdieu 1995, 441) 간의 취향이 다르다(Bourdieu 1982, 243; 장미혜 107-08; 정일준 31-32). 또한 문화자본의 형식은 1. '체화(滯貨)된 (Embodided State) 문

---

[23] 《구별짓기》에서는 경제자본 및 문화자본에 근거한 계급간의 서열이 반드시 일치하지 않는다는 점이 강조된다. 문화자본의 고유한 특성으로, 1) 문화자본의 최초 습득조건은 출생 가정이나 지역을 떠난 후에도 변치 않으며, 2) 문화자본은 실체가 분명치 않는 비물질적 대상을 의미하며, 3) 문화자본은 종종 은폐된 형태로 존재하며 사람들은 문화자본의 존재를 오인한다(Featherstone 1991, 106)고 지적한다. 또한 부르디외에 의하면 경제자본, 문화자본, 사회자본, 상징자본은 각기 '사회적 장(場)'들을 이루고 이 사회적 장들의 다차원적인 복합관계가 '사회공간'을 구성한다. 행위자의 사회적 지위는 각 장에서 점하는 위치들의 복합적 비례관계에 의해 정해진다(정일준 37). 이외에 현택수 110 참조.

화자본', 2. '객관적(objectified state) 문화자본', 3. '제도적 문화자본'의 세 가지로 나뉜다. 첫 번째 '체화된 상태의 문화자본'은 (아비투스로 개념화되는 지속성을 지닌 신체적 성향이나 습성 같은) '신체자본 내지 상속 자본으로 표현된다. 두 번째 객관화된 상태의 문화자본은 주로 도서나 그림, 기계나 건물, 골동품 같은 문화적 재화(물적 대상)를 지칭하며, 경제자본처럼 법적 소유권을 가질 수 있고 상속을 통해 다음 세대로 세습된다. 세 번째 (학력자본이나 획득자본 등) 제도화된 문화자본은 공식적인 교육 과정을 통해 획득되며, 정규교육 연수로 측정된다(Bourdieu 1996, 37; 장미혜 108-09).

부르디외에 의하면 개인은 정식 교육이나 사회계급 문화를 통해 '문화자본'을 소유하며, 옷, 영화, 책, 가구, 미술, 음악 등 모든 문화 자본은 사회적·경제적 불평등 및 이를 영속화하는 '구별 체계'(systems of distinction)를 낳는다. 다시 말해 고상한 취향 같은 문화자본이 사회구조적인 것이라기보다 본래 있는 것이라는 '체계적 오인'(systematic misconception)에 의해 계급이 보존된다. 즉 계급별로 문화적 취향의 차이는 계급체계를 정당화하고 재생산하게 된다. 이처럼 경제·사회자본 외에 체화된 문화자본이 계급 결정(계급재생산)에 중요 요인이라는 것이다.

문화자본의 분석은 교육체계의 연구와 아비투스의 행위이론 및 취향과 불가분의 관계에 있다. 먼저 부르디외는 어린이들이 사회적 출신 계급별로 학업 성취가 다른 현상, 즉 상이한 계급이나 계급 분파 출신의 어린이들이 학력 시장에서 얻는 이익이 문화자본의 분포에 따라 다른 (Bourdieu 1982, 243) 현상을 연구하다가 이 문화자본 개념을 발견했다. 그에 의하면, 학교 성적은 개인의 재능이나 성취보다 가정에서 물려받은 문화자본의 양과 유형으로 더 잘 설명된다는 것이다(Swartz 75-76; 현택수 114-16). 문화자본을 많이 보유한 부모 슬하에서 자란 사람은 부모에게 물려받은 문화자본을 보다 손쉽게 교육적 자질로 전환시킬 수 있는데, 이런 입장은 문화자본을 습득하는데 어린 시절의 초기 사회화 과정의 중요성, 즉 상속자본의 효과를 강조하는 것이다(Savage, Barlow, Dickens & Fielding 1992, 17).[24] 이처럼 문화자본과 교육적인 성취도 간의 연관 관계를 밝히는 작업은, 미시적인 수준에서 계급간의 자녀 교육에 대한 지원의 차이가 자녀의 학업 성취도에 미치는 영향 분석을 넘어, 부모의 자녀교육 지원이 거시적인 수준에서는 다음 세대에도 부모와 유사한 계급이 되게 만드는 거대한 계급 재생산 전략의 일환임을 보여준다. 학교교육은 표면상 계급 권력 관계에서 중립적으로 보이지만, 문화자본의 배분을 불균등하게 재생산함으로써 부모와 자녀의 계급이 일치되는 계급재생산에 기여하게 된다(장미혜 116).

또한 부르디외는 취향과 계급구조 사이의 밀접한 관계를 설명하기 위해 구조와 행위를 직접 연결시키기보다 그 사이를 매개하는 구조로서 '아비투스'라는 개념을 도입하였다.[25] 부르디외는 현대사회에서 지배구조나 계급구조가 어떻게 유지되고 재생산되며, 피지배계급이나 노동계급이 그들의 지위를 '자연스러운' 것으로 받아들이는 현상을 맑스 식의 경제결정론을 넘어 문화자본과 관련하여 설명한다. 즉 그는 계급을 나누는 것으로서 경제자본 외에 문화자본이라는 독특한 분류법을 통해 기존

---

[24] 반면에 이후 미국에서의 연구들에서는 부르디외가 지나치게 초기 사회화 과정이 문화자본의 습득에 미치는 영향을 강조했다고 비판한다(Achaffienburg & Maas 1997; Erickson 1996; 장미혜 100에서 재인용).
[25] 문화적 욕구는 교육에 의해 생기며, 개인에게 예술적 (감상)능력이나 예술적 코드와 분류체계에 대한 감식능력(아비투스)을 부여한다. 따라서 일종의 감식능력으로 이해되는 문화 개념은 결국 체득된 코드를 사용하여 문화적 산물과 행위를 해독하는 내면화된 성향의 체계로서 문화와 동의어가 된다. 아비투스는 개인의 수준에서 실현되지만, 개인의 능력과 습관을 초월한다. 따라서 아비투스는 집단적이거나 계급적인 속성을 부여하는 근거가 된다(정일준 35). 이외에 아비투스에 관해 장미혜 87-88; 홍성민 18-22; 현택수 117-19; 이상호 134-39 참조.

자본의 개념을 확장시켰다. 부르디외는 문화자본은 경제자본과는 독립적으로 그 자체의 가치 구조를 가지며(Bourdieu 1984, 62; 장미혜 107) 경제자본뿐 아니라 문화자본도 사회 계급 간에 불균등하게 배분되면 계급간의 불평등 재생산에 중요한 역할을 함을 밝혀주었으며, 이 점이 문화자본 연구의 초점이다(장미혜 91). 문화자본을 세습시킴으로써 교육 체계는 계급들간의 문화와 지위의 틈새를 강화시켜 사회 계급구조의 재생산에 기여한다는 것이다(Bourdieu 1982, 244; 장미혜 103).

아울러 문화자본의 핵심인 취향은 선천적으로 물려받은 개인적인 것이라기보다 경험과 생활 속에서 획득한 후천적 성향이므로 계급적·이데올로기적 의미가 있다. 이러한 연유로 부르디외는 1) 취향과 계급구조, 즉 객관적 계급구조와 취향간의 선택적 친화력(selective affinity)에 지대한 관심을 갖고 가장 개인적인 영역에 속한 것으로 간주된 취향의 영역을 사회학의 새로운 분석대상으로 삼았다. 2) 취향은 객관적 계급위치의 사회적 위계를 반영하는 문화적 위계로 조직화된다. 즉 문화와 경제는 상호 구성망 속에서 복잡하게 관련되며, 경제의 계급구분은 반드시 문화의 상징적 구분을 하게 한다. 3) 이러한 취향은 다시 계급구조를 낳고 정당화하며 불평등한 계급구조를 재생산하게 된다. 즉 상징적 상품의 소비가 정당화와 선택을 통해 계급지배의 재생산에 기여한다는 것이다(Gartman 1991, 421-423; Swartz 1977, 547).

본고에서는 『엠마』에서 문화자본과 계급의 관계가 어떻게 나타나는지 고찰해보고자 한다. 이런 분석은 세 쌍의 결혼으로 끝나는 결말 분석에 매우 유용해 보인다. 즉 이 작품에서 경제자본뿐 아니라 문화자본이 계급유지와 계급재생산에 중요한 역할을 한다는 것을 규명하려 한다. 이런 분석은 오스틴의 소설에 등장하는 여성인물들의 결혼을 단지 자아각성이라는 도덕적 측면이나 사회·경제적 측면에서 고려하는 것보다 좀 더 섬세하고도 풍부하게 읽어낼 수 있는 분석틀을 제공해줄 것이다.

2. '문화자본'과 계급

이 소설에서 금전적으로 안정되었지만 사생아인 해리엇(Harriet)은 프랭크(Frank)나 나이틀리(Knightley)에게 끌리지만 결국 갖은 우여곡절 끝에 부유한 농부 마틴(Martin)과, 재산은 없으나 우아한 제인(Jane)은 프랭크와, 최고 가문인 엠마는 나이틀리와 결혼한다. 해리엇과 제인, 엠마의 세 여성은 그저 경제적·사회적 측면에서 각기 자기 계급에 어울리게 결혼한다고 평가되어 왔다. 엘튼 부부 및 결말에서 이루어지는 이 세 쌍의 결혼이 부르디외의 문화자본과 계급이란 측면에서는 어떻게 평가할 수 있는지 분석해보자.

1) 급부상하는 부르주아 계급과 문화자본의 결여

필립 엘튼(Mr. Philip Elton)은 하이베리에 온지 2년밖에 안된 젊은 교구목사이지만 신분상승을 꾀하는 야심만만한 부르주아 계급의 인물이다. 엠마는 해리엇을 좀 더 "손질하여"[26] 숙녀로 만들어 엘튼과 결혼시키려 하지만, 정작 그는 만사가 계급으로 결정되는 사회에서 부모와 재산, 그리고 사회적 지위도 없는 사생아인 해리엇에게 관심도 없고, 그녀와 절대로 "경솔하게 결혼"(66)하지도 않으려 한다. 그는 부유한 젠트리 계층인 엠마와 결혼하여 재산과 지위 외에 문화자본까지 거머쥐려 하므

---

26) Austen, Jane. *Emma*. Harmondsworth: Penguin Books, 1966. 이제부터 나오는 본문의 인용은 이 책에 의거하여 면수만 표기하기로 한다. 54면.

로, 엠마에게 청혼했다 거절당하자 휴양지 바스(Bath)에서 만난 오거스타 호킨즈(Augusta Hawkins)와 서둘러 결혼한다. 그녀는 돈 많은 상인집안 출신으로, 우아하고 잘난 척 하지만 매너와 교양 없는 무례한 속물이다.[27] 따라서 엘튼은 돈은 있지만 문화자본 없는 여성과 결혼하여 재산은 증대되지만 문화자본은 얻지 못한다. 이와 같이 엘튼의 결혼은 그의 속물근성과 지나친 야심, 더 나아가 취향(문화자본)과 대치되는 계급의 문제를 가장 단적으로 보여준다.

문제는 이들 부부가 결혼한 뒤 문화자본까지 있는 체 한다는 점이다. 즉 그들 부부는 상류 사회에서 무례하게 행동하면서 문화자본까지 겸비한 체 함으로써 사회에서 비웃음과 조롱을 당한다. 가령 엠마가 사회적 예의에 따라 갓 결혼한 이 신혼부부를 집으로 초대했을 때, 이들이 문화자본이 결여된 "벼락부자"같다는 인상을 받는다. 또한 후일 엠마의 결혼식에 초대받지 못한 엘튼 부인은 엠마의 결혼식을 자기 결혼식보다 초라하다고 동정하는데, 이 일화에서 그녀가 만사를 물질로 평가한다는 사실이 밝혀진다. "흰 새틴을 그렇게 조금 쓰고, 레이스 베일도 그렇게 조금 쓰다니. 아주 불쌍한 일이군!"(484)이라는 엘튼 부인의 말은 돈은 있되 교양 없이 상품에만 주목하는 문화자본의 빈곤을 드러낸다(Copeland 108). 요컨대 엘튼 부인이 교육을 통해 얻은 제도화된 문화자본은 엠마나 제인의 성장과정에서 체화된 문화자본에 비하면 아주 보잘 것 없다. 이처럼 문화자본의 차이는 생산 영역보다 소비 영역에서 보다 가시적으로

---

27) 신체와 관련된 문화자본의 체화과정에서 시간적인 투자와 교육 같은 장기간의 경제적 투자가 요구되며, 바로 이 과정이 경제 자본이 문화자본으로 전화되는 과정이다. 가장 일반적인 의미의 객관적 문화자본을 소유하기 위해서는 해당 재화에 대한 관심과 애착, 기본지식 등이 필요하다. 제도적 문화자본은 소유자에 대해 상대적 자율성을 유지한다(정일준 31-33). 이와 같이 문화 자본에는 언어 능력, 일반적인 문화적 상식, 미적 취향, 학교제도나 학벌이나 졸업장, 계급 지표에 대한 정보 등 광범위한 자원이 포함된다(Bourdieu 1996; 장미혜 106).

드러나며, 계급간의 장벽은 일상생활 속에서 나타난다(조은 51, 82-83).[28]

이처럼 만사를 물질적 가치로만 평가하는 속물적인 엘튼 부부는 문화자본 면에서 가장 재미있고 분명한 분석대상이 된다. 이 부부의 경우 문화자본의 결여 때문에 경계할 대상으로서 가장 혹독히 비판된다. 이 점은 좋은 친구인 엘튼가의 섬세한 취향에 관해 별로 할 말이 없다는 작가의 대변인격인 나이틀리의 언급에서도 암시된다. 이런 묘사 뒤에는 막대한 재산을 획득했으나 문화자본 없이 급부상하는 중산층에 대한 작가의 우려 및 이들이 지배계급에 편입되기를 저지할 방안은 문화자본이라는 작가의 생각이 들어있다. 작가의 이런 우려는 엠마와 나이틀리의 결혼식에 엘튼 부인을 의도적으로 배제시켜, 문화적 가치체계(distinction)에 따른 "구별 짓기"를 옹호한 데서도 드러난 바 있다.

엠마의 친구인 해리엇은 결국 농부인 마틴과 결혼한다. 엠마는 십 육년간 자신의 가정교사로서 어머니와 친구 역할을 해준 32세의 테일러 양(Miss Taylor)과 홀아비 이웃 신사 웨스턴 씨(Mr. Weston)[29]의 중매에 성공하자 해리엇을 지위가 높은 엘튼이나 프랭크와 차례로 결혼시키려 하지만, 이들은 각기 돈 있는 오거스타 호킨즈와 결혼하거나 제인과 비밀 약혼을 함으로써, 엠마의 계획은 좌절된다. 엠마의 계획은 해리엇을 좋아하는 나이틀리 영지의 부유한 자작농 로버트 마틴(Robert Martin) 때문에도 방해를 받는다. 출생을 알 수 없던 사생아로 돈도 지위도, 문화자본도 없던 해리엇은 뒷부분에서 상인의 사생아로 밝혀져 재산을 얻게 되며, 마틴은 건실한 농부로서 돈은 있지만 문화자본이 없다. 그러므로 금전적

---

28) 부르디외는 ≪구별짓기≫에서, 소비 영역에서 드러나는 계급 간 차이가 각 계급의 경제적인 소비 능력의 차이뿐 아니라 어린 시절 가정 내의 사회화 과정이나 공식적인 교육 과정에서 형성된 취향의 차이에서 비롯된다는 점을 보여준다. 이처럼 각 계급 구성원들의 소비 행위는 경제적인 요인으로만 설명될 수 없다(장미혜 116-17).
29) 웨스턴 씨는 하이베리 출생의 육군 장교로서 런던에서 장사로 돈을 모아 수십 년에 걸쳐 하이베리 상류사회에 확고히 정착하였다.

으로 안정되었지만 사생아인 해리엇과 부유한 농부 마틴은 돈은 있지만 문화자본이 없는 사람끼리 결혼함으로써 계급구조를 계속 유지한다. 즉 해리엇이 "출생이나 성격, 교육상 로버트 마틴보다 더 높은 계급"(61)과 결합할 수 없다는 나이틀리의 말처럼, 해리엇과 마틴은 신분이나 재산, 문화자본 면에서 서로 어울리게 결혼한다.

작가는 돈은 있지만 문화자본이 결여된 엘튼 부부와 해리엇 부부의 경우, 같은 중간 부르주아 계급이라도 엘튼 부부에 비해 해리엇 부부를 그렇게 경계하거나 싫어하지 않는다. 그 이유는 해리엇 부부는 엘튼 부부처럼 문화자본이 있는 척 하지 않으며, 신분상승을 위해 '보이지 않는 계급의 경계선'을 넘으려 애쓰지도 않기 때문이다.

2) 젠트리 계급과 문화자본의 획득

제인은 교구 목사인 할아버지의 손녀로 젠트리 가정에서 태어났지만, 세 살에 부모 잃은 고아가 되어 나이틀리나 우드하우스의 호의로 살아갈 정도로 가난한 여성이다.30) 그녀는 엠마와 비슷한 나이에 좋은 가문과 미모, 우아함을 지녔으며 피아노나 노래실력 등 재능과 교양도 있다. 제인은 이처럼 사회적 지위 및 좋은 가문에서 체득한 문화자본은 있지만 경제적으로는 박탈된 상태에 있다. 따라서 재산만 제외한다면 거의 모든 관점에서 엠마보다 우월하다고 하겠다(Booth 249). 그러나 이 한 가지 차

---

30) 제인은 지참금이 전혀 없음을 고려한 아버지 친구 캠벨 대령(Colonel Campbell)의 호의로 양가집 숙녀의 생계수단으로서 가정교사직에 필요한 모든 교양과 지식을 습득하였다. 그녀는 프랭크와의 비밀약혼이 알려지기 전 캠벨 대령 집에서 양육되다가 착하지만 수다스런 노처녀 이모 베이츠 양(Miss Bates)과 할머니 베이츠 부인(Mrs. Bates)과 함께 살면서 생활비를 벌어야 한다. 따라서 제인은 결혼을 하거나 속물적인 엘튼 부인이 주선한 굴욕적인 가정교사 일자리를 수락하는 것 외에 이런 가련한 처지에서 벗어날 탈출구가 없다.

이는 당시 결혼시장에서 제인의 다른 장점을 모두 상쇄해버릴 만큼 엄청난 영향력을 발휘한다.

　엠마는 나이나 교육, 계급상 비슷하지만 교양과 지성, 우아함 등 문화자본에 있어 우월한 제인에게 무의식적으로 미묘한 경쟁심과 질투를 느낀다. 엠마는 그들의 소원한 관계를 속을 잘 털어놓지 않고 늘 뭔가 숨기는 제인의 탓으로 돌리지만, 실은 엠마의 경쟁심과 질투가 더 큰 원인이다. 자신의 자존심과 우월감을 충족시켜주는 해리엇과는 달리, "정말로 교양"(180)과 문화자본을 지닌 제인의 등장은 엠마에게 그간 누려오던 우월감과 자신감을 손상시킬 만큼 커다란 위협이자 도전이었기 때문이다. 이런 이유로 그녀와 제인은 가까워질 수 없다(Langland 229). 가령 엠마는 콜씨의 파티에서 제인이 피아노를 잘 치자 자존심이 상해 낯모르는 익명의 사람에게 받은 피아노 선물 때문에 제인과 유부남인 켐벨의 사위 딕슨(Mr. Dixon)씨의 관계를 근거 없이 의심하는가 하면, 제인의 경제적 궁핍 때문에 그녀를 친구라기보다 보살펴주어야 할 가련한 동정의 대상으로 여긴다. 엠마는 이렇듯 문화자본 면에서 자기보다 우월한 제인을 경계한다.

　한편 프랭크 처칠(Frank Chrchill)은 엠마의 가정교사인 테일러 양(Miss Taylor)과 재혼한 웨스턴 씨(Mr Weston)의 전처 소생 아들로 외삼촌인 요크셔주 앙스콤(Enscomb)의 명문가 처칠 장군의 양자로 들어갔다. 그러나 그는 양부모에게 상속을 못 받을까봐 제인과의 약혼을 숨긴다. 그는 급부상하는 부르주아와 더불어 급속히 세력을 얻어가던 군인 집안에서 나름대로 재산과 사회적 지위 그리고 교양을 후천적으로 교육받았지만, 문화자본은 부족한 편이다. 이와 같이 전통적인 맑시즘에서는 단일한 계급으로 인식되던 지배계급이 부르디외에 오면 문화자본은 많지만 상대적으로 경제자본이 적은 분파와, 반대로 경제자본은 많지만 문화자본은 적은 두 개의 분파로 나뉜다. 이처럼 문화자본과 경제자본은 상호보완적일 수도 있지만, 대체로 배타적인 개념이다(Frows 2000, 52; 장미혜91-92). 따라서 프랭크는 제인과의 비밀 약혼을 은폐하려고 엠마에게 의도적으로 접근하는 등 갖은 우여곡절 끝에 제인과 결혼함으로써 한층 성장하게 될 것이다. 구체적으로 재치와 뛰어난 화술, 개성으로 쉽게 사람의 마음을 사로잡는 유쾌하고 매력적인 인물이긴 하지만 의무와 책임감은 없던 그는 이제 한층 책임 있는 인물로 변화될 것이다. 부르디외 식으로 말하자면, 프랭크는 제인과 결혼하여 그녀의 존중할 만한 가문(계급)과 우아한 태도(문화자본) 덕분에 그에게 부족했던 문화자본을 보완하여(Langland 227) 더 훌륭한 젊은이가 되어 한층 유망한 미래를 얻게 되리란 것이다. 이 점은 제인의 문화자본을 칭찬하면서 제인과 프랭크의 결혼이 "사회와 중요한 모든 습관[문화자본], 매너에 관한 한 … 동등한 상황"(415)이라는 나이틀리의 긍정적 평가에서도 입증된다.

    이상에서 제인은 출생이 불분명하고 가난하다는 점에서 해리엇과 유사하지만 문화자본 면에서 해리엇과 구분되며, 또한 경제자본 면에서는 엘튼 부인보다 못하지만 "출생"(사회자본)과 "교육자본"(문화자본) 면에서는 그녀와 완전히 구별된다는 사실이 밝혀진다. 제인의 탁월한 문화자본을 높이 평가하는 오스틴은 문화자본이 부족한 프랭크를 제인과 결혼시켜 문화자본을 얻게 한다. 즉 재산은 없으나 우아한 제인과 돈은 있으나 문화자본이 부족한 프랭크가 각기 문화자본과 경제자본을 교환하게 함으로써, (신분과 재산상) 서로 어울리는(Langland 227) 계급의 연대를 옹호하는 듯하다. 작가는 이렇듯 부르주아 출신의 프랭크가 젠트리 계급의 문화자본을 획득해 한 계급 상승하는데, 즉 '보이지 않는 경계선'을 넘는데 거부감이 없는 듯하다.

3) 이상적인 지배계급

나이틀리는 이웃마을에서 최고 가문으로 계급이나 재산, 그리고 문화자본 면에서 볼 때 엠마와 유일하게 어울리는 인물이지만, 16세라는 현격한 나이차이 및 사돈총각이라는 친인척관계 및 도덕적 안내자이자 스승 같은 역할 때문에 그들의 결혼가능성은 애초에 배제된다. 가령 상식과 이성, 정확한 판단력 을 지닌 그는 엠마가 자신의 자존감과 지성, 아버지와 사회를 버리지 않고 그녀의 한계에서 벗어나도록 도와주는 성숙한 기준의 역할을 했던 것이다. 구체적으로 나이틀리는 인격적으로 성숙할 뿐 아니라, 자신의 소유지나 하이베리 주변의 사회활동에 적극 관여하는 등 외적인 면에서도 완벽한 규범 같은 인물이다. 가령 그는 지배계급은 물론 건실한 농부 마틴을 "나의 친구"라고 부르는 등 이웃의 소작인과 중하류 계급 사람에게도 따뜻한 친절과 관심, 관용을 보인다. 그는 가난한 베이츠 양이 원할 때는 언제든지 마차를 쓰도록 하며, 무도회에서 엘튼에게 모욕당한 해리엇에게 춤을 청해 구해주는 등 주위 사람을 배려한다. 또한 그는 사회적으로 자신의 위치에 수반되는 "농장과 양들, 서재와 행정교구를 다스려야 하는" 책임을 인식하고 있으며, 동생 존이 크리스마스 휴가차 방문했을 때 여러 가지 직업적 대화를 나눈다(Duckworth 156). 구체적으로 그는 콜 가의 저녁 파티나 크라운(Crown) 여관에서 엘튼 목사와 웨스턴 씨와 교구나 마을일을 의논한다. 단지 농부라는 이유로 마틴을 "나와 아무 관계가 없는 … 사람들"(59)이나 "다른 부류의 사람"으로 무시하는 엠마와는 달리, 그는 마틴처럼 성실하고 근면한 자작농이 영국사회의 발전에 필요하다면서 마틴의 경제적·사회적 지위 상승을 인정하며 영국의 농업혁명 과정에서 젠트리 계층이 차지농 계층과 협력해야 성공할 거라 생각하는 등 현실을 정확하게 인식하고 있다. 그는 이처럼 지배계급에게 요구되는 자질을 안팎으로 지닌 완벽하고도 이상적인 토지귀족 젠트리로 제시된다.

반면 엠마는 일찍 돌아가신 어머니 외에 재산과 사회적 신분, 문화자본은 물론 미모와 지성, 아버지의 사랑까지 갖춘 부러울 것 없는 여성이다. "안락한 집과 행복한 기질을 지닌 예쁘고, 영리하며, 부유한"(37) 엠마는 "그녀를 슬프게 하거나 화나게 할 게 별로 없는 세계에서 거의 21년간 살았다"(37). 이 유명한 시작은 그녀가 삶의 모든 축복을 두루 갖춘 안정된 하트필드(Heartfield)의 안주인으로서 외적으로 아무 부족함이 없음을 알려준다. 구체적으로 그녀는 런던에서 16마일 떨어진 작은 하이베리(Highbury) 마을에서 가장 유서 깊은 우드하우스 가문 – 하이베리의 땅을 거의 다 차지한 나이틀리 가문의 돈웰 애비(Donwell Abbey)에 뒤지지 않는(155) – 에 속해 있다(154). 게다가 엠마는 부유한 우드하우스 가의 막내딸로 그녀가 물려받을 3만 파운드의 연수입은 1500파운드이다. 그러므로 아버지의 재산은 여주인공의 자기 가치와 확신감의 열쇠로서 강조된다(Ferriss 125). 비록 어머니가 일찍 돌아가시고 늘 매사에 노심초사하는 병약한 아버지가 좋은 역할 모델이 아니므로 가정 환경상 부족한 면이 있긴 하지만, 부르디외 식으로 표현하자면 엠마는 경제·사회자본은 물론 문화자본, 즉 유수한 가문에서 물려받은 체화된 문화자본과 골동품과 가구 등 객관적 문화자본, 교육을 통한 제도적 문화자본, 또는 상속자본과 획득자본까지 골고루 갖추고 있다.

그러나 그녀는 인격적으로 아직 미숙하다. 그녀의 유일한 단점이라면 자기만족, 즉 "너무 지나치게 자기 마음대로 하는 힘과 자신에 대해 지나치게 좋게 생각하는 경향"(37)이다. 작가는 가정이란 왕국에서 제멋대로 군림하는 독재자 엠마에 대해 "나 자신 외에는 아무도 좋아하지 않을 여주인공"(Austen-Leigh 157)이라 언급한 바 있다. 가령 엘튼의 청혼에 분개하고, 농부라는 이유로 마틴을 무시하며, 가난이나 문화자본의 부족 때문에 제인이나 엘튼 부인을 무시하는 것 등은 계급과 지위로 사람을 평가하여 무시하는 예다. 이런 계급적 우월감과 속물근성 때문에 엠마에게는 지배계급에게 요구되는 타인에 대한 배려와 온정이 부족하다.

이런 이유로 엠마는 자신을 최고라 착각한다. 이런 착각은 일차적으로 그녀의 잘못이다. 즉 하이베리와 그 주변에 제한된 그녀의 환경과 경험 부족으로 인한 좁은 시야 때문이다. 즉 그녀가 하이베리 사회에서 할 수 있는 사회적 역할이나 경험은 거의 없었던 것이다. 그녀는 바다는 물론 불과 16마일 떨어진 런던, 그리고 칠 마일 거리에 있는 가까운 명소 박스 힐(Box Hill)에도 가본 적이 없다. 게다가 그녀는 외출을 싫어하며 우울증이 있는 아버지 때문에 제한된 반경에서 매우 단조로운 생활을 하며, 그녀의 사회생활이란 이웃에 사는 나이틀리나 가난한 병자 방문, 그리고 이웃 상류계급 사람들과의 저녁식사가 전부다.

따라서 엠마는 하이베리에 자기에게 필적할 만한 인물이 없다는 자만심과 사회적 우월감 때문에 여신처럼 주위 사람의 운명을 지배하려고 중매에 몰두하지만, 거듭 실수할 따름이다. 이런 관점에서 이 작품이 자기 능력을 과신하는 중매쟁이가 자기 잘못을 깨닫는 과정에서 사랑을 발견하는 코미디라는 지적(Ferriss 122)은 적합하다. 구체적으로 엠마의 착각은 결정적으로 세 남성의 의도를 잘못 파악한 세 가지 사건을 계기로 깨진다. 첫째, 엘튼 목사가 해리엇이 아닌 자신을 좋아하며,[31] 둘째, 프랭크 처칠이 자기 아닌 제인 패어팩스를 좋아하며,[32] 셋째, 나이틀리가 해리

---

[31] 엠마만이 자신에 대한 엘튼의 연모와 애정을 감지하고 못하고 있다. 가령 엘튼이 해리엇을 모델로 하여 그린 엠마의 그림을 칭찬하며 이 그림의 액자를 런던에서 구해다 갖다 준 것은 해리엇에게 관심이 있어서가 아니라 엠마가 이 그림을 그렸기 때문이다.

[32] 엠마는 휴양지 웨이머스(Waymouth)에서 만나 서둘러 한 제인과 프랭크의 비밀 약혼이 밝혀지자, 프랭크의 정체를 파악한다. 그녀는 프랭크를 사랑하지는 않았지만, 내심

엇 아닌 자신을 좋아한다는 것이다.33) 즉 해리엇과 엘튼, 처칠과 제인, 그리고 나이틀리에 대한 세 번의 판단 착오와 박스 힐(Box Hill) 소풍 에피소드(가난한 노처녀 베이츠 양(Miss Bates)을 무례하게 무시한 일 때문에 나이틀리에게 호된 꾸짖음을 듣고(368) 다음 날 직접 찾아가 사과한 일) 등을 통해 자신의 상상과 실제 현실간의 차이(Nachumi 132) 및 자신도 잘못 판단할 수 있음을 깨닫게 된다. 엠마는 이런 실수를 통해 그간 무시하던 중하류 계급 사람을 배려하게 되어 책임 있는 귀족이자 명실상부한 사회지도자 계급이 된다.

나이틀리의 신부가 되기에 부족했던 엠마는 이제 정신적으로 성장하여 원래 완벽한 나이틀리와 결합함으로써, 그들은 '보이지 않는 계급의 경계선'을 넘지 않고 더욱 책임 있는 귀족이 된다. 가령 "화려하지도 과시"(464)하지도 않는 수수하고도 검소한 결혼식은 엠마가 얻은 분별력을 입증한다. 즉 그녀는 과도한 상상력에 기인하는 자기중심적 현실해석과 계급의식으로 인한 하층 계급에 대한 오만한 태도라는 "[그녀] 상황의 …… 진짜 악"(37)을 정복했던 것이다. 이 작품에서 이들의 결혼이 가장 이상적인 결합으로 제시됨으로서, 이 결혼이 책에 구현된 모든 가치를 구현한다는 지적(Booth 259)은 적합하다. 이들의 결혼에서 이상적인 지배계급이라면 계급과 돈(즉 사회·경제자본), 문화자본 외에 내면적 성숙까지 요구하는 오스틴의 생각을 엿볼 수 있다.

프랭크가 자기를 좋아하는 것으로 착각하고 그를 조정하여 해리엇과 맺어줄 수 있다고 자신했기 때문에 큰 충격을 받는다. 엠마는 비로소 자신의 짝짓기 행위가 타인들의 사회적·경제적 관계에 간섭하며, 그녀에게 부여된 경제적·사회적·계급적 힘의 남용이었음을 깨닫는다(Tobin 419)

33) 엠마는 농부 마틴을 좋아하는 해리엇에게 처음에는 엘튼을, 나중에는 프랭크를 염두에 두고 좀 더 고상한 사람을 좋아하라고 부추겨왔지만 막상 엘튼에게 춤을 거절당한 자신을 나이틀리가 구해준 일로 그를 사랑하게 되었다는 해리엇의 고백을 듣자, 해리엇은 경제·문화 자본면에서나 내적인 인격 성숙의 면 등 어느 모로 보나 나이틀리에게 부적절한 대상임을 깨닫는다.

한 가지 생각할 점은 해리엇과 제인, 엠마 세 쌍이 각기 자기 계급에 어울리게 결혼하는 이 결말에서 엠마와 해리엇의 관계도 재정립되어야 한다는 점이다. 즉 그들의 관계는 계급의 경계 안에서 더 분명하게 정리되고(Dole 68) 재배치되어 다른 "구별체계"에 들어가야 한다. 여기서 엠마가 (뒤늦게 등장하긴 하지만) 나이나 신분상 그녀에게 어울리는 제인이 아니라 해리엇과 친한 친구가 된 이유를 생각해 보자. 예술적 취향의 예술가를 친구로 두어야 하는 '문화자본'의 기준에 비추어 볼 때, 해리엇보다는 제인이 엠마에게 어울리는 친구일 것이다. 해리엇은 예쁘지만 돈도 없고 신분도 불확실한 사생아인 데다 어리석기까지 하다. 즉 그녀는 출생이 불분명한 "누군가의 사생아"(53)로 고다드(Goddard) 부인이 운영하는 여학교를 졸업한 뒤 그 학교의 특별기숙생(parlor boarder)으로 있는 예쁘지만 약간 모자라는 십 칠세 하류 계급 여성으로, 경제자본이나 문화자본이 없는 여성이다. 부르디외에 의하면, 사회에서는 일반적으로 문학적·언어학적 스타일의 습득을 강조하고 지배계급 가정의 언어와 문화 습득을 요구하며, 그 결과 문화자본을 풍부히 물려받은 사람을 선호한다(Swartz 200). 그렇다면 문법적으로 틀리며 어눌한 해리엇의 언어는 빈약한 교육 등 문화자본의 결여를 보여준다(Duffy 45).[34] 부르디외 식으로 말하자면 상속자본과 획득자본 같은 두 가지 문화자본이 다 부족하다는 것이다. 그런데 엠마가 사생아라는 출생이나 계급, 재산 등 여러 가지 면에서 부족한 해리엇의 후견인 노릇을 자처하고 나서는 이유는 가정교사

---

34) 부르디외에게 "직접적이고 본능적으로 미적 가치를 판단하는 능력을 의미하는 취향"이란, 선천적이라기보다 계급에 따라 다르게 경험된다. ≪구별짓기≫에서 부르디외는 (옷차림이나 의상, 말투, 억양이나 자세와 태도, 매너 혹은 집안의 가구, 즐겨 읽는 신문 등) 개인들의 일상생활 속의 사소한 행위와 실천이 어떻게 계급 간 경쟁과 분할의 구도를 재생산하는지 보여 준다. 그는 출생과 가정환경 외에 교양이나 교육 같은 장기간의 훈련(교육자본, educational capital)을 통해 문화자본이 몸으로 체화된다고 보았다(장미혜 87-88, 96, 106).

인 테일러가 결혼한 뒤 친구가 없어 외롭기도 하지만, 해리엇이 하이베리 사회의 명문 귀족으로서 지켜온 자신의 우월감을 충족시켜주기 때문이다. 즉 엠마는 해리엇에게 후원자 노릇을 하면서 실은 자신보다 열등하며 상대적으로 자기 장점을 부각시킨 친구를 발견했던 것이다. 다시 말해 엠마의 우월감이 이 관계의 동인이라 할 것이다. "해리엇이 그렇게 기분 좋게 열등감을 보이는데, 엠마가 어떻게 스스로 배울 점이 있다고 상상이나 할 수 있겠는가?"(67)라는 나이틀리의 언급은 해리엇과의 관계에서 엠마가 느끼는 우월감을 간파한 것이다. 또한 모든 걸 안다고 자신하는 엠마에게 "그녀[해리엇]의 무지는 매순간 아부"(67)가 된다는 나이틀리의 지적은 해리엇의 무지 때문에 엠마의 허영심과 자만심이 조장되며 해리엇이 하트필드에 자주 드나들면 자신의 사회적 지위에 불만을 갖게 될 것이므로, 그들의 관계가 두 사람에게 모두 별로 좋지 못한 결과를 초래하리라는 사실을 예견한 것이다. 엠마는 이제 문화자본의 중요성을 깨닫고 해리엇과 일정한 거리를 두며, 이후 제인과 친분을 유지할 것이라 암시되면서 작품이 마무리된다.

3. 보이지 않는 계급의 경계선

이와 같이 부르디외에게 있어 계급 재생산의 핵심 개념인 문화자본이라는 관점에서 『엠마』를 재조명해본 결과, 엘튼 부부 및 세 쌍의 결혼에 함축된 의미가 더욱 분명히 이해되며, 이 결혼들은 '보이지 않는 계급의 경계선'을 넘지 않고 그 안에서 위험한 균형을 유지하고 있음을 확인하였다. 이러한 논의의 연장선상에서 각기 제자리를 찾아가는 결말을 문화자본과 계급이라는 관점에서 어떻게 평가할 수 있을지 살펴보자. 작가는 해리엇은 농부 마틴과 짝지우며, 제인은 프랭크와 결혼하여 상류 사회에 포함시키고, 엘튼 부인을 그 사회에서 배제시키며 엠마는 나이틀리와 결혼하여 이상적인 지배계급이 되게 하는 등 등장인물을 원래 고정된 계급의 틀 안에 집어넣거나(into) 배제(out)시킨다.35) 이렇게 계급에 따라 "구별 짓기"하는 "구별체계"에 따라 살펴보면, 이들의 결혼을 그저 피상적으로 경제·사회적 지위라는 측면에서 분석할 때보다 세 쌍의 결혼에 함축된 의미가 더욱 섬세하게 이해됨을 확인하였다. 가령 해리엇과 제인, 엠마 등은 부모의 계급을 거의 그대로 물려받는다. 그러나 같은 중간계급이나 상류계급이라도 해리엇과 마틴, 엘튼 부부, 그리고 제인과 엠마 간에는 문화·경제자본 면에서 상당히 다르게 "구별짓기"할 수 있다. 제인의 경우 사회·문화자본은 있지만 경제자본 없이 온전한 지배계급이 될 수 없으며, 이상적인 지배계급은 사회·경제자본 외에 문화자본도 지녀야 한다. 즉 이 세 쌍의 결혼에서 계급 이동이나 계급 재생산 구조상 "계급 간에 '건널 수 없는'(조은 52) 계급 장벽이 나타나고 있음을 확인하였다.

이런 분석을 통해 이상적인 지배계급에 대한 오스틴의 생각을 엿볼 수 있다. 오스틴이 이 소설에서 하이베리를 통해 그린 18세기 초의 영국 사회는 전통적 사회 질서를 유지하면서도 계층 간 이동이 심심찮게 일어나는 유동적인 사회다. 가령 하이베리에 정착한지 몇 년 안 된 착하지만 계급이 낮은 상인 출신의 콜(Cole) 가가 런던 상점에서 얻은 큰 수입 덕분에 하이베리에서 두 번째로 중요한 집안으로 자리 잡고, 그의 초대에 상류계층이 다 응하는 것은 이런 변화를 보여준다.36) 또한 마틴은 주인인 나

---

35) 이와 관련하여 엠마의 물질계라는 유쾌한 표면에 깊은 균열이 있다는 논의 참조. 경쟁적인 소비로 운영되는 사회제도에서 계급은 불안정하다. 가령 목사 아내인 엘튼 부인은 브리스톨의 "보통" 상인계급 출신의 침입자이긴 하나, 하이베리라는 사회에서 계속 건재할 것이다. 엠마의 결혼식에 그녀를 초대하지 않는다고 해서 하이베리에서 그녀의 존재를 없앨 수는 없을 것이다. Copeland, 109.

36) "하이베리 사회의 대단한 명사"(55)라 자부하는 엠마는 콜 가의 주제넘음과 건방짐을

이틀리와 좋은 관계에 있지만, 현실에서 그와 같은 농부 계층은 나이틀리가 축복하지 않아도 전시의 번영 때문에 신사로 급부상 중이다. 나이틀리는 베이츠 양을 무시한 일 때문에 엠마를 야단치지만, 그렇다고 해서 그의 야단이 베이츠 양을 곤경에서 구하거나, 그녀의 암울한 미래를 개선해 줄 수는 없다.37) 이와 같이 당시 현실에서 상류계급은 점차 세력을 장악하며 급부상중인 중간부르주아에게 지배권을 내주게 된다. 작가는 이런 현실에 대해 우려와 걱정을 금치 못한 나머지, 엠마와 나이틀리로 대변되는 지배계급에게 그저 경제·사회적 지위만이 아니라 "귀족의 의무", 즉 최고 수준의 진정한 문화자본을 요구한 것으로 보인다. 동시에 오스틴은 상류사회에 잠입하거나 은근히 그 틈새를 공략하는 급부상하는 벼락부자인 부르주아의 경제자본을 저지할 방안은 체화된 문화자본의 발전으로, 좋은 신분의 소유야말로 경쟁적인 상품 구입으로 인한 혼란을 개선할 거라고 여겼던 것이다(Copeland 107-08). 더 단순하게 말하자면, 경제자본과 문화자본 중에서 굳이 하나를 택해야 한다면 엘튼 부인의 천박한 경제자본보다는 제인의 문화자본을 택하겠다는 것이 오스틴의 생각이다. 이러한 관점에서 오스틴은 표면상 보수적인 작가로 보이지만, 그렇게 단순하게 볼 수만은 없다. 아울러 오스틴은 귀족계급은 물론 젠트리 계급이나 중간 부르주아 계급도 지도계급의 반열에 들어가려

제지하기 위해, 이는 그들이 초대해도 가지 않기로 결심하지만, 나이틀리와 웨스튼 씨가 콜 가의 저녁 초대를 받아들이자 자신도 응낙하는데, 이는 아직도 그녀에게 계급적 편견이나 우월감이 남아 있음을 보여준다(Langland 231). 이러한 사실은 경제·문화자본 없는 해리엇을 목사인 엘튼과 결혼시켜 신분상승 시키려 하면서, 문화 자본이나 사회·경제적 지위상 자기보다 열등한 엘튼의 청혼에 분개하는 엠마의 모순적 태도에도 암시된다.
37) 부르디외에 의하면 문화자본은 불행히도 무능력한 여성에게 수입을 허용하지 않는다. 즉 돼지고기 선물이나 사과, 그리고 카드놀이에 초대한다고 해서 베이츠 양을 가정 소비에 대한 두려움에서 구할 수 없으며, 어려운 시절을 겪고 있는 베이츠 양은 시장문화 속에서 냉혹한 생존의 상실감만 느낀다는 것이다(Swartz 108-109).

면 문화자본을 갖추어야 한다고 두 계급에게 문화자본을 요구한 것으로 보이는 바, 이 점은 새롭게 인식되어야 한다.

이런 부르디외의 접근은 역동적이지 않으며 상류사회를 오히려 견고히 하는데 기여하는 보수화 경향이 있다는 이유로 간혹 비역사적이라는 비난을 받기도 했다. 또한 구조와 행위를 연결하고자 한 부르디외의 원래 의도에도 불구하고, 그의 설명이 구조 결정론적이라거나 주요개념이 모호하고 모순되게 사용되며 그가 사용하는 지배계급의 직업구성에 대한 비판과 성적인 측면에서 문화적 취향의 분화에 대한 연구의 필요성이 제기된다(Longhurst 1986, 454).38)

그러나 이런 몇 가지 문제점에도 불구하고, 부르디외가 최초로 제시했던 문화자본이란 개념은 사회의 제반 현상분석에 유용하다. 지도자 계급 두 사람이 여덟 사람을 먹여 살린다는(20/80) 파레토(Pareto)의 법칙이 회자되는 요즘, 18세기와 21세기 간의 커다란 간격을 뛰어넘어 문화자본의 상속을 통한 계급재생산은 더욱 빈번하게, 더욱 심화될 가능성이 있다(2005.1.4. 조선일보). 실제로 현대로 오면서 교육과 경제자본 등으로 자유로운 계층간 이동이 일어나다가 다시 문화경제자본의 상속으로 재벌

---

38) 이외에도 문화자본 및 문화자본을 통한 계급재생산 이론은 다음과 같이 비판된다. 1) 부모의 출신 계급이나 직업의 차이가 어린 시절의 사회화 과정을 결정짓는다고 상속자본의 효과를 강조하는 이론들, 2) 문화자본이 계급재생산 과정에 미치는 영향이 긍정적인가/부정적인가라는 점, 3) 각 사회의 역사적 상황에 따라 보편적으로 인정되는 고급문화의 범위나 특성이 다르게 나타난다는 점 등이 문제점으로 드러난다. 또한 계급 관계가 세대를 거쳐 재생산되는데 초점을 맞춰 계급이 구조화되고 변형되는 역동적인 과정은 설명하지 못한다는 문제가 있다. 따라서 특권 집단의 배제 과정은 잘 드러나지만, 사회적 특권에서 배제된 집단이 희소한 자원을 찬탈하는 과정이 잘 분석되지 않음으로써, 새로운 저항문화가 재생산될 가능성(장미혜 111-15)이나, 현실개혁적인 저항의 여지가 별로 없다고 비판된다.
또한 문화에 대한 이러한 경제주의적인 해석에서 다양한 문화 현상의 다양한 측면이 투자와 손실과 이득과 비용이라는 공리주의적인 의미로 재해석되고 집단 전체가 공유한 상징이나 가치, 규범 등 문화의 또 다른 측면이 무시될 가능성이 있다(Joppke 1986, 24; 장미혜 116에서 재인용).

가나 신귀족층(전문지식, 사회적 소양, 높은 학력 등을 겸비한 소득수준이 높은 전문가 집단)이 대를 이어 세습되고 있다. 이 결과 계급간의 차이는 취향의 차이로 전화되고, 그 결과 계급간의 경계는 더욱 강화된다(장미혜 94). 이런 까닭에 『엠마』에 등장하는 여성 인물들의 결혼을 '문화자본'에 입각하여 분석하는 작업은 단순히 사회·경제적 지위만이 아니라 문화자본까지 상호작용하여 결정되는 18세기 이후의 결혼양상을 밝히고 바람직한 결혼에 대해 재고하게 함으로써, 현대에도 현재성을 갖는다.

< 인용문헌 >

인터넷 자료
www.happycampus.com/pages/2003/09/22/D2385972.html
인터넷시민도서관>시론정자 edited 2001.7.31. 이중한
한겨레신문 2000. 10. 2. 권태선 kwonts@hani.co.kr
한겨레신문 2001. 9. 29. 권태선 kwonts@hani.co.kr
조선일보 2005. 1. 4. http://www.chosun.com

부르디외, 피에르. 김용숙·주경미 옮김.『남성지배』. 서울: 동문선, 1998.
부르디외 지음. 정일준 옮김.『상징폭력과 문화재생산』(Language and Symbolic Power). 새물결: 서울, 1997.
부르디외, 피에르. 하태환 옮김.『예술의 규칙: 문학 장의 기원과 구조』. 서울: 동문선, 1998.
부르디외, 피에르. 최종철 옮김『구별짓기: 문화와 취향의 사회학 上下』. 서울: 새물결, 1996.
이상호.「아비튀스와 상징질서의 새로운 사회이론」. 현택수·정선기·이상호·홍성민,『문화와 권력: 부르디외 사회학의 이해』, 나남출판, 1998. 121-61.
장미혜.「예술적 취향의 차이와 문화 자본」.『문화와 계급: 부르디외와 한국사회』. 양은경/이상길/장미혜/조은/주형일/홍성민. 서울: 동문선, 2002. 87-120.
―――.「한국 사회에서의 사회계급별 소비양식의 차이」.『문화와 계급: 부르디외와 한국사회』. 양은경/이상길/장미혜/조은/주형일/홍성민. 서울: 동문선, 2002. 121-48.
조 은.「문화자본과 계급재생산: 계급별 일상생활 경험을 중심으로」.『문화와 계급: 부르디외와 한국사회』. 양은경/이상길/장미혜/조은/주형일/홍성민. 서울: 동문선, 2002. 49-86.

현택수. 「문학예술의 사회적 생산」. 현택수·정선기·이상호·홍성민, 『문화와 권력: 부르디외 사회학의 이해』, 나남출판, 1998. 19-48.

─────. 「아비투스와 상징폭력의 사회비판이론」. 현택수·정선기·이상호·홍성민, 『문화와 권력: 부르디외 사회학의 이해』, 나남출판, 1998. 101-20.

현택수·정선기·이상호·홍성민, 『문화와 권력: 부르디외 사회학의 이해』, 나남출판, 1998.

홍성민. 「아비투스와 계급」. 『문화와 계급: 부르디외와 한국사회』. 양은경/이상길/장미혜/조은/주형일/홍성민. 서울: 동문선, 2002. 13-48.

─────. 「계급 아비투스와 정체성의 정치」. 『문화와 계급: 부르디외와 한국사회』. 양은경/이상길/장미혜/조은/주형일/홍성민. 서울: 동문선, 2002. 277-319.

Booth, Wayne. The *Rhetoric of Fiction*. Chicago & London: The U. of Chicago P, 1961.

Bourdieu, Pierre. *The Field of Literary Production: Essay on Art and Literature*. Ed. Randal Johnson. Cambridge: Polity, 1993.

Bourdieu, P. and Jean-Claude Passeron. *Reproduction in Education, Society and Culture*, London: Sage Publication, 1977.

Bourdieu, P and L. J. D. Wacquant. *An Invitation to Reflexive Sociology*, U. of Chicago P, 1992.

Copeland, Edward. *Women Writing about Money: Women's Fiction in England, 1790-1820*. New York: Cambridge UP, 1995.

Dole, Carol M. "Austen, Class, and the American Market", Troost, Linda & Greenfield, Sayre. eds. *Jane Austen in Hollywood*. The U.P. of Kentucky, 1998. 58-78.

Duckworth, Alistair. M. *The Improvement of the Estate: A Study of Jane Austen Novels*, Baltimore & London: The John, Hopkins UP, 1994.

Duffy, Joseph M. Jr. "Emma: The Awakening from Innocence". *A Journal of*

English Literary History. 21(March, 1954): 39-53.

Ferris, Suzanne. "Emma Becomes Clueless", Troost, Linda & Greenfield, Sayre eds. *Jane Austen in Hollywood*. The UP of Kentucky, 1998. 122-29.

Gartman, D. "Culture as Class Symbolization or Mass Reification?: A Critique of Bourdieu's Distinction," *American Journal of Sociology* 97, 1991: 421-427.

Langland, Elisabeth. *Nobody's Angels: Middle class Women's Domestic Ideology in Victorian Culture*. Ithaca & London: Cornell UP, 1995.

Leavis, F. R. *The Great Tradition*. London: Chatto & Windus, 1948.

Moore, Cathrine. E., *Masterplot*. New Jersey; Salem Press, 1976.

Nachumi, Nora. "'As If': Translating Austen's Ironic Narrator to Film". Troost, Linda & Greenfield, Sayre. eds. *Jane Austen in Hollywood*. The U.P. of Kentucky, 1998. 130-37.

Poovey, Mary. L. *The Proper Lady and the Woman Writer*. Chicago & London; The U. of Chicago P, 1984.

─────. *Uneven Developments: The Ideological Work of Gender in Mid-Victorian England*. Chicago: Chicago U.P., 1988.

Swartz, David. *Culture and Power: The Sociology of Pierre Bourdieu*. Chicago & London; The U. of Chicago P, 1997.

Tobin, Mary-Elisabeth F. "Aiding Impoverished Women". *Criticism*. 30:4(Fall, 1988): 413-30.

Watt, Ian. *The Rise of the Novel*. Harmondsworth: Penguin Books, 1957.

II. 메리 쉘리

II-1. 『프랑켄슈타인』에 관한 여성론적 고찰

1

　메리 쉘리(Mary Shelley, 1797-1851)의 대표작인 『프랑켄슈타인』 (*Frankenstein*)(1831)은 낭만적 고딕 로맨스의 전통에 속하는 소설이다. 이 작품에 접근하는 고전적인 방법은 앤 래드클리프(Ann Radcliffe)의 『우돌포의 신비』(*The Mysteries of Udolpho*, 1794), 매슈 그레고리 루이스(Matthew Gregory Lewis)의 『수사』(*The Monk*, 1796), 그리고 찰스 로버트 매튜린 (Charles Robert Maturin)의 『방랑자 맬모스』(*Malmoth the Wanderer*, 1820) 의 뒤를 잇는 낭만주의 공포 소설 내지 괴기 소설의 전통 속에서 파악하는 것이다. 그러나 이 소설은 다른 고딕 소설과 달리 여러 겹의 의미를 갖고 있기 때문에 발표 당시로부터 지금까지 평자들 사이에서 다양하게 분석되어 왔다. 이 소설에 대한 여러 가지 비평 전통 중에서 몇 가지만 간략히 개관하여 보자. 이 소설에 대한 비평은 1) "낭만적 자아 신화의 해석"

이라는 지적처럼(Bloom 613), 낭만주의 문학에 흔한 사회에서 추방된 낭만적 반항아나 전형적인 유배자의 선구로 보거나, 2) 셸리 집안의 전기적 배경과 관련하여 이 작품의 등장인물에 영향을 미친 실제 인물을 추적하며, 3) 인조인간과 생명창조 내지 생명복제를 예고한 사이언스 픽션(science fiction)의 효시로 보는 것으로 대별될 수 있다. 구체적으로 우선 『프랑켄슈타인; 또는 현대의 프로메테우스』라는 원래 제목이 암시하듯, 인간을 위해 신으로부터 불을 훔치는 등 신에게 도전한 프로메테우스와 빅터를 관련시켜 지나친 과학적 탐구와 지식욕, 자만심과 과학 기술의 잠재적 해악을 경계하는 것으로 보는 해석이 있다.[1] 또한 독특한 삶을 살았던 메리 셸리의 부모와 퍼시 셸리, 그리고 바이런(Florescu 175-78)[2] 등 그녀의 복잡한 가족사와 관련하여 이 작품을 논의하는 전기적 접근도 나름대로 작품 이해에 도움이 되는 흥미로운 연구이다. 실제로 셸리에게 가장 큰 영향을 미친 인물은 그녀의 부모인 메리 울스톤크래프트(Mary Wollstonecraft)와 윌리엄 가윈(William Godwin)이었으며, 이들 부모들의 영향에 대해 첫 판과 3판 서문(introduction)에서 그녀 자신이 언급한 바 있다. 제도적 결혼을 비판한 급진주의자였던 그들은 메리가 태어나기 5개월 전에 결혼하였으나, 셸리를 낳고 10일 만에 죽은 울스톤크래프트의 죽음과 4년 뒤 윌리엄의 재혼으로 인해 그녀는 외로이 성장하게 된다.

---

[1] 지식과 영광에 대한 월튼의 야심(Sunstein 126)이나 통제할 수 없는 괴물을 혼자 창조한 과학자 빅터 프랑켄슈타인의 야심을 그렸다는 해석(Lowe-Evans 24), 괴물을 극단적인 지식욕의 산물로 보는 것(Brooks 218) 등이 바로 그것이다. 이와 관련하여 이 작품의 주인공인 프랑켄슈타인의 실제 모델이 누구인가에 대한 논의가 있다. 그 모델은 메리가 관심을 가졌던 런던 왕립 연구소(Royal Institution)의 화학 교수인 실제 인물 험프리 데이비 경(Sir Humphrey Davy)이라고, 즉 총명하고 선의를 지닌 인물로서 고상한 인본적 이상을 갖고 시작하나 지나치게 그의 연구에 몰두하게 된 과학자라고 한다. Lowe-Evans, 77.
[2] 이외에도 셸리에게 영향을 미친 인물로 디오다티(Diodati) 그룹의 일원인 매슈 그레고리 루이스(Matthew Gregory Lewis), 그리고 밀튼의 『실낙원』과 새무엘 콜리지(Samuel Coleridge)의 "노수부의 노래"가 언급된다. Florescu, 175-78.

한편 페미니즘 비평의 선구자인 엘런 모어즈(Ellen Moers) 이래 페미니즘 평자들은 이 작품을 여성문학 전통의 한복판에 자리매김하였다. 이러한 재조명은 셸리가 당대 최고의 여권 운동가이자 자유사상가로서 『여권의 옹호』(*A Vindication of the Rights of Women*, 1792)를 쓴 메리 울스톤크래프트의 딸이기 때문이기도 하지만, 이 작품이 여성의 역할과 교육 등에 관해 여러 모로 시사하는 바가 많기 때문이다. 가령 모어즈는 "여성 고딕(Female Gothic)"이란 장에서 그로테스크한 외모를 지닌 괴물의 창조를 출산이라는 여성 고유의 체험에 근거한 인간의 탄생신화로 설명하면서 새로 창조된 괴물에게 느끼는 빅터 프랑켄슈타인(Victor Frankenstein)의 혐오감이 "새로 태어난 생명에 대한 [여성의] 혐오감"과 그로 인한 죄의식, 두려움과 유사하다고 지적한다(93). 길버트(Gilbert)와 구바(Gubar)는 괴물이 당하는 수난은 가부장제에서 여성이 겪는 수난과 같다고 논하면서 이 작품을 가부장적인 밀튼의 『실낙원』에 의해 재현된 "남성 문화의 신화" 비판이라 지적하며(220, 225, 233), 푸비(Poovey)는 이 소설의 핵심적 욕망을 여성의 자기주장과 사회적 인정 사이의 긴장으로 본다(131). 또한 미치(Michie)는 빅터의 괴물창조와 이 얘기를 듣는 월튼의 기록, 메리의 소설쓰기를 다 유사한 행위로 보면서 괴물창조를 예술창조라기보다 물질의 생산에 입각하여 설명하며(33, 38, 40), 로우-에반즈(Rowe-Evans)는 제도화된 결혼에 대한 고발이자 실패한 관계 및 프로메테우스적 거만을 애도하는 것으로 본다(22). 이들 페미니즘 평자들은 이 작품을 셸리 개인보다 당대 여성상과 관련하여 다각적으로 분석하고 있다.

그러므로 본 연구에서는 1818년 원래 판과 1831년의 개정판 및 이 판에 덧붙인 「저자 서문」("Author's Introduction")을 비교하여 개정판에 덧붙여진 것이 무엇이며 이 덧붙여진 내용이 의미하는 바는 무엇인지 살펴본 뒤, 이 소설의 중심에 있는 빅터와 괴물간의 관계 중 1970년대 이후 주로 부각된 괴물의 정체를 페미니즘 관점에서 분석해 보고자 한다. 이런 연구는 이 작품을 고딕 로맨스나 낭만적 반항아, 사이언스 픽션, 그리고 작가의 전기적 배경과 관련하여 보는 앞에서 언급한 비평들이 제공하는 다소 평면적인 이해에서 한 걸음 더 나아가 다양한 논쟁을 야기해온 괴물의 정체를 이해하는 한 가지 핵심적인 열쇠를 제공하는 동시에, 읽으면 읽을수록 복잡한 의미를 지닌 이 작품을 보다 깊이 있게 이해하게 해줄 것이다.

2

1) 먼저 1818년 판과 1831년 개정판 및 이 개정판의 「저자 서문」에 추가된 내용은 무엇인가? 개정판에 덧붙인 내용은 크게 세 가지로 나누어 볼 수 있다. 먼저 셸리는 이 소설을 문학에 푹 빠진 젊은 여성의 기이한 상상이자 "스무 살이 채 안된 여성의 병적 상상력이 빚어낸 그로테스크한 작품"(Tillotson 49)으로 보는 평가를 의식한 듯, 「저자 서문」에서 이런 이야기를 쓰게 된 배경을 소상히 설명한다. 그녀는 이 소설의 기원이 1816년 6월 중순 스위스에서 같이 여름을 보냈던 셸리 부부와 그녀의 누이동생인 클레어 클레어몽(Claire Clairmont), 그리고 바이런의 주치의인 존 폴리도리(John Polidori)에게 각자 "유령 이야기"를[3] 하나씩 짓자는 바이런의 제안에서 비롯되었음을 밝힌다. 이 제안에 따라 각자 유령 이야기를 쓰기로 했던 그들 중 그녀만이 이 이야기를 쓰게 되었으며 이 얘기에 몰두해 있던 셸리가 그 뒤 꾸었던 꿈, 즉 자신이 만든 인조인간 곁에서

---

[3] Shelley, Mary W. Frankenstein (Philadelphia, Pennsylvania: Running Press, 1987). 이제부터 나오는 본문의 인용은 이 판에 의거하여 면수만 표기하기로 한다. 8면.

무릎을 꿇고 있는 "부정한 기술을 지닌 얼굴이 창백한 학생"(10)에 관한 "깨어 있는 꿈"(waking dream)(10)에서 이 이야기가 잉태되었음을 밝힌다. 둘째로, 콜리지의 『노수부의 노래』(*The Rime of the Ancient Mariner*)에 대한 월튼의 언급을 덧붙였다. 셋째로, 괴물이 깨어나 눈뜨는 5장의 괴물 창조 장면 - "내가 나의 노고로 달성한 업적을 본 것은 11월의 황량한 밤이었다"(45) -에서 시작되었던 원래 소설에 괴물과 그를 창조한 빅터 프랑켄슈타인의 비현실적인 얘기를 듣고 편지를 통해 누이에게 전하는 화자로서 야심만만한 젊은 북극 탐험가 로버트 월튼(Robert Walton) 선장과 그의 편지 수신인인 마가렛 사빌 부인(Mrs Margaret Saville)의 존재를 추가하였다. 이외에 1831년 판에서는 엘리자벳이 좀 더 빅토리아조 '집안의 천사'에 가깝게 순종적인 여성으로 그려져 있지만,4) 이상의 세 가지를 중심으로 검토해 보자.

그렇다면 이 추가된 내용이 의미하는 것은 무엇일까? 첫째, 셸리는 이상한 얘기의 "기원"을 자기가 아닌 다른 사람, 즉 자유사상가와 낭만주의 시인으로 명성이 높아진 바이런과 퍼시를 이 소설의 출처로 언급하여 여성으로서 이렇게 괴상하고도 "소름끼치는"(7) 소재를 다룬 자신에게 쏟아질 주변의 비난에 대해 자신을 옹호한다. 또한 저명한 두 문필가의 딸답게 훌륭한 글을 써야 한다, 즉 처음부터 "내가 스스로 부모만큼 가치 있음을 입증해야 하며 나 자신을 명예스런 페이지에 등록해야 한다"(8)는 퍼시 셸리(Percy Shelley)의 격려를 통해 "저명한 두 문학 명사의 딸로서"(7) 자신도 매우 일찍이 글쓰기를 자신의 일로 생각한 바 있지만 남편인 퍼시가 그녀의 글쓰기를 고무하고 진작시켰음을 밝힌다. 그렇지만 작품은 어디까지나 그녀 자신이 쓴 것임을 밝히며 1818년 서문의 유명한

---

4) 이외에도 엘리자벳의 신분이 빅터의 고종사촌에서 농가에 버려진 고아로 바꾸어 캐롤라인의 수호천사 이미지가 강화된다.

송부(envoi)에서 이 작품을 "내 추악한 자식"(xii)이자 "끔찍한 생각"(vii)이라 부르며 세상에 나가 번성하기를 명한다. 이와 같이 셸리는 남편이 죽은 뒤인 1831년 개정판의 서문을 통해 이 작품의 집필 동기와 자극, 주제까지 모두 바이런과 남편 등 주위 남성과 부모의 영향, 꿈 등을 수동적으로 받아들여 썼음을 강조하는 한편, 비록 괴물 같은 형상이긴 하지만 이 작품을 자신의 자식이라 주장하는 방어적인 자세를 취한다. 그녀는 이와 같이 남성에게 수용될 만한 방법으로 자기표현을 완성한다(Poovey 114-142). 이 점과 관련하여 이 소설의 저자에 관한 논란을 생각해 볼 수 있다. 가령 첫 판에 서문을 써주고 3판 준비시 다듬는 것을 도와주었기 때문에 퍼시를 공동 저자로 간주하는 평자도 있지만(Introduction, Frankenstein. by Mary Wollstonecraft Shelley(Indianapolis: Bobbs, Merrill, 1974), p.18), 면밀한 조사 결과 퍼시는 메리에게 공감했던 책임 있는 편집자일 뿐 메리가 진짜 저자라는 주장이(Lowe-Evans 79) 서문에서 확인된다. 이런 맥락에서 이 작품에 거리를 두어 괴물의 창조 장면을 다시 보는 1831년 서문을 내러티브의 마지막 액자로 볼 수 있으며, 이 소설의 출처를 밝힌 서문은 얘기 안의 이야기와 월튼의 편지와는 다른 프레임을 제공한다.

둘째로, 콜리지에 대한 월튼의 언급은 노수부의 괴이한 얘기를 듣는 결혼식 하객과 이 작품을 읽는 독자 간의 관계를 상정한다. 다시 말해 콜리지의 시를 "가장 상상력이 풍부한 한 현대 시인의 생산"(21)으로 언급한 월튼의 언급이 덧붙여져 월튼은 빅터와 괴물의 얘기에 공감하며 듣는 결혼식 하객의 역할을 하게 된다는 것이다. 노수부가 결혼식 손님에게 자신의 저주받은 삶을 얘기하듯, 빅터와 괴물은 타고난 독서광으로 선원이 되고 싶어 했던 월튼에게 자신들의 저주받은 운명을 얘기한다. 월튼이 미지의 세계에 대한 호기심으로 북극탐험을 떠나는 것도 『노수부의 노래』에서 영향 받은 바 크다. 불란서 혁명 전 1760년에서 70년대인 18

세기를 배경으로 한 이 작품에서 콜리지나 퍼시 등 동시대 작가의 인용은 시대착오적인 발상으로 보이지만, 그럼에도 불구하고 작품에 현재성을 부여해준다(Sunstein 126).

셋째로, 이 작품의 내러티브에 추가된 월튼은 빅터를 소개하고 괴물의 고별인사를 받는 일종의 액자서술자라 할 수 있으며, 월튼의 누이도 월튼과 빅터의 고백을 "듣는" 인물로서 월튼만큼 중요한 인물이다. 화자가 빅터와 괴물의 얘기에 주는 영향이 크므로 둘의 관계 및 사빌 부인의 역할과 정체가 무엇인지, 이 부인의 존재가 추가되어 달라진 것은 무엇인지 생각해볼 필요가 있다. 이를 알기 위해 이 작품의 내러티브(narrative)를 살펴봐야 한다. 이 작품의 내러티브는 세 겹의 구조, 즉 중심에 빅터의 괴물창조 얘기가 있고 그들이 각기 월튼에게 자기 얘기를 하며, 월튼은 다시 신에게 반항하고 도전하려 한 그들의 얘기를 사빌 부인에게 편지로 적어 보내며 일기를 쓰는 형식으로 되어 있다. 이 세 겹의 다층적 서술 외에도 이 작품은 퍼시가 써준 1818년 서문과 1831년 서문, 머리말(Preface), 부친에게 보내는 헌정사로 겹겹이 둘러싸여 있다. 이런 형식은 상자 속의 상자, 혹은 얘기 안의 얘기, 복잡한 동심원(Florescu 174), 소용돌이 등으로 다양하게 표현되어 왔다.

먼저 사빌 부인은 어떤 존재이며 그녀의 존재가 갖는 의미는 무엇인가? 그녀는 한 번도 작품의 전면에 등장하지는 않지만 월튼의 편지 수신인으로서 전체 구조에 상당한 영향력을 행사한다. 우선 그녀의 이름이 갖는 여러 가지 상징적 의미를 살펴보자.[5] "그녀의 고향(sa ville)"(her

---

[5] 윌리엄 비더(William Veeder)는 평자들에게 무시되어 왔던 마가렛 싸빌의 중요성에 주목하여 "마가렛"을 원래 그리스어 의미인 "진주"(82)로 번역하라고, 즉 사회에 적극적으로 참여하는 사람이라기보다 문명사회의 장식물적 존재이며, 마가렛은 흔한 영국 이름이자 메리가 좋아한 18세기 여성 작가(Queen Margaret of Navarre)의 이름을 나타낸다고 지적한다. Lowe-Evans, 33에서 재인용. 사빌 부인의 역할에 관해 Lowe-Evans. Frankenstein: Mary Shelley's Wedding Guest의 5장 "The Civil Servant", pp. 30-40의 논의를 주로 참조하

town)이라는 불어는 "문화의(civil)"라는 단어와 동의어일 뿐더러 불어는 영국에서 우아하고 교양있는 언어로 간주되므로, 그녀의 불어식 이름은 문명 생활과 관련된 모든 것을 나타낸다(Lowe-Evans 32-33). 아울러 월튼의 정신적 지주인 그녀는 월튼의 고향이자, 더 나아가 남성들의 고향으로 확대해석할 수 있다. 둘째로, 월튼이 북극으로 가는 항해 도중 여러 지점에서 편지를 보내는 사람이 영국 사회에서 안정된 가정을 이룬 누이라는 사실에는 여러 가지 의미가 들어 있다. 요컨대 처음으로 언급되는 인물이 결혼한 여성이며 "영국의 사빌 부인에게"라는 독자에의 공식적인 인사는 사빌 부인이 그의 환상적인 얘기에 판단을 내릴 중요한 인물임을 암시한다(Lowe-Evans 31).6) 실제로 그에게 미치는 그녀의 영향은 누이의 꾸짖음을 두려워하는 월튼의 편지에서 이후 확인된다.

1818년판 서문(Preface)에서 이 작품이 "가족 간의 애정과 탁월한 보편적 미덕"(3-4)을 보여주는 것이라고, 즉 중산계급의 가족애 중시라는 도덕적 목적에 초점이 있다는 퍼시의 강조처럼, 결혼한 영국 여성에게 편지를 보내는 형식은 문명사회에 필요한 여성의 영향을 강조한다. 다시 말해 사빌 부인을 서구 문명국에서 철학적으로 균형 잡힌 교양 있는, 그러나 영향력 있고 재능 있는 여성으로 읽는 것은 결혼한 여성이 사회의 균형유지에 책임 있다는 셸리의 주장을 나타낸다는 것이다(Lowe-Evans 33). 이런 맥락에서 마가렛 이름의 약자인 M. W. S.가 메리 자신이 셸리와 결혼한다면 얻게 될 이름의 약자와 같다는 것도 우연이 아니다. 그러므로 편지를 통해 오빠에게 영향을 미치는 마가렛 사빌은 독자에게 영향

였음을 밝힌다.
6) 이 점에 관해 로우-에반즈는 마가렛 사빌을 "결혼한 부인"(Mrs)으로 한 것은 그녀의 사회에서 전개되는 결혼에 대한 법과 논쟁에 입각하여 그녀의 지위를 보게 하며, 사빌 부인이 요구하는 존경을 고려할 때 결혼한 여성의 역할에 대한 작가의 수정된 인정을 볼 수 있으며, 그녀는 이름과 기능에서 남성과 분리된 영역에 있다고 지적한다. Lowe-Evans, 30-33.

을 주려는 작가와 하나의 인물이며 이런 관점에서 "1831년 10월 15일, 런던, M. W. S."로 사인(11)한 메리 셸리가 1831년 판의 도덕과 예절(decorum)을 지켜보는 영국의 결혼한 여성 마가렛 월튼 사빌(Margaret Walton Saville)같다는 지적은(Lowe-Evans 29) 타당히다. 이상에서 사빌 부인이 이름처럼 영국 문명 세계를 대변하는 동시에 '여성의 도덕적 영향' 내지 도덕적 안내자, '남녀의 분리된 영역'이나 '집안의 천사' 등을 대변하는 존재임이 밝혀진다.

그런데 보다 중요한 문제는 사빌 부인이 월튼에게 얼마나 큰 영향을 미치는가, 이러한 역할을 잘 수행하고 있는가 하는 점이다. 그녀는 처음에 이 역할을 잘 하는 듯하다. 왜냐하면 한때 시인을 지망한 이상주의자로서 아버지의 유언에도 불구하고 결국 배를 탄 낭만적 모험가 월튼의 편지를 통해 그가 마가렛의 비판을 두려워하거나 적어도 누이의 반응을 염두에 두고 있다는 사실 이 밝혀지기 때문이다. 가령 처음 보낸 편지에서 부인은 그의 시도를 "악한 징조"(17)로 간주하며, "북극 가까이 가는 항로를 발견하거나… 자기장의 비밀을 알아내어 최후 세대까지 모든 인간에게… 헤아릴 수 없는 혜택"(18)을 베풀겠다는 그의 집념에 열광하지 않는다. 월튼의 두 번째 편지에도 부인이 가족의 범주를 넘어선 지리적 추구에 열광하기보다 오히려 비판한다는 사실이 밝혀진다. 예컨대 "내가 몇몇 위대한 목적을 달성할만한 가치가 있지 않은가?"(18)라고 마가렛에게 동의를 요구하는 월튼의 부정의문문에는 그의 탐험에 대한 마가렛의 의구심과 그녀의 의견을 존중하는 그의 태도가 드러난다. 또한 누이의 영향에 만족하지 못하고 꿈과 기쁨을 나누며 서로 공감할 수 있는 친구를 절실히 바라는 그의 말에 오히려 그녀의 초기 영향이 강조된다.

날 낭만적이라 생각하겠지. 그러나 나에겐 친구가 몹시 필요해.

내 가까이 아무도 없어… 날 낭만적이라고 경멸하지 않을 만큼 분별력 있는 친구가 몹시 필요해. … **고독 속에서 보낸 젊은 시절, 너의 부드럽고 여성적인 양육 아래 보낸 최고 시절은 내 기본 성격을 너무 세련되게 만들어서 난 늘 선상의 야만적 행위에 격렬한 혐오감을 극복할 수 없었어."** (19-20, 인용자의 강조)

위 인용문에서 그녀의 영향으로 형성된 세련된 성격 때문에 선상의 야만적 행위를 참을 수 없었다는 말은 그녀의 "부드럽고 여성적인 양육" 아래 있었던 때가 그의 "최고 시절"이었음을 인정하는 것이다. 원래 없었던 이 문장이 추가되어 원만한 사회를 위해 여성이 해야 할 역할은 도덕의 형성자가 되는 것이라는(Lowe-Evans 34), 즉 남녀의 다른 역할이 암시된다.

두 번째 편지에서 월튼이 전하는 최근 만난 선원의 얘기도 누이의 영향을 뒷받침해주는 예이다. 월튼은 결혼을 약속한 러시아 여성이 아버지의 반대 때문에 헤어진 가난한 남성과 결혼하게 해달라고 애원하자 배를 타고 떠나 버린 선원의 얘기를 전하면서, 중매결혼에 반대하는 마가렛이 그 선원에 대해 "얼마나 고귀한 사람인가!"(21)라고 감탄할 거라 예상한다. 그러나 그는 "선원이 당시 전혀 교육받지 못했으며, 터키인처럼 말이 없었다. 일종의 무지한 부주의가… 그의 행동을 더 놀랍게 하는 한편, 그가 달리 받았을 이익과 연민으로부터"(21) 벗어나게 했다고 덧붙인다. 나중 추가된 월튼의 이러한 언급들에서 교육받지 못한 "하류" 계급에 대한 월튼과 마가렛, 즉 문명화된 중간계급의 편견 및 유년기 교사 내지 도덕적 안내자로서 문명의 영향을 미친 마가렛의 절대적인 영향이 강조됨으로써, 1818년보다 1831년에 작가가 여성에 대한 전통적 태도를 더 용납하는 방향으로 바뀌었음을 보여준다(Lowe-Evans 36, 37).[7]

그렇다면 월튼의 어린 시절처럼, 사빌 부인은 장성한 월튼이 북극탐험을 할 때도 그에게 도덕적 영향을 미치는가? 이 문제는 상당히 미묘하다. 왜냐하면 그는 마가렛과 대극적 인물인 빅터를 만나자 매우 달라지기 때문이다. 요컨대 월튼은 북극탐험을 떠나자 누이로 대변되는 가정이나 여성의 영향권에서 벗어난다. 빅터와의 만남을 기록한 월튼의 네 번째 편지를 보면, 월튼은 여성이 없는 세계에서 자신의 북극탐험과 맞먹을 만큼 위험한 동경, "하늘과 땅의 비밀"(32)을 알고 싶어 한 빅터를 만나자 그간 희구하던 "마음에 맞는 형제"(25)를 만난 것으로 환영하며 그의 생명창조얘기를 들으면서 남성간의 형제애를 느낀다. 그는 빅터를 만난 뒤 누이에게 하던 편지 첫머리 인사를 두 번이나 생략하는 등 누이보다 빅터에게 더 영향 받으며 그녀를 개의치 않는다. 그뿐 아니라 누이의 충고를 예상하고 경솔하게 위험에 맞서지 않고 "냉정하고 인내심을 갖고 신중"할 것이라고 얘기하던 그는 사명에 대한 신념 때문에 갑자기 도전적인 어조로 "무엇이 결정된 마음과 확고한 의지를 멈출 수 있겠는가?"라고 돌변한 태도를 보인다. 이렇듯 월튼은 빅터와의 만남을 계기로 누이의 영향권에서 벗어나 남성의 영역에 머물게 된다.

다음으로 그의 영국귀환을 생각해보자. 월튼은 빅터가 "네 이마에 치욕스러운 낙인을 찍고 가족에게 돌아가지 말고 투쟁하여 정복한 영웅들로, 적에게 등을 돌린다는 게 뭔지 모르는 영웅"(151)으로 돌아가라고 영국귀환에 반대하자, 더 고귀한 선을 위해 작은 선상 사회를 희생하고 싶은 유혹을 느낀다. 마가렛의 영역에서 "신중함과 사려"(21)로 통하던 것이 북극 탐험을 하는 남성의 영역에서는 "비겁함과 우유부단"(151)으로

---

7) 가령 이러한 강조를 19세기 페미니즘의 중요 요소로 보고 여성을 "도덕적 질서의 타고난 수호자"로 받아들이는 당시 역사가인 제인 루이스(Jane Lewis)나 가정을 "모든 미덕의 온상"으로 간주하여 월튼이 보이는 미덕은 무엇이든 마가렛의 영향에서 기인한 것으로 보는 19세기 페미니스트 죠세핀 버틀러(Josephine Butler)의 언급들은 마가렛의 영향을 확인해 주는 지적들이다(Lowe-Evans 37).

보이는 것이다. 그러나 그는 빅터의 종용에도 불구하고, 탐험을 포기하고 안정된 영국 사회로 돌아간다. 이처럼 귀환을 만류하는 빅터에게 기울었다가 마가렛의 초기 영향으로 사회에 책임을 느낀 그는 다른 사람의 안전이 그에게 달려 있을 때는 언제나 그의 "신중함과 사려"(21)를 믿으라고 하면서 돌아간다.[8] 그의 귀환은 그가 따뜻한 여성의 품으로 돌아옴으로써 그녀의 지대한 영향을 다시 확인시켜 주는 듯하지만, 남녀의 분리된 영역이 강조되는 24장 마지막 편지에서 월튼과 마가렛의 세계를 연결시키는 끈은 아주 미약하다. 그러므로 결국 그녀의 양육은 월튼을 빅터의 영향에서 거의 구하지 못했다고 하겠다(Lowe-Evans 40).

이러한 까닭에 사빌 부인의 존재에는 몇 가지 문제가 있다. 첫째로, 그녀는 끝까지 등장하지 않고 수신인으로만 존재하므로, 독자에게 우편주소 내지 배달이 불가능한 우편물 취급소(배달지가 없을 때 보내지는 장소인) 이상의 역할을 기대할 수 없다(Brooks 214). 물론 그녀의 목소리 없음이 곧 그녀의 목소리이며, 이것이 바로 셸리가 이 소설에서 보여주는 여성적 글쓰기의 특징이다. 즉 "그녀는 자신을 비움으로써 결국 그녀의 말이 살아나게 하는 것 – 바로 이것이 여성적 글쓰기의 전략"이라는 의견도 있긴 하다(이 정호 481-82).[9] 그러나 그녀는 월튼이 자신의 영향에서 멀어질 때 제재할 수단 없이 그저 말없이 무력하게 지켜보는 눈동자처럼 월튼에게 그리 큰 영향을 미치지 못하므로 이렇게 보기에는 다소 무리가 있다. 둘째로, 그녀의 존재는 여성이 바깥 영역의 남성에게 도덕적 영향을 미치는 것이 어려워졌다는 객관적 현실을 보여준다. 요컨대

---

[8] 월튼이 모험을 포기하고 배를 돌려 그리운 고향으로 돌아온다는 점에서 월튼의 귀환을 개인의 욕망이 가정의 영역으로 통합되는 것으로 보며 그를 질서를 회복시키는 구원의 인물이자 빅터의 대안적 인물로 보는 견해도 있다.
[9] 이외에 브룩스는 사빌 부인에게 개성이 결여되어 있기 때문에 그녀가 한층 더 효과적으로 소설에 겹겹이 들어 있는 모든 내용을 궁극적으로 다 받아들이는 존재로서 독자를 대변한다고 지적한다. p. 214.

영국의 팽창하는 식민 제국주의로 인해 더 많은 남성들이 집을 떠나게 되자 멀리 떠난 남성의 도덕을 감독하고 통제하는 사회적 역할이 여성에게 기대되었지만, 마가렛 같은 여성이 빅터나 월튼 같은 남성들에게 도덕적 안내자 역할을 하기가 더 어려워졌다는 것이다(Lowe-Evans 37-38). 이로써 여성에게 기대되는 도덕적 안내자라는 이상과 현실간의 괴리가 드러난다. 이 문제는 빅터가 고립되어 연구에 몰두할 때 별로 영향을 미치지 못하는 엘리자벳(Elizabeth)의 도덕적 영향과도 관련된 다. 셋째로, 사빌 부인의 존재는 여성의 도덕적 영향이라는 이데올로기 자체의 모순을 드러낸다. 가령 월튼은 1831년 판에서 빅터를 만난 얘기를 누이에게 하면서 "넌 이 성스런 방랑자에 관한 나의 열정을 비웃을 것인가? 네가 그를 본다면, 그렇게 하지 않을 거야. 넌 세상에서 물러나 책으로 배우고 다듬어졌어. 그래서 넌 다소 까다로워. 그러나 이것은 단지 네가 이 훌륭한 사람의 비범한 장점을 더 잘 알아볼 수 있게 하지."(26)라고 말한다. 그러나 마가렛이 세상에서 물러나 집안에만 머물렀다면, 어떻게 바깥 세상에 있는 "이 훌륭한 사람"(26)을 더 잘 알 수 있겠는가? 이 모순된 말을 통해 도덕 질서를 유지해야 할 여성의 책임과 그렇게 할 수 없는 여성들의 제한된 기회간의 갈등과 모순이 해결되지 않았으며, 중산 여성을 가정에 머물러 있게 하면서 문명의 수호자라는 지위를 부여한 모순이 드러난다(Lowe-Evans 39).

한편 셸리 자신은 "주로 문체에 관해" 고쳤으며 "핵심과 내용"(11)은 건드리지 않았다고 서문을 마무리한다. 그러나 셸리는 결혼에 대한 문화적 압력 하에서 1831년 판을 고쳤기 때문에 저자서문을 다시 분석할 필요가 있으며, 서문을 괴물창조라는 중심 장면의 마지막 프레임으로 보는 것은 그녀의 태도가 처음과 얼마나 달라졌는가를 보여준다는 점에서 (Lowe-Evans 22, 28-29) 타당한 태도이다. 이처럼 1831년 개정판에 덧붙여진 내용들, 특히 월튼의 탐험에 냉담한 사빌 부인의 존재를 통해, 작가는 1822년 퍼시의 사후 미망인으로서의 입장과 문학적 명성에의 관심 때문에 겉으로는 가정의 도덕적 수호자로서 당대의 이상적 여성상 내지 숙녀의 예의(propriety)를 강조하는 보수적 태도를 부각시키려 한다. 그러나 사빌 부인에 대한 월튼의 모순된 태도를 통해 작가는 기대만큼 여성이 남성에게 도덕적 영향을 미칠 수 없게 된 빅토리아조 중산계급의 현실을 보여주게 된다.

2) 이 작품의 해석에 있어 핵심적인 관건은 괴물의 정체를 페미니즘 관점에서 어떻게 보느냐에 달려 있다. 내러티브 핵심에 위치한 괴물과 빅터의 관계는 퍼시 셸리나 아버지 윌리엄, 작가 자신의 전기적 배경 - 그녀의 내성적이며 예민한 성격과 분노 등을 반영하는 것으로 -과 관련하여 다양하게 해석되어 왔다. 가령 밀튼의 『실낙원』(Paradise Lost) 10권 권두언에서 "창조주여, 제가 흙에서/ 저를 인간으로 빚어 달라고 간청했던가요?/ 당신께 어둠에서 저를 일으켜달라고 간청했던가요?"(X. 743-45)라는 애덤(Adam)의 언급은 괴물과 빅터의 불가분의 관계를 암시한 이 작품에의 제사(epigraph)라 할 수 있다.

그럼에도 불구하고 괴물의 정체를 규명하는 것은 그리 간단치 않은 작업이다.10) 그 이유로 다음 몇 가지를 생각해 볼 수 있다. 첫째, 괴물에게는 고유명사로 된 이름이 없다. 그는 "더러운 창조의 작업실"(43)에서 만들어진 "악마 같은 시체", "더러운 악마", "마귀", "혐오스러운 형체",

---

10) 새무엘 로젠버그(Samuel Rosenberg)는 괴물의 심리적 "원천"이 메리 자신의 외로움과 자신에게 사랑을 거부한 아버지 윌리엄 가원에 대한 원망이라고 해석한다. 괴물이 놀라울 만큼 민감하고 외로워하며 사랑을 할 수 없는 것은 작가 자신의 직접적 경험에서 나온 것이며, 외롭고 고립된 괴물의 세계는 장벽과 거부된 사랑으로 가득 차 있다는 것이다. 괴물의 존재에서 평생 그녀에게서 떼어낼 수 없었던 이복 여동생 클레어(Claire)를 보는 해석도 있다. Florescu, 182에서 재인용.

"불결한 덩어리" 등으로 불리며, 빅터는 괴물을 "무덤에서 풀려난 나 자신의 영혼, 나의 흡혈귀", "추악한 이미지" 등으로 부른다. 둘째로, 이 작품을 각색된 공포 영화로 보고 추악하고도 악한 괴물을 기대했던 독자들은 작품을 읽고 나서 놀랄 것이다. 왜냐하면 괴물이 설득력 있는 웅변을 구사할 뿐더러 『실낙원』의 애덤과는 달리 창조자에게 불만스레 반항하는 매우 복합적인 존재로 형상화되어 있기 때문이다. 셋째, 빅터와 괴물을 하나의 인물로, 또는 두 인물로 보는 해석이 있다. 그들을 한 인물로 보는 전자의 입장을 뒷받침하는 증거로 프로메테우스라는 이름이 두 인물에게 겹쳐짐을 들 수 있으며, 가령 레빈(Levin)은 그들을 "같은 존재의 두 면"으로 본다(Sherwin 39에서 재인용). 반면 그들을 엄연히 창조자와 피조물로 구분하는 입장이 있으며, 이 후자가 더 지배적인 입장이다. 더 나아가 최근에는 아버지와 사회, 당시 이상적 여성과 단절된 메리가 "자연의" 한계를 거부한 현대의 프로메테우스적 도전자 빅터와 유사하다고 봄으로써, 빅터와 메리를 동일시하는 해석까지 있다. 이런 다양한 해석을 초래할 만큼 괴물은 프로메테우스가 되기도 하고 빅터가 프로메테우스나 그를 쇠사슬에 묶는 신이 되는 등 이 둘의 관계는 모호하다. 가령 괴물이 장작을 선물하는 것은 프로메테우스가 인간에게 불을 선물하는 것에 비교되므로 프로메테우스에 가깝지만, 새 존재를 창조할 때 빅터의 건방진 태도는 그를 프로메테우스에 가까워 보이게 한다. 이렇듯 빅터와 괴물 간에는 겹치는 성질이 있으며 프로메테우스의 역할과 괴물의 성에 대해서도 이견이 있다. 나름대로 근거가 있어 어느 한 쪽이라 주장하기 힘들지만, 전통적 접근뿐 아니라 대다수의 현대 비평가들이 지적하듯[11] 괴물의 창조자 빅터 프랑켄슈타인과 괴물의 관계가 내러티브의 가장 중

---

11) 가령 Baldick은 "프랑켄슈타인과 그의 괴물 얘기"라 해석하였다. Lowe-Evans 73에서 재인용.

심적 얘기이며 난해한 문제이긴 하지만 괴물의 정체규명이 핵심 문제라는 점에는 누구나 동의할 수 있다.12) 밀튼의 사탄이 신보다 생생하게 그려진 것처럼, 괴물 역시 빅터보다 생생한 인물이며 괴물이 어떤 존재인가 하는 질문이 작품 속에서 계속 메아리친다. 예컨대 괴물은 인간이 "부와 결합된 고귀하고 오점 없는 혈통"(87)을 가장 소중히 여기는 인간의 생각을 알고 나서 다음과 같이 생각한다.

> 난 어떤 존재인가?.... 주위를 둘러봐도 나 같은 존재는 본 적도 들어본 적도 없다. 그렇다면 나는 괴물이란 말인가? 모든 인간이 기피하고 저버리는 지상의 오점이란 말인가?.... 비참하고 불행한 존재!.... 나는 어떤 존재인가? 대답이라고는 오직 고통스런 신음뿐인 이 질문이 계속 되풀이되었다. (87-88)

이제 괴물의 정체를 페미니즘 관점에서 생각해보자. 괴물의 정체에서 주목하여 볼 것은 그에 대해 일방적으로 비판할 수 없도록 괴물답지 않은 속성, 즉 전통적인 고딕 로맨스와 달리 그가 원래부터 사악한 존재가 아니라는 점과 추악한 외모와는 어울리지 않는 설득력 있고 조리 있는 언어구사력을 지니고 있다는 점이다.

먼저 괴물이 처음부터 사악한 존재는 아니지만 악한 존재로 변화되는 과정을 살펴보자. 괴물의 자서전 중 세 번째 에피소드인 13장에서 괴물은 자기 얘기, 즉 "과거의 나로부터 현재의 나로 만든 … 사건들"(84)을 얘기하겠다고 약속한다. 막연히 "새로운 종족은 나를 창조자이자 원천으로 축복할 것"(36)이라 생각한 추상적 박애주의자 빅터와 달리, 괴물은

---

12) 인간 창조를 비난하는 괴물을 창조한 과학자 얘기이자(Johnson 259) 프로메테우스, 사탄, 파우스트, 피그맬리온(Pygmalion) 등의 신화나 『실낙원』을 배경으로 한 창조주와 피조물의 관계모색(Lowe-Evans 75-76), 한계를 넘은 창조주와 불행한 괴물간의 관계탐색이라는 지적 등이(Sunstein 123) 그것이다.

드 레이시(De Lacey)가에 필요한 장작과 음식을 몰래 갖다 주는 등 현실적으로 도움을 베풀어 그들과 따뜻한 교류를 원하던 착한 존재였다. 괴물에 따르면 순진한 그가 인간을 혐오하는 분노와 복수의 화신으로 변하게 된 최초의 사건은 드 레이시가에 "천사 같은 미인" 사피(Safie)의 등장이다. 괴물은 끔찍한 외모-"피부 아래에 있는 근육과 혈관을 거의 덮지도 못"(39)하는 노란 피부- 때문에 주인에게 버려진 뒤, 프랑스에서 국외로 추방된 드 레이시가 근처 오두막에 숨어 살다가 사피의 등장을 계기로 그녀의 교육을 엿보게 된다. 이로써 그녀는 간접적으로 괴물의 교육에 촉매가 된다. 필릭스와 헤어졌다 재회한 해방된 아랍 여인 사피에게 하는 교육은 퍼시와 메리가 옹호하던 서구 인본주의 교육이자 (Lowe-Evans 82) 계몽철학이다(Johnson 260). 괴물은 역사·철학·문학 작품을 통해 "신과도 같은 학문"(a godlike science, 82)이라는 언어와 인간관계 등에 관해 통찰력을 얻으며 이 통찰력에 의거한 독자적인 공부로 인간의 말과 생각을 배운다. 예컨대 그는 『젊은 베르테르의 슬픔』(*Sorrows of Werter*), 플루타르크의 『영웅전』(*Plutarch's Lives*), 『실락원』 등을 통해 글자를 터득하며, 미국 원주민들의 "불행한 운명"에 사피와 함께 울고 "게으른 아시아인들… 그리스인들의… 놀랄만한 천재성과 정신활동… 초기 로마인의 전쟁과 놀라운 미덕"(86) 등 서구 문화와 밖에서 일하는 젊은 남녀를 보고, "남녀의 차이, 어린이의 출생과 성장; … 상호관계에서 인간이 다른 사람과 맺는 다양한 모든 관계"(88)를 알게 된다. 괴물은 이 언어습득을 자신의 외모상의 결함을 극복할 수 있는 최고의 수단으로 여기고 열심히 배운다. 다시 말해 언어를 알게 되면 인간의 사랑도 받을 수 있고 그들과 교제할 수 있으리라는 기대로 괴물은 언어습득에 열을 올리며 사피보다 자신의 배움이 빠르다는 사실을 자랑스러워하기도 한다.

그런데 괴물은 자신이 받은 교육이 축복이자 불행임을 알게 된다. 왜냐하면 그는 지식이 늘수록 추악한 외모와 사생아적 위치 때문에 인간사회에 들어갈 수 없는 자신의 "불쌍한 국외자"(94) 처지에 불만과 자기혐오감을 갖게 되기 때문이다.13)

> 지식이 늘면 늘수록 다만 슬픔이 증가되었다. … 지식은 얼마나 이상한 성질을 갖고 있는가! 지식이 일단 마음을 움켜잡으면, 바위 위에 낀 이끼처럼 지식은 마음에 들러붙어있다. 나는 가끔 모든 생각과 감정을 떼어버리고 싶었다! (87)

게다가 사랑과 이해를 받고자 하는 괴물의 열망과 기대는 보기 좋게 좌절된다. 왜냐하면 눈먼 드 레이시에게는 "당신 말에는 진심을 믿게 하는 뭔가"(96)가 있다고 인정받지만 자신들에게 필수품을 제공하는 존재가 천상의 "착한 정령"(83)이라 믿고 싶어 했던 드 레이시가의 사람들은 거대한 몸집과 바늘로 꿰맨 얼굴, 나사못 자국 있는 머리 등 괴물의 추악한 모습에 경악을 금치 못하고 괴물이 그토록 원하던 애정을 거부하기 때문이다. 이처럼 자신이 유일하게 할 수 있는 내면을 개선하려는 노력에도 불구하고 다시 거부당할 때, 그는 이전보다 더 큰 상처를 느끼게 된다.

여기서 친구도 동료도 없이 인간사회에서 소외된 괴물의 처지는 셸리를 비롯한 당대 여성의 처지에 비교될 수 있다. 밀턴의 애덤인지 혹은 사탄인지 분명치 않지만, 괴물은 사회의 중심에서 주변으로 밀려난 소외된 존재이다. 그는 빅터의 실험일지를 보고 그의 "저주받은 근원"인 자신의 창조과정을 알게 되며, 자신이 규범에서 벗어난 기형적 존재이기 때문에 사회에서 버림받았다는 사실에 절망한다. 다시 말해 그는 자연과 인간의

---

13) 괴물이 나타내는 것은 무한하다. 예컨대 괴물은 프로이트 학파에게는 일종의 무의식, 융 학파에게는 그림자(shadow), 라캉 학파에게는 대상(Object)이며, 낭만주의자에게는 블레이크적 "spectre"나 "emanation", 루소의 자연인, 워즈워스적 자연아, 메리 셸리의 유산된 아기 등을 나타낸다고 해석된다. Sherwin 40.

법밖에 존재하는 사생아이자 가정이라는 낙원에서 추방된 혐오스런 변종, 그리고 당대 중산층의 가족 이데올로기에서 소외된 존재의 총집합이다. 이런 괴물의 처지는 일차적으로 셸리가 이 작품을 쓰던 당시(1816. 5.26- 8.29까지) 그녀가 말없이 경청했지만 바이런과 퍼시 셸리 등 "기질적으로나 지성적인 경향으로나 그녀가 탁월하게 어울렸던"(Tillotson 56) 남성들 세계에서 소외된 처지를 반영한다. 17세에 유부남과 도망치려고 아버지 집을 떠난 데 대한 죄의식과 복수의 환상 때문에 자신을 괴물로 여겼던 그녀가 이 작품을 쓰고 예민한 괴물을 창조한 것은 주변 남자들에게 자신의 재능을 입증하는 한편, 자신의 마음 속 악마를 제거하는 한 가지 방법이었을 것이다. 그녀는 "괴물"은 아니지만 여성인데다 괴물처럼 법적으로 결함 있는 존재였던 것이다. 그녀는 퍼시와 도망하여 1814-16까지 중산계급의 결혼법대로 정식 결혼을 못해 비합법적인 퍼시와의 관계 및 그로 인한 불안정한 지위, 아버지의 거부, 거듭된 임신과 출산, 세 아이의 죽음, 첫 부인 해리엇 셸리(Harriet Shelley)의 자살, 전처가 자살하지 않았다면 유산을 상속받지 못했을 아들의 사생아적 위치 등으로 인해 깊이 상처받은 데다 그녀의 아이가 차별과 문화적 추방의 대상이 될 거란 두려움에 시달렸던 것이다(Lowe-Evans 25). 괴물은 남성이지만 고독과 소외, 분노에 있어 그녀의 분신이자(Lowe-Evans 80) 여성적 존재가 된다. 이런 맥락에서 그녀가 가부장 문화 안에서 여성이 놓여 있는 처지에 관심을 갖고 있었음이 증명된다.

    더 나아가 괴물의 처지는 당시 가정적으로나 지적인 배경에 있어 비교적 혜택을 받은 셸리뿐 아니라 남성 중심의 가부장사회에서 억압받아야 했던 많은 이름 없는 타자인 여성의 운명을 상징한다. 그는 남성적 존재로 가정된다. 왜냐하면 캐롤라인과 엘리자벳 등 정서적 역할을 담당하는 여성들과 달리, 그는 어머니 없이 빅터를 아버지로 하여 태어난 존재로서 여성 배우자를 원할 뿐 아니라 정치자이자 공인인 빅터의 아버지, 생명창조에 몰두한 과학자 빅터, 모험가 월튼, 클러벌 등과 같이 지적인 활동을 하며 추격하고 도망하는 등 남성의 세계에 속해 있기 때문이다. 남성이지만 혐오스런 외모와 인간사회에서 소외된 사생아적 위치로 인해 고통 받는 괴물의 상황은 똑똑하며 교육도 받았으나 단지 여성이라는 이유만으로 가정 외에 속할 영역이 없는 여성이 남성위주의 사회에서 느꼈음직한 분노와 좌절된 욕망을 대변한다. 괴물과 여성은 각기 다른 신체 및 성(sex) 때문에 고통을 받았던 것이다. 이런 관점에서 희생자로서의 괴물이 가부장제 사회의 여성과 같다는 지적은(Poovey 128) 적합한 것이다. 각기 과학적·지리적 추구를 하느라 가족과 사회로부터 멀어진 월튼과 빅터의 원심적 추구와는 대조적으로, 가족과 사회 안에 자리 잡으려는 괴물의 구심적 추구는 여성들의 추구와 상통하는 면이 있다. 이렇듯 괴물을 통해 18세기·19세기 영국 사회에서 가장 억압받았던 존재 중 하나인 여성은 목소리를 부여받은 것이다. 이와 관련하여 바람직한 욕망의 대상이라는 몸의 전통이나 의미에서 벗어난 괴물의 육체를 여성의 몸에 대한 당시의 인식틀을 뒤집어보려는 시도와 관련된 것으로 파악한 브룩스의 지적은 매우 통찰력 있는 분석이다(199). 다만 배우자를 원하며 빅터에게 복수하는 등 불만을 외적으로 분출하는 괴물과는 달리, 여성들은 바람직한 결혼생활 외에 탈출구가 없으며 여기서 탈출구를 찾지 못하면 히스테리나 우울증에 걸리는 등 내적 항거를 할 수밖에 없다는 점에서 괴물과 여성의 처지는 달라진다.

    괴물이 자신의 처지에 대해 갖고 있는 불만은 두 가지 방향으로 전개된다. 하나는 사피가 불러일으킨 이브에 대한 욕망, 즉 여성 배우자를 원하는 것이다. 괴물은 사피와 헤어졌기 때문에 "가장 슬퍼" 보였던 필릭스가 그녀의 도착으로 완전히 변화되었음을 간파한다. 그녀의 "존재는 태양이 아침 안개를 없애듯 그들의 슬픔을 거두고 오두막 전체에 즐거움을 퍼뜨렸다. 특히 필릭스가 행복해 보였다."(85) 괴물은 드 레이시가, 특히 필릭스에게 미친 사피의 영향을 통해 이전에는 미처 몰랐던 즐거움, 즉 활기 있는 젊은 여성이 주변 사람에게 미치는 영향력과 "특별한" 행복을 깨닫고 자신처럼 "못생기고 끔찍한" 배우자를 원하게 된다.

> 나의 생각은 이성에 제어 받지 않고 낙원의 들판에서 종종 헤매었다. 내 감정에 동조하며 슬픔을 위로해줄 상냥하고 아름다운 인물을 상상해 보았다. 그 천사 같은 얼굴은 위로하듯 미소를 띠었다. 그러나 그것은 모두 꿈이었다. 어떤 이브도 내 슬픔을 달래주지 않았고 내 생각을 나누지도 않았다. (94)

이처럼 괴물은 사피의 존재로 인해 즐거움과 불만을 동시에 갖게 된다. 그는 이 불만의 돌파구로서 자신과 똑같은 결함을 지닌 신부를 요구하며, 빅터가 그에게 배우자를 만들어 주면 멀리 지구 끝, "남미의 방대한 황야"(104)에 가서 조용하고도 평화롭게 살겠다고 약속한다.

또 다른 방향은 괴물이 자신을 이런 모순된 존재, 즉 "인식과 열정"(100) 등 지각력은 있으나 사랑받지 못할 외모로 만든 빅터에게 복수하는 것이다. 괴물은 실제로 빅터에게 소중한 사람들, 막내 동생 윌리엄(William)과 하녀 저스틴 모리츠(Justine Moritz), 가장 친한 친구 헨리 클러벌(Henry Clerval), 그리고 약혼녀 엘리자벳을 차례차례 죽이며 그로 인해 빅터 아버지의 죽음까지 초래하는 등 빅터 주변의 세계를 파괴한다. 괴물은 우연히 플렝팔레(Plainpalais) 공원에서 만난 윌리엄이 아버지를 자랑하자 죽이며, 그는 사피처럼 자기만 빼고 "모든 사람에게… 즐거움을 나눠주는… 미소를"(103) 지으며 자는 저스틴을 보자 그녀가 깨어났을 때 보일 공포를 예상하고, 빼앗긴 사랑의 기쁨을 다른 남성에게 줄 것이라는 이유로 무고한 저스틴을 죽인다.14) 또한 빅터가 여자 괴물을 파괴하자 이에 화가 난 괴물은 그의 고통을 알게 하려고 결혼 첫 날 엘리자벳을 죽이며, 빅터의 가장 친한 친구 클러벌도 죽여 빅터를 살인용의자로 의심받게 한다. 여기서 『실낙원』의 애덤과 괴물간의 차이를 생각해 볼 수 있다. 신이 창조한 아름다운 존재로서 이브 때문에 타락한 애덤과 달리, 인간이 창조한 추한 존재로서 배우자가 없어 타락한 괴물은 타락의 결과 인간에게 복수할 뿐 아니라 그를 가르쳐줄 신이 없다는 점에서 서로 다르다(Florescu 180). 여기서 괴물의 복수에 지나친 면이 있으며 그의 살인이 정당화될 수 없지만, 괴물이 복수의 화신으로 변하는 과정은 상당히 수긍할만한 동기와 이유가 있는 것으로 독자의 연민과 동정을 얻도록 설득력 있게 그려진다.

둘째로, 괴물의 놀라운 웅변을 보자. 괴물은 몽탕베르산 정상에서 빅터를 대면하자 유창하게 빅터에게 자신의 과거, 출생 이후 가정에 편입되지 못한 채 쫓겨난 고독한 성장과정과 버림받은 2년 뒤 능통한 달변가가 된 과정을 그의 시각에서 전달한다. 그가 주인에게 얘기하는 목적은 언어를 통해 자신이 소외된 저 "존재와 사건의 고리"에 들어가고자 하는 것, 다시 말해 그에게 배우자를 만들어줄 수 있는 빅터에게 그의 입장을 설득시켜 슬픔을 보상받으려는 것이다. 그의 설득력 있는 웅변은 여러 곳에서 입증된다.15) 가령 그는 여성적 특성인 "친절한 태도와 달래는 말"로 드 레이시가의 사랑을 얻기 원하며, 빅터로 하여금 자신을 이런 추악하고도 소외된 존재로 만든데 대해 부모로서, 특히 아버지로서 책임을 느끼게 하며, 이해하고 동정해 달라는 거절할 수 없는 논리적 요구로 여

---

14) 1831년 판에 덧붙여진 이 말을 통해 그의 분노와 좌절을 이해할 수 있으며, 바이런 등과 어울리는 남편 퍼시에 대한 작가의 불만이 괴물의 파괴적 복수로 형상화되었다고 한다. Tillotson, pp. 57-59.
15) 시각과 언어, 추악한 육체와 설득력 있는 말의 대비에 관해 Brooks, p. 201 참조

자 배우자를 만들어 달라고 강력히 요구하여 그를 혐오하던 빅터로 하여금 심지어 그의 설득에 감동되어 여자 괴물을 만들어주겠다는 약속을 받아낸다거나, 빅터의 부탁대로 괴물에게 복수를 맹세한 월튼마저 괴물의 처지에 대해 이해하고 공감하게 된다. 그의 언변은 "그가… 표현한 얘기와 감정은 그가 훌륭한 지각을 지닌 인물임을 입증해 주었다"(104)거나 "괴물의 말은 유창하고 설득력이 있어. 한번은 괴물의 말이 심지어 내 마음을 사로잡은 적도 있었어. 그러나 괴물의 말을 믿지 마."(147)라는 빅터의 말에서 증명된다. 이처럼 그는 추악한 외모와 걸맞지 않는 조리 있고 논리적이며 비상한 자기 분석력과 연민의 능력, 지성과 감성을 결합시킨 웅변의 소유자이다. 나아가 그는 자신의 존재에 대한 비애감을 『실낙원』의 사탄 처지에 비교하여 전할 정도로 대조어법과 모순어법(oxymoron) 등의 뛰어난 수사를 구사한다.

그가 어떻게 이런 웅변력을 갖게 되었나? 이미 알고 있는 것처럼 괴물이 "신과도 같은 학문"이라 부른 언어에서 비롯된 그의 웅변은 사피의 교육과 드 레이시 집안의 인간관계에 대한 면밀한 관찰에서 얻은 것이다. 앞에서도 지적한 바와 같이 그의 거대한 체구와 행동이 남성적 특징이라면, 주인에게 말로 호소하고 설득하는 그의 언어는 여성적 특징이다. 그가 자신의 처지와 배우자에 대한 욕망을 빅터에게 호소할 때, 그리고 후에 월튼에게 자기 과거를 얘기할 때 다 언어로, 특별히 세세하고 감성적인 언어로 전달하는 것은 분명히 여성적 특징이라 할 수 있다. 이런 까닭에 괴물이 남성이지만 길버트와 구바처럼 여성이라 주장할 수 있다(238). 브룩스는 언어를 통해 자신이 소외된 저 "존재와 산의 고리"에 들어가고자 하는 괴물이 남성으로 창조되었지만 실은 당시 여성의 상황에서 벗어나려는 여성이 아닌지 묻게 된다면서 괴물의 존재는 여성을 남성의 시각적 대상으로 보는 모든 우리 문화적 규약에 이의를 제기하는 존재로 볼 수 있다고 적절히 지적한다(218, 219). 빅터의 설명은 괴물을 혐오스런 존재로 보이게 하지만, 괴물이 "여러 감각의 작용"에서 깨어나 빅터에게 자기 얘기를 하면서 배우자를 요구할 때의 설득력 있는 웅변은 영화를 보고 괴물을 증오하던 독자들조차 괴물의 분노와 소외를 동정하고 연민마저 느끼게 한다. 이렇듯 가장 깊숙이 자리한 괴물 얘기에서 그가 악한 존재가 되는 과정과 그의 웅변은 이른바 여성적 특징 및 여성의 상황을 대변하는 것으로 그려지며, 이러한 표현에 괴물의 입장을 정당화하려는 작가의 의도가 감지된다. 이 두 가지 특징 때문에 이 작품이 최근 페미니즘 비평에서 주목받는 듯하다.

3) 다음 단계로 괴물이 원하는 배우자와의 관계 및 빅터의 여자괴물 파괴를 페미니즘 관점에서 살펴보자. 먼저 괴물이 배우자에게 원하는 평등한 관계에 대한 인용을 보자.

> 난 다른 여성 피조물, 그러나 나처럼 끔찍한 여성 피조물이 필요해… 우린 모든 세상에서 단절된 괴물이 될 거야. 그러나 바로 그 때문에 우린 서로 더 좋아할 거야. 우리 삶은 행복하진 않을 거야. 그러나 우리 삶은 해가 없으며 지금 내가 느끼는 고통에서 자유로울 거야…
> 내가 사는 지구와 날 만든 당신을 두고 맹세할 수 있어. 당신이 만들어주는 배우자와 함께 난 인간의 이웃을 떠나 우연히 만난 곳, 가장 거친 곳에 살 거야. 나의 악한 열정은 사라질 거야. 왜냐하면 난 연민을 만났기 때문에! 인생은 평온하게 흘러갈 거야. 죽어가는 순간에 날 만든 사람을 저주하지 않을 거야…
> 유대와 애정이 없다면, 증오와 악이 내 몫이 되어야 해. 다른 사람의 애정이 내 죄의 원인을 없앨 거야. 난 모든 사람이 모르는 존재가 될 거야. 내 악은 내가 혐오하는 강요된 고독이 낳은 거야. 동

료와 교감하며 살 때 반드시 내 미덕이 생길 거야. 난 민감한 존재의 애정을 느끼고 내가 지금 소외된 존재와 사건의 고리에 연결될 거야. (104-05)

이 인용문에서 인간 사회에서 배제된 그의 공격성은 본래 성질이 아니며 따뜻한 연민과 유대, 애정을 얻을 때 착한 존재로 변화될 거라 암시된다. 괴물은 "연민을 주고받으며 사랑할 수 있는"(104) "나와 똑같은 성질"(105)을 지닌 배우자를 원한다. 뿐만 아니라 괴물은 배우자에게 먼 곳, 즉 남녀의 영역이 구분되지 않은 곳에서 기쁨과 슬픔, 이해와 연민, 그리고 공감과 사랑을 나눌 수 있는 평등한 관계를 원한다. 이 관계는 여성이 일방적으로 도덕적 영향을 미치거나 도덕적 안내자 역할을 하지 않는, 고통을 포함하여 모든 것을 서로 나누고 의존․위로하는 "동반자적 결혼"(companionate marriage)에 가까운 관계다. 그가 자기와 같이 못 생긴 배우자를 원하는 것도 여자 배우자가 자신을 따돌릴까봐 두려워하기 때문이기도 하지만, 동등한 배우자만이 상호이해에 기반한 존경과 행복을 줄 것이라 믿기 때문이다.

이 관계는 작품에 등장하는 빅터 부모나 빅터와 엘리자벳 등의 모든 남녀 중 가장 바람직하게 그려진 사피와 필릭스의 관계에 가장 근접한다(Lowe-Evans 48). 여성적 자질을 지닌 필릭스가 남성적 자질을 지닌 사피를 교육시키지만, 그들의 관계는 지배나 종속이 아닌 평등한 관계이므로 이 한 쌍은 동등한 관계의 실현가능성을 나타낸다. 이런 관점에서 사피를 좀 더 자세히 검토해 볼 필요가 있다. 첫째로, 그녀의 이름은 성격에 관해 여러 가지 의미를 암시한다. 가령 그녀의 이름은 아랍어로는 "순수"(purity)를, 그리스어로는 "지혜"(sophia)를, 또한 초기 영국 소설의 인기 있는 여주인공(Sophia)을 나타내기도 한다. 그러므로 이국적인 동양에 관한 19세기 영국의 관심 때문에 여성의 순결과 지혜에 모험적인 중산계급 여성인물을 결합시켜 동등하지 못한 남녀 능력에 도전하기 위해 사피와 필릭스의 얘기를 이용하였다는 지적은(Lowe-Evans 49-50) 타당하다. 필릭스가 퍼시를 이상화시켰다면, 사피는 작가의 모범적 분신이자 이상적인 공적 자아라 할 수 있다. 둘째로, 사피는 다른 소극적이며 수동적인 여성들과는 달리 유일하게 적극적인 여성이다. 사피는 부유하지만 "신뢰할 수 없는 터키"(90) 상인인 아버지와 터키인에게 잡혀 노예가 된 기독교 아랍인인 어머니를 부모로 "회교도 여성 추종자들에게 금지되었던 지성과 정신의 독립성"(89)을 격려한 어머니 덕분에 "아시아로 돌아가 할렘의 벽 안에 갇혀"(89) 남성이 합법적으로 지배하는 회교국 후궁에서 남성의 성적 노예로 살아야 하는 아랍 여성의 운명과 감옥 같은 터키 사회를 용기 있게 거부한다. 사피는 천성적으로 자유롭게 태어나 자신을 노예에서 구해준 결혼 역시 속박으로 본 어머니로부터 "지성이라는 더 높은 힘"(89)을 동경하기를 배웠던 것이다. 사피는 정신적 지주였던 어머니를 일찍 여의고 사악하고 억압적인 아버지 밑에서 고통을 겪다가 아버지의 규제에서 벗어나 잠재력을 키울 더 큰 기회를 바라면서 불어 한 마디 못하는 처지에도 불구하고 프랑스로 가며, 그곳에서 "기독교인과 결혼하여 여성들의 사회적 지위가 허용된 나라에 남을 전망"(89)을 발견한다. 그녀는 자신의 아버지 때문에 몰락한 프랑스 귀족의 후예인 필릭스가 자신을 찾길 기다리지 않고 머나먼 이국 땅 유럽으로 그를 찾아 그와의 결혼을 감행한다. 이런 연유로 사피를 어머니 작품에 암시된 이상을 나타내는 메리 셸리의 여주인공이자 평등한 부르주아 가정의 복지에 기여하는 개인주의자(Mellor 209, 214)로 보며, 이 작품의 유일한 대안을 사피에게서 찾는(Ellis 203) 등 동등한 결혼 개념과 관련하여 사피를 높이 평가하는 평자들이 있다. 이와 같이 긍정적으로 그려진 사피와 필릭스의 관계를 빅터가 "모든 나의 일과 기쁨에 있어 아름답고 칭찬할만한 동반자"(31)라 불렀지만 실은 남녀의 영역이 구분되고 여성의 도덕적 영향밖에 있는 빅터와 엘리자벳의 관계와 비교하면 이 관계가 얼마나 선구적인 것인지 자명해진다.

그러나 사피를 엘리자벳을 대신할 구원의 여성으로 보는 해석에는 다소 문제가 있다. 이미 죽은 사피의 어머니처럼 사피 역시 소설의 대안이 되기에는 역부족이다. 퇴장하기 전에도 주변적 인물이었던 사피는 이 소설에서 일찍 퇴장하며, 사피를 받아들인 드 레이시 가족 역시 괴물에 쫓겨 소설에서 사라진다. 또한 그녀는 유럽이나 영국이 아닌 동양계의 아랍 여성으로서 소설 속에서 이질적 존재이다. 드 레이시 가에서 그녀의 법적 지위가 분명치 않고 가족 안에서 공평한 주의를 받지 못하며, 캐롤라인과 엘리자벳처럼 완벽한 신체적 미는 그녀를 현실보다 동화 속의 인물로 보이게 한다는 문제점도 갖고 있다(Lowe-Evans 51).

그러나 여자괴물과의 평등한 관계라는 혁명적인 이상은 빅터의 여자괴물의 파괴로 가능성으로만 존재할 뿐 실현되지 못한다. "천사 같은 표정"을 지닌 "아름다운 인물"에게 위로받고 "동료와 단결하여" 동등하게 살려는 괴물의 욕망은 실현되지 않는다. 여자괴물의 파괴과정을 살펴보면, "어떻게 이처럼 생명을 갖고 감히 장난칠 수 있나요"(73)라고 항의하면서 배우자를 원하는 괴물의 요구가 나름대로 타당한 요구이므로 괴물의 청대로 스코틀랜드 북쪽의 작은 오크니(Orkney) 섬에서 공포와 혐오감에 휩싸여 여자 괴물을 만들던 빅터는 반쯤 완성하였던 여자괴물을 갈갈이 찢어 파괴한다. 그가 괴물을 파괴하는 이유는 다음과 같다. 여자 괴물이 남성 괴물보다 만 배나 더 사악한 존재가 될 수 있으며, 사고하는 이성적 존재로 태어나 자신의 "창조 이전에 이루어진 계약"(117)에 복종할 수 없다고 인류를 떠나겠다는 계약을 거부할지 모르며, 여자 괴물이 인간 남성에게 눈을 돌릴 수도 있고 버림받은 괴물은 자신의 괴물성을 자각하고 더욱 분개할지 모르며, 그들의 결합으로 괴물의 악한 자손이 번성하여 인류의 생존을 위협할 가능성도 있다는 것이다. 그는 마침내 "악마의 종족이 지상에 번성할 것이다. 그것은 불안하고 공포에 가득 찬 상태가 될 것이다. 자신의 이익을 위해 지속적인 세대에게 이러한 저주를 부과할 권리가 내게 있던가?"(117)라고 스스로 자문한다. 요컨대 빅터의 상상 속에서 이성과 자기의지를 지닌 여자 괴물은 보다 사악하고 그들의 종족을 퍼뜨려 인류를 없애 버릴 공포의 대상으로 보인다. 그는 "새로운 괴물 같은 이브"의 이미지에 놀라(Johnson 260) 성적으로 해방되어 스스로 삶을 선택하는 여자 괴물의 독립성과 불복종, 그리고 그들 후손의 번성을 가장 두려워한다. 이처럼 빅터는 괴물의 형태로 나타날 제어할 수 없는 여성의 성에 공포심을 느끼며 그 공포심은 여자 괴물을 파괴하는 가학적인 방식으로 나타난다.

그렇다면 빅터의 여자 괴물 파괴를 어떻게 해석할 것인가? 이 행위에는 우선 여자 괴물 및 똑똑하고 지적인 여성의 반항과 불복종, 그리고 남녀의 평등한 관계에 대한 빅터를 비롯한 당대 남성이 여성성에 대해 갖는 무의식적 공포와 두려움이 반영되어 있다. 다시 말해 작가가 최후의 프레임으로 설정한 이상적 여성인 사빌 부인과 대조적인 여자 괴물에 대한 두려움이 숨어 있다는 것이다.

그런데 이 작품에 등장하는 여성인물들, 즉 무력한 천사이거나 사피 같은 동양 여성, 기형적 여자 괴물은 모두 중간에 사라지거나 일찍 죽는다. 여자 괴물의 경우 생명이 주어지기도 전에 파괴됨으로써 목소리가 주어지지 않고 한 마디 말도 못한 채 죽는다. 멜로가 주목한 것처럼, 이 작품에서 여성은 철저히 배제된다. 여자 괴물뿐만 아니라 당대 이상적 여성상에 근접하는 엘리자벳과 캐롤라인, 저스틴 등 착하고 헌신적이며 순종적인 여성들도 모두 죽는다. 요컨대 '집안의 천사'인 빅터의 어머니 캐롤라인(Caroline)은 가족을 위해 봉사할 뿐 아니라 고아인 엘리자벳에게까지 희생적인 사랑을 베풀어 성홍열에 걸린 그녀를 헌신적으로 간호하다 일찍 죽는다. 엘리자벳은 캐롤라인의 뒤를 이어 당대의 여성행동지침서에 제시된 미덕을 모두 갖춘 이상적 여성으로서 "살아있는 사랑의 정령"이다. 그러나 하녀 저스틴의 무죄를 입증하려고 웅변을 토하지만 무력하게도 배심원들에게 무죄를 설득하지 못하는 법정장면에서처럼, 그녀는 결혼 첫날 밤 힘없이 괴물에게 살해되어 괴물의 복수 도구이자 희생자가 된다.16) 무고한 저스틴도 윌리엄 살해의 누명을 뒤집어쓰고 무력하게 죽는다. 1818년 서문에서 이 작품의 목적이 가족적 가치의 구현이라는 퍼시의 주장을 무색케 할 정도로, 이 작품의 아름답고 착한 모든 여성은 아무 갈등 없이 남성들에게 정서적 양육자 역할을 하다가 의미 없이 죽는다. 이로써 나약한 여성들이 현실 앞에서 적절히 대응하지 못한다는 사실이 암시된다.

한편 여자 괴물의 파괴로 괴물은 결국 결혼을 하지 못하며, 빅터 역시 엘리자벳과 결혼하지 못한다. 빅터의 친구인 클러벌도 총각으로 죽으며, 월튼은 죽지는 않지만 빅터를 진정한 우정의 대상으로 삼는 순간 잃으며 영국에 돌아가긴 하지만 당분간 가정을 이룰 것 같지 않다. 이처럼 빅터 부모 외에 괴물이나 빅터가 모두 결혼하지 못한다는 사실은 작가가 이상적 여성들이나 여자 괴물의 양쪽에서 평등하고 바람직한 결혼관계가 당대 현실에서 이루어질 가능성을 보지 못했으며, 간접적으로 이런 여성상을 비판하기 때문인 듯하다.17) 이런 맥락에서, 울스톤크래프트와 셸리

---

16) 괴물에 의한 엘리자벳의 죽음을 남성 중심적 문명의 산물의 괴물의 여성말살을 상징하며, 또한 그녀의 죽음으로 남성 중심적 문명을 대표하는 프랑켄슈타인과 엘리자벳이 자연적 성을 통한 생식을 못함을 보여준다는 타당한 해석도 있다. 이 정호 490.
17) 셸리는 결혼에 대해 겉으로 취한 혁신적이며 진보적인 입장과 보수적인 행동 간의

등이 모성과 가정 이데올로기에 헌신한 여성들이 치르는 신체적·심리적 대가를 탐구하였다는 지적은(Mellor 8) 적합하다.

3

이상의 검토에서 다음과 같은 사실을 확인하였다. 첫째, 셸리가 1831년 판에 추가된 내용들, 이 얘기의 출처에 대한 변명과 화자로서의 사빌 부인 등을 통해 여성의 도덕적 영향과 남녀의 분리된 영역을 강조한 보수적 의도가 분명하지만, 사빌 부인을 통해 사회의 기대만큼 이런 역할을 할 수 없는 현실 및 여성의 도덕적 영향이라는 이상의 모순이 보인다. 둘째, 내러티브 가장 안의 얘기인 괴물의 얘기에서 괴물이 악한 존재로 변하는 과정 및 웅변은 여성의 특징과 처지를 반영하도록 설득력 있게 그려져 있다. 셋째, 여자 괴물과의 평등한 관계를 원하는 괴물 및 빅터의 여자괴물파괴를 통해 이런 선구적이며 혁신적 관계가 이뤄지기 힘든 현실이 반영된다. 그러므로 이 작품의 힘은 표면상 작가의 보수적 태도에도 불구하고 여성의 지위를 대변하는 괴물의 반항과 분노, 웅변, 평등한 관계에 대한 괴물의 절실한 욕망 등을 통해 남녀의 영역 내지 순종적인 당대 여성상 등 부조리한 현실을 날카롭게 비판한 셸리의 선진적인 페미니즘 의식에 있다. 셸리의 얌전하고 예의바른 사회적 자아와 이 소설이 지닌 놀라운 깊이와 힘 간의 차이는 사람들을 믿을 수 없을 만큼 놀라게 한다(Sunstein 131). 이것이 이 작품의 힘이자 이 작품이 페미니즘 비평에서 꾸준히 긍정적인 평가를 받는 이유다. 이 의도와 텍스트간의 불일치

모순된 태도는 개인적으로 복잡한 남다른 생애 때문에 그녀가 더 조심스러웠으리라는 사실로 미루어 이해된다.

에서 셸리의 여성론적 입장을 읽을 수 있다.

　이외에 이 작품이 후세에 끼친 영향을 살펴보자. 흔히 고딕 로맨스의 전통을 잇는 것으로 간주되어온 이 소설에서 심리적 분열로 미치게 된 빅터의 후계자는 새 생명을 창조하거나 복제하며 죽은 자를 살리는 로버트 루이스 스티븐슨(Robert Louis Stevenson)의 『지킬 박사와 하이드 씨』(The Strange Case of Dr. Jekyll and Mr Hyde) — 혐오스런 악마 하이드 씨와 이타적인 과학자 헨리 지킬 박사를 그린 — 등의 사이언스 픽션이나 조지 엘리엇(George Eliot)의 『들춰진 베일』(The Lifted Veil)(1859)이다(Lowe-Evans 78, Florescu 184). 형식상 겹겹의 내러티브 속에 등장하는 여러 명의 화자는 에밀리 브론테(Emily Bronte)와 허먼 멜빌(Herman Meville) 등의 작가에게 큰 영향을 미쳤다(Florescu 184). 리얼리즘보다 초기 빅토리아 소설의 낭만주의 전통을 이어받은 『폭풍의 언덕』(Wuthering Heights)에서 히스클리프(Heathcliff)와 괴물간의 유사한 도덕적 곤경(적대적 세계에서 악하게 반응하는 괴물처럼 캐더린에 대한 사랑이 좌절되자 계획된 복수를 수행하여 "유령 같은 방랑자"가 되는 히스클리프의 얘기)은 셸리의 영향을 입증해 준다. 독자의 세계와 믿을 수 없는 이야기간의 완충지대로 넬리 딘(Nelly Dean)과 록우드(Lockwood), 또한 『모비 딕』에서 이슈마엘(Ishmael)같은 화자는 캐더린(Catherine)과 히스클리프의 지나치게 격정적인 사랑 및 에이합(Ahab) 선장의 미친 듯한 백경추적 얘기에 현실성과 객관성, 신빙성을 부여해주는 장치다.

　동물복제와 시험관아기가 현실이 되었고 인간복제가 조만간 현실로 다가온 지금, 이 작품은 현재성을 얻으며 그 선구적 혜안으로 복제 인간의 미래를 미리 엿보게 한다. 유령 이야기에서 출발하여 고딕 로맨스의 대명사로 불리면서 이에 그치지 않고 이 작품이 이룩한 성과 및 현재까지 페미니즘 문학에서 중요 작품으로 활발히 회자되는 이유는 무엇일까?

그 이유는 이 작품이 페미니즘 관점에서 다양한 접근을 가능케 하기 때문이다. 이 작품은 표면상 여자 주인공 없이 남성 화자를 통해 남성들의 세계를 묘사하는 것 같지만 여성적인 저항의 서술전략(Michie 14-15)으로 괴물의 얘기를 통해 중산층의 가족 이데올로기를 전복시키는 등 여성적 체험을 교묘히 감추고 있다. 그뿐 아니라 여성의 시각으로 남성적 문명을 비판한다. 즉 여성으로 은유되는 자연법칙이 남성적 문명에 의해 어느 정도까지 훼손될 것인가 하는 문제를 제기한다고 지적되기도 한다 (이 정호 491). 이런 다양한 평가를 통해 남녀의 분리된 영역 및 여성의 도덕적 영향 등과 관련된 페미니즘의 관점에서 메리 셸리가 차지한 위치를 좀 더 공고하게 자리매김해 볼 수 있었다.

< 인용문헌 >

김순원. 「'중국 상자' 구조 속의 의미: 『프랑켄슈타인』연구」, 『영어영문학』, 43:3 (1997, Sept.), 545-70.

원유경. 「소설, 로맨스, 여성이 글쓰기: 메리 셸리의 『프랑켄스타인』」, 『근대영미소설』, V.5 No.2 (1998. 12), 165-94.

이정호. 「여성적 글쓰기와 문명 비판으로서의 메리 셸리의 『프랑켄슈타인』」, 『영어영문학』, 40: 3 (1994), 475-92.

장정희. 「『프랑켄슈타인』에 나타난 몸과 서술」, 『페미니즘과 소설읽기』, 도서출판 동인, 1998, 91-106.

조애리. 「여성론적 관점에서 읽은 『프랑켄슈타인』」, 『근대영미소설』, V.3 (1996.12), 71-84.

케이트 밀렛 외 지음. 『영미여성소설론』, 조정호외 편역. 정우사, 1995.

Baldick, Chris. *In Frankenstein's Shadow: Myth, Monstrosity, and Nineteenth-Century Writing*. Oxford: Clarendon Press, 1987.

Bloom, Harold (ed.). *Mary Shelley's Frankenstein (Modern Critical Interpretations)*. New York and Philadelphia: Chelsea House Publishers, 1987.

Sherwin, Paul. "*Frankenstein*: Creation as Catastrophe," pp.27-41.

Behrendt, Stephen C. *Teaching Frankenstein*. New York: The Modern Language Association of America, 1990.

Bloom, Harold. "Frankenstein, or the New Prometheus." Partisan Review. 32:4 (1965), pp.611-18.

Brooks, Peter. *Body Work: Objects of Desire in Modern Narrative*. Cambridge, London: Harvard U.P., 1993, pp.199-220.

Butler, Judith. *Gender Trouble: Feminism and the Subversion of Identity*. New York, London: Routledge, 1990.

Ellis, Kate Furguson. *The Contested Castle: Gothic Novels and the Subversion of Domestic Ideology*, Urbana: Illinois U.P., 1989.

Fisch, Audrey A., Mellor, Anne K., and Schor, Esther M. (ed.). *The Other Mary Shelley: Beyond Frankenstein*. New York, Oxford: Oxford U.P., 1993.

Johnson, Barbara. "*The Last Man*", pp. 258-62.

Florescu, Radu. *In Search of Frankenstein*. Boston: New York Graphic Society, 1975.

Gilbert, Sandra & Gubar, Susan. *The Madwoman in the Attic*. New Haven & London: Yale U. P., 1979.

Levine, George & Knoepflmacher, U.C. ed. *The Endurance of Frankenstein: Essays on Mary Shelley's Novel*. Berkeley, Los Angeles, London: Univ. of California Press, 1974.

Ellis, Kate. "Monsters in the Garden: Mary Shelley and the Bourgeois Family," pp. 123-42.

Knoepflmacher, U.C. "Thoughts on the Aggression of Daughters," pp. 88-111.

Lowe-Evans, Mary. *Frankenstein: Mary Shelley's Wedding Guest*. New York: Twayne Publishers, 1993.

Matus, Jill L. *Unstable Bodies: Victorian Representations of Sexuality and Maternity*. Manchester & New York, Manchester U.P., 1995.

Mellor, Anne Kostelanetz. *Romanticism and Gender*. New York: Routledge, 1993.

Michie, Elsie B. *Outside the Pale: Cultural Exclusion, Gender Difference, and the Victorian Woman Writer*. Ithaca & London: Cornell U.P., 1993.

Moers, Ellen. *The Literary Women*. New York: Oxford U.P., 1976.

Polinore, Julian E. (ed.). *The Female Gothic*. Montreal: Eden Press, 1983.

Tillotson, Marcia. "A Forced Solitude: Mary Shelley and the Creation of *Frankenstein's Monster*", pp. 167-75.

Poovey, Mary. *Uneven Developments*. Chicago: Chicago U.P., 1988.

----------. *The Proper Lady and the Woman Writer*. Chicago: The Univ. of Chicago

Press, 1984.

Sellers, Susan ed. *Femnist Criticism: Theory and Practice*. New York, London: Harvester, 1991.

Shires, Linda M. (ed.) *Rewriting the Victorians: Theory, History, and the Politics of Gender*. New York & London, Routldege, 1992.

Spark, Muriel. *Mary Shelley*. New York: E.P. Dutton, 1987.

Sunstein, Emily W. *Mary Shelley: Romance and Reality*. Boston, Toronto, London: Little, Brown & Company, 1989.

III. 조지 엘리엇

III-1. 조지 엘리엇의 세 작품에 나타난 사랑과 예술의 갈등

1

 조지 엘리엇은 자신의 경우 남편 루이스(Lewes)의 끊임없는 격려와 도움에 힘입어 사랑과 예술의 갈등을 성공적으로 조화시켰으며, 이 사랑과 예술의 갈등은 작가의 지속적인 관심사였다. 엘리엇의 세 작품, "암거트(Armgart)"(시)1)(1871)와 「미들마취」(*Middlemarch*)(1871-72), 그리고 「대니엘 데론다」(*Daniel Deronda*)(1876)에 여성의 한계에 도전한 세 명의 여류 예술가, 즉 암거트(Armgart)라는 프리마돈나, 마담 로르(Madame Laure)라는 여배우, 알카리시(Alcharisi)라는 프리마돈나가 등장한다는 사실은 매우 공교롭고도 흥미로운 우연이다. 「급진주의자, 필릭스 홀트」 (*Felix Holt, the Radical*)(1872)의 트랜섬 부인(Mrs Transome) 역시 이와 유사한 갈등을 보여주지만, 보다 엄밀히 사랑과 일의 갈등이지 사랑과 예

---
1) 이 작품에 대한 국내 논문은 전무하며, 작품조차 구하기 어려운 형편이다.

술과의 갈등은 아니며 또한 그녀에게 초점을 맞춰 기왕에 발표한 졸고도 있다.[2] 그러므로 본 논문에서는 주로 세 작품을 논의의 대상으로 삼아 암거트와 마담 로르, 알카리시라는 세 여류 예술가가 겪는 사랑과 예술의 갈등을 주로 결혼과 일간의 갈등이라는 의미로 한정하여 분석해 보고자 한다. 특이한 점은 "암거트"는 장시이므로 예외지만, 강력한 인상을 남기는 두 장편소설 「미들마취」의 여배우 마담 로르와 「대니엘 데론다」의 알카리시의 경우에는 사랑과 예술의 갈등이 도로시아(Dorothea)나 그웬들런(Gwendolen)같은 여주인공들보다 더욱 두드러지게 나타난다. 구체적으로 "암거트"의 경우 사촌 발푸르가의 고향에서 후세에게 음악을 가르치려는 결심―어떤 의미에서 사랑과 예술의 갈등이 조화를 이룬 듯한―으로 끝내고 있으며, 「미들마취」와 「대니엘 데론다」의 경우 여주인공이 아닌 인물에게서 사랑과 예술의 갈등을 보다 첨예하게 그리고 있는데, 이럼 묘사는 다분히 빅토리아조의 독자를 의식한 작가의 의도적인 고안으로 보인다. 여주인공의 경우, 예컨대 도로시아나 그웬들런은 사랑과 예술 내지 자기성취의 갈등을 겪고 주로 사랑을 택하는 것으로 그려진다. 여기서 작가는 여주인공의 경우에 독자를 의식하여 더 조심스럽게 수동적인 여주인공을 그렸지만, 주인공이 아닌 여성들의 경우에 사랑과 일의 갈등을 통해 여성의 한계에 더 적극적으로 항거한 여성을 보여준다. 이것은 작가가 표면상 표명한 입장과는 달리 여성문제에 대한 보다 적극적인 관심을 반영하는 것으로 보인다. 그러나 「미들마취」에서 남편을 살해한 극단적인 마담 로로의 경우는 도덕적 제약에서 규제를 덜 받을 수 있는 프랑스 여배우로 거리감을 두고 짤막한 일화처럼 간단히 그린다거나, 「대니엘 데론다」에서도 전체적인 방향은 예술보다 사랑을 택한 캐

---

[2] 졸고 "「급진주의자, 필릭스 홀트」에 관한 일고찰 -트랜섬 부인을 중심으로 -", 「영미문학 페미니즘」, No. 2 (June, 1996), pp. 285-304 참고.

더린이나 미라를 바람직한 것으로 제시하고 있으며, 알카리시의 경우는 여러 가지 장치를 통해 그녀에게 거리를 유지하였다. 이런 복합적인 형상화를 통해 여성문제에 대한 엘리엇의 미묘한 입장을 엿볼 수 있을 것이다.

현재 사랑과 예술의 갈등, 주로 결혼과 일간의 갈등은 20 세기 후반, 21 세기를 몇 년 앞둔 지금의 관점에서 보면 진부한 주제지만, 이 작품의 배경인 1870년대에는 여성들에게 상당히 심각한 문제였다. 다시 말할 필요도 없이 당시 여성의 직업은 결혼이었으며 이상적인 여성이란 다름아닌 "집안의 천사"였으므로, 결혼외에 다른 것을 생각한다는 것은 거의 어불성설이었다. 이런 사회적 배경을 고려할 때 다소 광범위하지만 세 여성 예술가가 겪는 사랑과 예술의 갈등을 페미니즘의 관점에서 살펴 보는 작업은 엘리엇의 인식을 점검해 보는 좋은 기회가 될 것이다. 이제 세 작품에서 사랑과 예술간의 갈등이 어떻게 전개되는지 차례로 분석해 보자.

2

1) **"암거트"**

"암거트"는 헨리 제임스(Henry James)에 의해 "쥬발의 전설과 다른 시들(Legend of Jubal and Other Poems)"(1871)에 수록된 네 편의 장시중 가장 훌륭한 작품이라 평가된 시지만, 여성론적 평자들이 간헐적으로 언급할 뿐 엘리엇의 다른 시처럼 제대로 평가받지 못하고 있다. 이 시에서 주목하여 볼 것은 귀족 그라프 돈베르그(Graf Dornberg)의 청혼과 질병으로 인한 목소리 상실 사이에서, 즉 사랑과 예술 사이에서 고민하던 프리마돈나(prima donna) 암거트가 어떤 결정을 내리는가 하는 점이다. 이런 관점에서 이 시를 1) 암거트와 그라프의 사랑과 예술에 대한 공방전, 2) 암거트가 목소리를 잃어 좌절한 뒤에도 한결같이 그녀를 헌신적으로 돌봐주는 사촌 발푸르가(Walpurga)와 암거트의 관계, 그리고 3) 발푸르가의 고향집이 있는 소읍에서 암거트가 음악을 가르치겠다고 결심하는 결말로 나누어 살펴보자.

우선 암거트와 그라프의 사랑과 예술에 대한 공방전을 살펴보자. 암거트는 예술에 대해 대단한 열정을 갖고 있으며, 이 열정은 여러 곳에서 확인된다. 그녀는 자신은 이기거나 실패할 뿐 "결코 2등상을 타려고 애쓰지 않았다"[3)]고 예술가로서의 성공에 강한 집착을 보이며, '박커스의 시녀 미내드'(Maenad) (79), '오르페우스'(Orpheus)(87), '뮤즈'(Muse)(95), '노래의 여왕'(queen of song)(80) 등에 비유되기도 한다. 또한 프리마돈나를 꿈꾸는 그녀에게 어떻게 유명세를 감당하겠느냐고 예술가의 꿈을 포기하라고 만류하는 그라프에게 그녀는 다음과 같이 결연한 의지를 보인다.

> "전 위험을 받아들이겠어요
> 전 안전하게 기어가는 것보다 차라리
> 더 숭고하게 두려움에 떨면서도 높이 걷기를 택하겠어요. 게다가
> 당신이 귀족이듯 전 예술가예요:
> 전 계급에 수반되는 짐을 견뎌야 해요." (100)

이렇듯 자신이 예술가임을 강조하며 예술을 옹호하는 암거트에게 그라프는 그녀가 여성임을 상기시키는 동시에 여성의 의무 및 사랑을 강조한다. 가령 그는 그녀의 "씨저(Caesar)와도 같은 야심"(77)을 인정하지만,

---

3) Eliot, George. "The Legend of Jubal and Other Poems" (Edinburgh and London: William Blackwood & Sons), p. 77. 앞으로 나올 본문의 인용은 이 판에 의거하여 쪽수만 표기하기로 한다.

"지나친 야심"(80) 때문에 그녀가 여성이란 지위에서 벗어나게 되었다거나 일이 잘 성취될 때 더욱 더 지위가 높아지는 남자와는 달리 여성의 지위는 여성다움에 있으며 "여성다움 안에서만 여성은 고귀"(101)하다고 남녀의 차이를 강조한다. 다시 명성은 기대만큼 좋지 못하다고 예술가가 되려는 그녀를 만류하는 그에게 그녀는 "전 제 자신 여성인 것과 마찬가지로 타고난 예술가예요./ 아니, 전 제게 더해진 매우 드문 재능에서/ 지대한 천직을 봐요"(104)라고 대답한다. "타고난 열정"으로 "반항자"가 된 그녀는 "좌절된 삶의 멍에를 지기보다 곧/ 반항하다가 ... 죽어 버리겠"(134)다고 과격한 발언을 한다 그녀는 이어 남편 이상한 발언을 한다 존재가 되길 주장하면서 그녀가 "그녀 이상의 존재"(106), 즉 예술가가 되는 걸 달가워하지 않는 그에게 온 세상이 그녀를 "여성들이 겪는 비참함"(135)으로 몰아가고 있다고 항변한다. 다시 그의 사랑으로 그녀에게 자유를 주겠다는 그에게 그녀는 "당신의 말없는 관용"(108)이 그녀를 괴롭히므로 혼자 살겠다고 한다. 그녀는 자신과 결혼하는 사람은 자신의 예술과도 결혼해야 하며 "관용하는 게 아니라 예술을 존중하고 소중히 여겨야"(111) 하므로 결혼하지 않고는 살 수 있지만 "세상에 노래를 하고 모든 세상이 나에게 응답한다고 느끼는 축복"(113)이 없이는 살 수 없다고 그와 결혼하지 않겠다, 즉 사랑보다 예술을 택하겠다고 최종결론을 내린다.

둘째로, 예술을 위해 그라프와의 결혼까지 거부했던 암거트는 목소리를 잃고 난 뒤 크게 좌절한다. 가령 한때 의미있는 존재였던 그녀가 "인생의 멍에를 짊어진/ 나머지 여성들처럼 비참하고, 목적 없는"(122) 존재가 되었음을 슬퍼하면서 "지금 나는 어떤 존재인가?/ 불필요한 군중 속에 백만번째 여성일뿐/ 나는 왜 존재해야 하며, 행동해야 하며, 생각해야 하는가?"(119-20)라고 절규하자 5년간 그녀를 돌봐왔던 사촌 발푸르가는 타인의 "슬픔"(136)에 무심했던 그녀의 이기적인 삶을 비난한다. 발푸르가는 이어 암거트에게 이제 그녀가 무능한 불구가 되어 다른 군중과 똑같이 되었다는 사실을 "괴물같은 자아로부터의 ... 새로운 탄생"(140)이라 부르라고 촉구한다.

셋째로, 암거트는 발푸르가의 이런 뼈아픈 충고에 쓰라린 고통을 느끼지만 이 고통 속에서 "진정한 비전"(138)을 보게 된다. 그녀의 변화는 이제까지 무관심했던, 자신을 프리마돈나로 키워준 리오(Leo)의 삶에 관심을 보이며, 발푸르가가 태어났으며 5년 전에 자기와 동행하기 위해 떠났던 고향 프라이부르그(Freiburg)로 돌아가 리오가 그녀에게 가르쳐 주었던 음악과 노래를 가르치기로 결심하는 것과, 자기 외에 타인이 부르는 걸 용납할 수 없었던 필데리오(Fildelio)를 폴리나(Paulina)가 노래할 거라고 담담히 얘기하는 데서 확인된다. 특히 발푸르가의 고향을 돌아가 가르치겠다는 그녀의 결심은 배우자는 아니지만 후배들에게 그녀가 좋아하는 음악을 가르친다는 의미에서 사랑과 예술의 갈등이 조화를 이룬 듯한 결말이다.

이 장시에 마담 로르나 알카리시가 겪는 예술과 사랑간의 갈등이 이미 첨예하게 그려져 있다는 사실은 매우 흥미롭다. 암거트가 그녀의 숙원인 예술가로서의 성취보다 그에 대한 독점적 사랑을 암묵적으로 강요하는 그라프와의 결혼을 거부하고 예술을 택하는 과정은 독자의 공감을 자아내도록 그려져 있다. 다른 한편 발푸르가의 비난을 통해 주위에는 아랑곳없이 이기적인 예술의 삶을 영위하려는 암거트에 대한 작가의 비판 또한 엿보인다. 여기서 예술과 사랑의 갈등보다 자신의 이기적인 야심에만 몰두하여 타인을 돌보지 않을 뿐더러 여성의 평범한 운명을 경멸하려는 것이 암거트의 보다 근원적인 문제임을 암시하는, 사랑과 예술의 갈등에 대한 작가의 이중적이며 복합적인 시선이 감지된다.

2)「미들마취」

「미들마취」에서 마담 로르의 삶을 생각해 보자. 캐소본(Causobon)과의 결혼에서 좌절된 사회봉사욕구를 다른 남자, 즉 윌(Will)과의 재혼을 통해 성취하려는 도로시아에 비해, 마담 로르는 결혼한 여배우로서 성공하였으므로 사랑과 예술을 잘 조화시킨 경우로 보인다. "어두운 눈과 그리스인 같은 옆 모습, 그리고 둥그스름하고 당당한 모습을 지닌 프로방스 사람(Provencale)"[4]인 그녀는 최근 프로방스에서 올라와 파리에서 불행한 연인역을 하는 남편과 함께 눈부신 성공을 거둔다. 그러나 그녀와 연극을 공연하는 도중 살해된 남편의 죽음은 몇 가지 의문을 제기한다. 표면에 드러난 사실은 살해당하는 애인역을 맡은 남편이 공연 도중 실제로 살해되었다는 것이다. 분명치 않은 점은 이 죽음이 실수로 인한 사고사인지, 우연을 가장한 살인인지 하는 점이다. 다시 말해 그녀가 남편을 의도적으로 살해하고 리드게이트(Lydgate)에게 자신의 죄를 고백하는 것인지, 또는 남편이 진짜 우연히 미끄러졌지만 단지 리드게이트를 거절하기 위해 거짓말을 하는 것인지 작품 속에서는 분명하게 밝혀지지 않는다는 것이다. 이 사건이 일어난 뒤 그녀가 남편을 증오하거나 죽일 만한 "동기가 발견되지 않"(181)고 결혼생활에 특별한 문제도 없어 보이기 때문에 그녀는 감옥에서 석방된다. 이 비극적 사건을 단지 우연한 사고라 생각한 리드게이트(Lydgate)가 그녀에게 청혼하자, 이 청혼을 거절하는 그녀의 대답에서 그녀가 남편의 죽음에 대해 느끼는 모호한 책임감이 엿보인다. 좀 길지만 리드게이트와의 대화장면을 인용해 보자.

---

[4] Eliot, George. Middlemarch. (Harmondsworth: Penguin Books, 1965), p. 180. 앞으로 나오는 본문의 인용은 쪽수만 표기하기로 한다.

"제 발이 실은 미끄러졌었죠."
"알구 말고요, 알고 있습니다." 리드게이트가 미안한 듯 말했다.
"그건 피할 수 없는 숙명적인 사건이었죠. 그 사건은 저를 당신에게 더 결속시킨 두려운 불행이었죠."
다시 로르는 조금 멈추었다가 이윽고 "전 그렇게 할 [남편을 살해할] 생각이었어요."라고 천천히 말했다.
강한 남성이었지만, 리드게이트는 얼굴이 창백해져 떨었다. 한순간이 지나서야 그는 일어나 그녀에게서 얼마간 떨어져 섰다.
"그렇다면 비밀이 있었군요."하고 그가 마침내 힘주어 말했다. "남편이 당신에게 잔인했죠. 그를 증오했군요."
"아니요! 남편은 절 지치게 했어요. 그는 너무나 다정했죠. 그는 제가 자란 시골이 아니라, 파리에 살고 싶어 했죠. 전 그게 마음에 들지 않았어요."
"맙소사!" 리드게이트가 기겁을 하여 신음하듯 말했다. "그럼 남편을 살해할 계획이었단 말인가요?"
"계획하진 않았어요. 공연 도중 그럴 기회가 왔죠. 전 그럴 [남편을 살해할] 생각이었어요."
리드게이트는 그녀를 바라보면서 무심코 모자를 꽉 쥔 채 한 마디 말도 못하고 서 있었다. 그는 이 여성, 처음으로 청춘을 바쳐 숭배한 이 여성을 어리석은 범죄자 무리 속에서 바라보았다.
"당신은 훌륭한 청년이예요,"라고 그녀가 말했다. "그러나 전 남편들을 좋아하지 않습니다. 전 결코 재혼하지 않을 생각입니다."
(182-83, 인용자의 일반적으로 강조)

그녀는 이처럼 평소 싫증을 느끼고 있던 남편을 살해한 것이 우연이 아니며 "남편들"을 좋아하지 않기 때문에 재혼하지 않을 거라고 자기 분명히 밝힌다. 여기서 그녀가 뚜렷한 이유 없이 남편을 살해했으며 그녀가 일반적으로 남성이라면 싫어하는 게 아니라 연인이 아닌 남편을 싫어한다는 사실에 주목할 수 있다. 남편에게 느꼈던 로르의 살의는 벌스트로드(Bulstrode) 추문에 연루된 리드게이트를 돕기 위해 로자몬드(Rosamond)를 찾아간 도로시아에게서도 찾아볼 수 있다. 도로시아는 "결혼은 다른 모든 것과 너무나 다르"며 "결혼은 살인처럼 우리와 함께 머물러 있다가 다 사라져 버"(855)린다고 로자몬드를 위로한다. 이 때 그녀는 캐소본과의 결혼생활이 무덤같았다는 사실뿐 아니라 로르의 남편처럼 "너무 가까이" 다가온 캐소본이 심장마비를 통해 살해되었음을 암시하는 것이다(듀링 94-95). 여기서 도로시아가 로르처럼 직접 남편을 살해한 것은 아니지만, 도로시아의 마음 속에도 로르와 같은 살의가 있었다는 사실이 암시된다. 이 점과 관련하여 듀링같은 비평가는 질식할 만큼 너무 가까이 간섭하는 남편을 살해하려는 로르의 욕망을 특별한 이유없는 편집광(monomania)에서 비롯된 것으로 보며 이렇게 볼 때 더 위험한 의미, 즉 살인은 더 이상 의식적인 동기의 문제가 아니고 로르부터 도로시아에 이르기까지 모든 여성을 포함시키는 더 큰 "가부장제"의 문제를 드러낸다고 설명한다(93). 이런 지적은 남편의 죽음에 대한 로르의 모호한 책임을 규명하는데 일면 도움이 되지만, 로르의 살해동기는 보다 근본적으로 결혼생활에서 여성이 느끼는 불만이라는 여성문제와 관련되어 있으므로 그렇게 단순하게만은 규명되지 않는다.

 이 로르의 일화는 여러 가지 점에서 여주인공인 도로시아의 경우와 비교된다. 첫째, 자신의 사회봉사욕을 성취하지 못하는 도로시아와 달리 그녀는 여배우로 성공했으며, 둘째로, 캐소본과의 환멸스런 결혼생활의 질곡에서 벗어나지 못하다가 남편의 우연한 심장마비로 결혼생활에서 해방되는 도로시아와는 달리, 고의인지 실수인지 모호하게 처리되긴 했지만 로르는 남편의 살해로 인해 답답한 결혼생활에서 벗어났으며, 셋째로, 독자적인 성취를 찾지 못하고 다시 윌과의 재혼을 통해 새로운 가능성을 모색하는 도로시아와는 달리, 로르는 리드게이트와의 재혼을 강력히 거부한다. 이 거부에 대해서는 다소 논의의 소지가 있을 수 있다. 그녀가 재혼 자체가 아니라 리드게이트라는 인물을 거부할 수도 있고, 정말 리드게이트가 아니라 그 어떤 훌륭한 남성이라 해도 결혼생활 자체에 환멸을 느껴 거부하는 두 가지 가능성을 다 생각해 볼 수 있다. 그러나 귀족계급이라는 신분상으로나, 의사라는 직업으로나 훌륭한 신랑감인 리드게이트를 혐오할 만한 특별한 이유가 없어 보이므로, 그녀의 말을 액면 그대로 받아들인다면 결혼 자체를 거부한다는 후자의 가능성이 더 많아 보인다. 즉 다시는 재혼하지 않겠다는 그녀의 말은 결혼해서 다시 남편에게 종속되느니 혼자 살겠다는 뜻으로 해석할 수 있을 것이다. 이상의 세 가지 점만 비교해 보더라도 로르는 도로시아보다 적극적인 인물임을 쉽사리 알 수 있다.

다시 로르에게 초점을 돌리면 결혼 전 사랑과 예술간의 선택도 중요하지만, 이 두 가지를 성공적으로 겸비한 여성의 경우에도 이 갈등이 결혼생활에서 아주 끝난 것은 아니라는 점을 간파할 수 있다. 다시 말해 남편을 통해 사회봉사욕구를 실현한 도로시아가 성취할 수 없었던 독자적 성공을 나름 누린 로르조차 결혼생활에 상당한 불만을 지녔다는 사실이 암시된다는 것이다. 그녀 남편이 특별히 나쁜 인물이 아니고 그녀가 특별히 불행한 편도 아니었지만 그녀가 리드게이트의 청혼을 거부하는 과정에서 남편 살해에 관한 진실 여부와는 별도로, 일차적으로 여성들이 열등한 위치 때문에 결혼생활에서 느끼는 불만이 부각되며, 이 불만을 통해 그녀가 결혼생활에서 겪었음직한 사랑과 예술의 갈등까지 미루어 짐작된다는 것이다.

한편 작가는 이 극단적이며 충격적인 로르의 얘기에서 거리를 두고자 여러 가지 장치를 동원한다. 가령 작가는 로르의 얘기를 펭귄판 896면 중 단 4면의 지극히 짧은 에피소드로 처리한다거나, 초점을 리드게이트에게 두되 로자몬드와의 결혼 전 그가 1820년대 파리에서 의학을 공부할 때 철없이 좋아했던 한때의 로맨스 내지 "어리석고 충동적인 일"(180)로 간단히 취급하며, 로르를 영국 여성 아닌 프랑스 여배우로 처리하는 등의 장치를 통해 당대 독자에게 줄 충격을 완화하고자 노력하였던 것이다. 이런 거리감은 당대의 여성문제에 지대한 관심을 지녔지만, 빅토리아조 독자들에게 공인으로서 강한 책임감을 느낀 엘리엇의 의도적인 교묘한 전략으로 보인다.

3)「대니엘 데론다」

이 작품의 주인공인 데론다(Deronda)의 어머니 알카리시는 세 작품 중에서 가장 극단적이며 파격적인 사랑과 예술간의 갈등을 보여준다. 예술가로서의 은퇴를 기점으로 하여 알카리시의 갈등을 살펴보자. 우선 전반기에 그녀는 그웬들런처럼 다른 삶에 방해받지 않는 자유로운 예술가로서의 삶에 대해 강한 성취욕을 갖고 있으며 자신에게 단지 딸이나 어머니 이상 예술가가 될 권리가 있음을 신봉한다. 그녀는 가수이자 여배우로 타고난 재능을 갖고 있으며 예술가로서 성공할 자신도, 이런 자신의 의지를 이룰 방법도 알고 있지만, 딸이 예술가가 되는 걸 원치 않았던 정통적인 유태인 아버지 대니엘 카리시 때문에 사랑과 예술 사이에서 끊임없는 갈등을 겪는다.

그녀는 예술가로서 성공하려는 야심에 자신의 결혼과 아이를 방해물로 여기고 사랑까지 이용하거나 저버리는 등 만사를 예술가로서의 성공에 맞춘다. 첫째, 그녀는 자신을 따르던 뭇 남성 중에서 자신이 지배할 수 있는 온순한 사촌 에프레임(Ephraim)과 전략적으로 결혼하여 남성만큼 강한 자신의 의지와 야심을 숨기고 딸을 가정을 지키는 유태 여성의 틀에 맞추려는 아버지에게 직접 반항하지 않고 "순종하는 척"5) 하면서 아버지의 가부장적 지배에서 벗어난다. 그녀는 남편으로 하여금 사랑하고 헌신하는 전통적인 여성의 역할을 하게 함으로써 딸과 어머니, 아내 역할 및 아버지와 남편, 아들로 이어지는 가부장적 구조에서 벗어난다. 둘째로, 그녀는 무대에서 성공하기 위해 아들인 데론다를 자신의 숭배자 중 하나인 위고 경(Sir Hugo)에게 맡겨 양육케 한다. 그녀는 어머니 역할마저 거부한 자신의 입장을 후일 아들에게 설명할 때 "너를 내게서 떼어 보낸" 뒤 "네게서 해방되어 기뻤다"(691)고 말한다. 이와 같이 사랑보다 예술을 우선하여 여성에게 기대되는 가장 큰 역할인 모성마저 거부한 그녀의 삶은 세 여성 중에서도 가장 극단적인 모습을 보여준다. 아들에 대한 사랑까지 저버린 그녀의 사랑과 예술은 한동안 조화를 잘 이루는 듯하다. "내가 예술적 삶을 사랑한 것처럼, 남편도 나를 사랑했다"(591)는 말은 그녀에게의 헌신을 지상과제로 삼았던 남편이 전통적인 남녀 역할과 반대 역할을 받아들였을 때 사랑과 예술을 통합하여 행복한 결혼생활을 영위할 수 있음을 보여준다. 이처럼 전반기에 그녀는 유대인이자 여성의 이중 의무를 강요하는 아버지의 가부장적 권위와 아들을 남에게 맡길 정도로 사랑이란 미명하에 여성에게 강요된 당대의 전통적 여성의 역할에 강력하고도 적극적으로 항거하여 사랑과 예술의 조화를 이룬다.

그러나 후반기에 이르면 사랑과 예술간의 이런 조화가 깨어진다. 왜냐하면 9년간 프리마돈나로서 명성을 누렸던 그녀는 목소리에 이상이 생기자 예술가로서 실패할 것을 두려워한 나머지 서둘러 은퇴하고 러시아의 부유한 공작 핼름 에버스타인(Halm Eberstein)과 재혼했기 때문이다. 이런 재혼은 일에서 벗어날 피난처로 결혼에 의존하는 듯한, 즉 예술보

---

5) Eliot, George. Daniel Deronda (Harmondsworth: Penguin Books, 1967), p. 695. 앞으로 나오는 본문의 인용은 쪽수만 표기하기로 한다.

다 사랑에 의존하는 듯한 인상을 주지만 이 재혼 역시 진정한 사랑보다 돈과 명예, 안정을 얻기 위한 것이다. 표면상 성공적인 레오노라 핼름 에버스타인(Leonora Halm Eberstein) 공작 부인의 삶은 그녀가 지나칠 만큼 성급하게 순간저인 판단착오로 무대에서 은퇴해 버렸기 때문에 실은 실패한 삶이라 할 수 있다. 무대에서 은퇴한 뒤 그녀는 유대인의 의무를 이행할 것을 요구하는 돌아가신 아버지의 환영과 아버지에 대한 두려움, 그리고 자기분열에 시달리다 병에 걸려 스스로 저버렸던 아들 데론다를 찾아와 유대인이라는 출생과 유태 민족주의를 완성시킬 유대 지도자로서의 소명을 알려주게 된다. 그러므로 전반기에서 그녀의 갈등이 예술가로서의 성취와 사랑간의 갈등이었다면, 후반기의 갈등은 유태 여성으로서 이행해야 할 의무와 유태인으로서 해야 할 민족적 의무 사이의 갈등─기독교와 유대교, 영국 신사와 유대인의 사명간에서 전자를 택했던 자신의 선택에 대한 회의에서 비롯된─이라 할 수 있으므로, 갈등의 초점이 다소 달라진다.

다소 성급하게 은퇴하고 재혼하며, 아들에게 사명을 알려주는 등 후반부에서 그녀가 보여주는 모습은 유대 가부장제에 대한 알카리시의 강력한 여성론적 발언 및 용감한 도전 등을 통해 앞에서 불러 일으킨 기대를 저버리는 실망스런 모습이자 전반부의 그녀와는 다소 모순된 모습이다. 따라서 그녀가 결국 아버지에게 패배한 것이 아닌가 하는 의문을 자아내지만, 그녀의 변화는 말기에 이른 병 때문에 죽음에 임박한 그녀가 자식으로서 돌아가신 아버지에 대한 부채감을 씻고 의무를 다하려는 노력의 일환이자 유태 국가건설 사명을 발견하는 데론다 플롯과 얽힌 복잡한 문제로서 간단히 그녀의 후퇴나 패배만으로는 볼 수 없으며, 데론다의 출생과 사명을 알려주는 것이 막다른 골목에 다다른 영국 사회의 대안으로 시온주의(Zinionism)적 비전을 제시하고 있는 이 작품의 흐름상 중대한 일이다. 어쨌든 그녀는 이전의 반항적 태도에서 한발 물러난 듯하지만, 아버지가 기대하는 유대 여성을 거부한 과거를 후회하지는 않는다. 그녀가 자신의 의사와는 반대로 "진정한 유태인의 마음"(726)을 가진 외손자를 원하던 아버지의 요구에 따라 데론다에게 그의 출생을 알려줌으로써 아버지의 명령을 다시 따른다는 사실은 아버지의 지배로 대변되는 여성에 대한 당대 가부장적 사회의 억압을 실감나게 보여준다.

이런 의미에서 알카리시의 등장시점―데론다가 자신의 출생을 찾는 시점, 그리고 그웬들런의 남편인 그랜코트(Grandcourt)가 익사할 무렵 데론다의 출생을 알려주려고 플롯상 뒷부분에 등장하는―은 중요한 의미를 갖는다(Sypher 520). 왜냐하면 강력히 가부장제에 항거하여 그웬들런이 동경하던 예술가로서의 삶을 성취한 알카리시의 등장은 그랜코트의 익사에 대한 그웬들런의 모호한 책임을 가볍게 해주기 때문이다. 요컨대 알카리시처럼 예술가가 되기를 동경했던 그웬들런이 자기 재능이 전문적 예술가가 되기에 매우 부족함을 깨닫고 돈과 지위를 얻기 위해 택한 그랜코트와의 결혼생활에서 고통을 겪다가 남편의 익사 순간 온몸이 마비되어 남편의 죽음을 지켜본다는 사실은 듀링의 지적처럼 남편의 죽음에 대해 과연 그녀가 책임을 면제받을 수 있는지 로르가 제기했던 질문을 다시 제기하지만(96), 알카리시의 등장으로 인해 이 책임이 상대적으로 가벼워진다는 것이다.

한편 데론다가 가부장적 기대에 항거했던 어머니에게 보이는 반응은 모자간의 거리뿐 아니라 알카리시에 대한 작가의 거리감을 반영하며, 동시에 데론다와 작가의 여성론적 인식상의 한계를 암시하기 때문에 살펴볼 필요가 있다. 구체적으로 데론다의 몇몇 반응을 분석해 보자. 데론다는 다른 남성에 비해 작가가 힘주어 강조하는 풍부한 "공감적 연민"을 지닌 다소 여성적인 인물로서 어머니를 비롯한 여성들의 곤경을 이해할 가능성을 지닌 인물로 제시된다. 그럼에도 불구하고 그는 여자가 아니기 때문에 "연민"과 "동정", "용서"와 "고통받는 사람과의 일체감" 및 "의심"과 "반대", "분노"와 "관용할 수 없음" 사이에서 진동한다. 요컨대 그는 어머니의 육체적 고통에 동정을 느끼면서도, 아버지와 전략적으로 결혼하고 자신을 버린 과거를 변호하는 어머니를 못마땅해하는 등 복잡한 양면적 반응을 보인다(드마리어 409). 가령 데론다는 자신이 늘 기대하던 다정한 어머니 대신 알카리시의 "솔직한 냉담함"(589)에 "분노의 충동"을 느끼며 어머니가 결혼을 원치 않았으며 아이를 거부 과거를 정당화하자 "죄를 신성시하는 기이한 종교의식"(584)을 본 것처럼 낯선 감정을 느낀다. 그는 어머니가 자신을 위고 경에게 맡겼다는 사실을 결코 용납하지 못하며, 자신을 버리고 나서 죄책감 대신 해방감을 느꼈다는 어머니 얘기에 혐오감을 느낄 뿐 이런 행동의 동기, 즉 아들을 영국 신사로 키우고 자신도 기독교인이 되어 가부장적인 유태문명과 영원히 결별하고 유태 여성이라는 두 가지 속박에서 해방되고자 몸부림쳤던 어머니의 동기를 이해하지 못한다. 또한 그는 자신을 아들 대신 "임시변통적 존재"(694)나 외손자를 낳는 "도구"(726)로 간주하고 유태 여성의 의무만을 강요한 아버지를 왜 거부해야 했는지 그 이유를 설명하는 어머니에게 할아버지가 "학식이 많은 분"(694)이었냐는 엉뚱한 질문을 하는가 하면, 결혼 덕분에 "강철같은 의지"(694)로 "자기 딸과 부인을 노예"(694)로 만든 아버지의 지배에서 벗어났다는 어머니의 얘기를 듣자 더 듣기 싫은 얘기를 듣게 될까봐 다시 할아버지 집이 어디였냐고(695) 황급히 묻기도 한다. 어머니와의 마지막 만남에서도 그는 "어머니의 의지"보다 "할아버지의 신념"(727)에 더 호감을 느끼며 자신에게 이해를 구하는 어머니에게 오히려 딸에게 "최선이라 여긴 것"(726)을 따른 할아버지에게 마음을 풀라고 당부한다. 이상의 네 가지 예화에서 그가 새로 발견한 유산, 즉 유태인이라는 출생을 기꺼이 받아들여 역사의 도구가 되려 함으로써, 아버지의 의지를 수행하는 도구가 되길 거부했던 어머니와는 정반대 반응을 보임이 밝혀진다(비어 215). 다시 말해 이러한 그의 반응은 어머니가 유태인이라는 출생 및 유태인의 의무를 거부한 직접적 동기인 유태 여성의 억압적인 삶과 가부장적인 유태문명은 접어두고 어머니의 행동을 "은폐"와 "계략"으로 보는 등 어머니의 거부행위 자체만을 부정적으로 본 것이다.

다른 남자들처럼 얘기한다고 할 만큼 어머니에게 부정적인 데론다의 반응은 어머니에게 버림받고 출생도 모른 채 남의 손에 자란 아들의 입장에서 보면 당연한 것이다. 그러나 다른 한편 이런 반응은 어머니가 왜 예술을 위해 사랑을 저버릴 수밖에 없는 어려운 선택을 해야 했는지, 어머니가 겪은 억압과 "구속" 뒤에 있는 유대 여성의 억압을 충분히 이해하지 못한 반응이다. 다시 말해 그는 유태문명이 여성인 어머니에게는 구속의 한 형태였음을(드마리어 408), 즉 유태 문명이 억압받는 자의 편에 있으면서도 동시에 여성을 억압했다는 사실을 전혀 깨닫지 못한다. 이런 의미에서 데론다가 택한 "더 강력한 그 무엇"(727)이나 "영원한 것"이 불행히도 낡은 가부장제로 보인다는 지적은(드마리어 415) 타당하다. 그의 경우 미라와 결혼하고 유태국가 건설이라는 소명을 위해 이스라엘로 떠남으로써 사랑과 의무, 결혼과 일을 결합시킬 수 있지만, 이 둘을 조화시킬 수 없었던 여성의 도구성을 이해하지 못하는 데론다의 한계는 그의 성격에서 암시되었던 여성문제에 대한 인식의 가능성을 배반하는 것이다. 또한 데론다 모자의 대조적 운명의 연장선상에서, 새로운 가치관에 대해 각성한 뒤에 아무 것도 실현할 방법 없이 막연한 성취의 가능성만 암시되는 그웬들런과 새로운 가치를 실현할 방법이 주어지며 일과 사랑을 발견하는 데론다의 대조적인 운명을 통해 영국 빅토리아 사회 중상류계급 남녀의 대조적인 운명을 생각해 볼 수 있다.

작가는 유태국가 건설이라는 데론다 플롯의 큰 주제와 관련되어 있긴 하지만 데론다의 의무와 알카리시의 멜로드라마틱한 운명(호치버그 47)에 함축된 여성문제 중에서 후자에 상당히 동조하다가 전자, 즉 할아버지의 "신성함"과 관련된 "믿음"을 받아들이는 데론다에게 더 공감을 보임으로써 어머니를 대하는 태도에 드러난 데론다의 한계를 인식하지 못한 채 여성의 경험을 대변하는 알카리시의 삶에 내포된 여성문제를 모호하게 처리한다. 요컨대 후반부에서 데론다의 소명을 알려주는 부분부터 동요하는 알카리시의 모습과 데론다의 부정적 반응, 그리고 데론다의 입장을 더 부각시키는 데서 여성문제에 대한 데론다의 한계를 간파하지 못한 작가 자신의 한계도 노정된다는 것이다. 이런 태도는 여성에게 미치는 가부장제의 고통스런 결과에도 불구하고, 남성의 애정이나 힘에 의존하는 것으로 타협하는 작가의 처리, 다시 말해 가부장제에 항거하는 여성을 통해 가부장제가 어떻게 여성들의 행동력을 빼앗았나 하는 가부장제의 부당함을 암시하지만 이 가부장제를 넘어 종속을 거부하는 여성을 제시하지 않는 작가의 태도와도 관련된다는 것이다(사이퍼 506).

그런데 당대 사회에 강력히 도전하고 예술가로서의 주체적 삶을 성취한 그녀의 삶에 대한 충실한 묘사를 통해 작가는 그녀의 천부적 재능과 무대에서 거둔 성공을 근거로 그녀의 반항을 어느 정도 정당화하며(린다우 176; 비어 210, 218), 특히 전반부에서 알카리시의 강도높고 과격한 항거와 급진적인 여성론적 발언을 통해 사랑과 예술의 갈등을 포함한 여러 여성문제를 암시한다. 이런 연유로 많은 여성론적 평자들의 긍정적인 평가가 알카리시 부분에 집중된 것은 우연이 아니다. 빅토리아조 영국 여성의 불만족스런 위치에 대한 비판이 『미들마치』보다 더 예리하며 1876년에 쓰여 여성교육과 여성의 권리에 대한 논쟁을 포함하여 여성을 사회의 노리개(plaything)이자 희생자로 잘 그린 빅토리아조 영국 여성문제에 관한 비극적 설명이라거나(벨 45, 54), 역동적인 부녀관계와 가부장적 사회에서 동등권을 요구한 여성 투쟁과 관련시켜 알카리시가 빅토리아 가부장제에서 동등권을 추구한 페미니스트 투쟁의 한 예이자 불운한 고딕적 인물이며(호치버그 49, 46), 그웬들런과 알카리시 얘기에서 여성의 사회적·직업적 포부에 대한 논쟁을 보는 큰 장점이 있으며 엘리엇은 여성의 결혼과 일의 선택을 둘러싼 좌절과 위험에 대해 강력한 목소리를 냈다는(드마리어 403, 414) 지적은 다 알카리시의 적극적 항의를 옹호하는 언급들이다.

그러나 작가는 여러 가지 방안을 동원하여 그녀에게 전폭적인 긍정만 보내지 않고 일정한 거리를 유지한다. 작가는 무엇보다도 알카리시의 애정결여를 가장 큰 단점으로 비판하며, 알카리시가 스스로 자인할 정도로 "애정을 결여한 여자"(730)라는 점과 자기 일을 추구하는 데론다처럼 그녀 또한 예술가가 되기 위해 아이를 거부했지만 그녀의 애정거부 및 가족의 "유대" 거부를 이기적인 죄로 강조한다. 이처럼 작가는 사랑과 애정을 여성의 "성스런" 가치로 우선하고 성에 대한 "여성적" 사고 주류에 동조하므로, 일레인 쇼월터(Elaine Showalter)가 묘사하듯 엘리엇같은 작가조차 여성의 "애정"이 사회에 가치를 가져온다는 점에서 여성의 일을 옹호하는 많은 19세기 논의 및 전통적인 남녀의 규정에 근접해 있다(드마리어 408)는 비판을 받을 수 있다. 알카리시의 애정결여와 데론다의 부정적 반응 외에도 작가는 마담 로르의 경우처럼 그녀가 큰 비중을 차지하지 않도록 대니엘의 유태인 출생을 밝혀주기 위해 작품 후반부에 늦게 등장하는 주변적 인물로 배치한다거나, 대니엘과 그녀가 만나는 배경을 영국이 아닌 이태리로, 유일한 직업여성인 그녀의 출생도 영국이 아닌 유럽의 유태계 출신으로 처리하며, "딱딱하고", "이기적"인 "타자" 등의 표현을 빌어 그녀의 부정적 면모를 묘사함으로써(펠 (1980) 19-22; (1982) 434-36) 그녀에게 거리를 견지한다.6)

이와 같이 알카리시의 경우에 암시되듯, 이 작품에서 전체적 방향은 알카리시와 달리 예술보다 사랑을 택한 캐더린 애로포인트(Catherine Arrowpoint)나 미라 래피도스(Mirah Lapidoth)를 바람직한 여성들로 그리고 있다. 과감히 예술가의 길을 버리고 클레스머(Klesmer)와 결혼한 캐더린과, 데론다를 사랑하게 되자 훌륭한 무대가수로서의 재능을 아낌없이 포기한 미라의 경우는 알카리시에 비해 행복한 것으로 그려진다. 예술을 희생하고 사랑을 택한 미라와 캐더린의 경우를 사랑과 예술간의 갈등과 관련하여 살펴보자.

먼저 미라는 작가가 그리는 이상적인 여성 예술가의 한 예로서 여러 가지 미덕을 고루 갖춘 바람직한 여성의 전형으로 이상화된다. 그녀는 착하고 순종적인 성품과 클래스머의 인정을 받을 정도로 탁월한 예술적 재능외에 미모까지 겸비하여 예술가로 어느 정도 성공하지만 템즈강에서 자살하려던 자신의 생명을 구해준 데론다를 만나자 아무 미련없이 예술을 버리고 사랑을 택할 뿐 아니라, 유태국가의 건설이라는 새로운 사명을 위해 데론다와 함께 이스라엘로 떠남으로써 알카리시가 거부한 유태교를 스스로 추구한다. 미라는 확실히 가족을 중시하고 일을 쉽사리 포기한다는 점에서 여성의 운명에 굴복하기보다 극복도전하려 한 야심만만하고 반항적인 그웬들런이나 알카리시와는 대조적인 여성이며, 그녀의 결혼은 알카리시나 그웬들런이 하는 결혼의 대안으로 제시된 결합이다. 엘리엇은 조심스럽게 너무 야심만만한 그웬들런이 일할 수 없고, 예술을 위해 알카리시가 범한 모성애의 거부라는 죄를 범하지 않게 하면서 미라가 상당한 독립을 얻게 하였으며 고상한 일을 하려는 남자의 동반자가 되어 "더 넓은 견해"로 나가게 된 과정을(드마리어

---

6) Bonnie Zimmerman, Rhoda Nathan ed., Nineteenth-Century Women Writers of the English-Speaking World (New York: Greenwood Press, 1986), p. 235.

411) 바람직한 경우로 제시한다.

하지만 미라를 바람직한 여성으로 제시하려는 작가의 의도와는 상관없이 몇 가지 문제점이 제기된다. 그웬들런과 알카리시에 맞설 만큼 강력하면서도 여성적 미덕을 지닌 여성인물을 그리기 어려웠으므로 데론다같은 여성화된 남성 인물을 이용하여 바람직한 남녀의 미덕을 결합하려 했다는(드마리어 411) 일면 타당한 설명도 있지만, 미라는 이 작품에 등장하는 여러 여성인물들 중 가장 비독립적이며 실감이 나지 않는 비현실적 인물이라 비판받고 있다. 또한 그만한 재능을 지닌 여성이 결혼을 위해 자신의 재능을 그렇게 아낌없이 버려도 되는 것인지의 문제는 차치하고라도, 미라가 데론다에게 "감격스런 경외심"을 느끼고 데론다가 그녀에게 "즐거운 보호심"(879)을 느낀다는 그들의 관계는 우월한 남자와 열등한 여자라는 전통적 관계와 유사해 보이며, 미라와 데론다의 결합에는 미라가 학대하는 아버지로부터 도망하기 위해 다시 남성 구원자에게 피난처를 찾았다는 문제점(사이퍼 506-07)도 함축되어 있다.

다음으로 사랑을 위해 예술을 버린 캐더린의 결혼 역시 바람직한 경우로 제시된다. 캐더린의 경우 예술보다 사랑을, 그리고 사랑 중에서도 영국의 자유당원 정치가 벌트 씨(Mr. Bult)와 유태계 음악가 클래스머라는 두 명의 신랑감 중에서 후자를 택한다. 캐더린의 부모는 상업적으로 성공한 돈많은 부르조아계급이지만 교양을 갖춘 지주계급(a landed estate)으로 상승하고자 무남독녀 상속녀인 캐더린이 벌트 씨와 결혼하여 재산에 사회적 지위를 결합시키기 원한다. 부모의 이같은 추천에도 불구하고, 캐더린은 "하인처럼 안전한 집안사람"(280)으로 여겨지던 피아노 렛슨 교사인 클래스머를 택한다. 그녀는 이런 선택을 부모에 대한 반항이자 상속녀의 의무유기로 간주하고 유산을 박탈하겠다는 부모의 위협에 굴하지 않고 유산과 지위뿐 아니라 예술가의 꿈을 선선히 포기하고 음악가 클래스머와 결혼한다. 이 선택은 상류계급으로의 상승을 꾀하는 중산계급 부모의 가치관을 거부하는 그녀 나름의 옹골찬 가치관을 보여주는 것으로 바람직하게 제시된다. 또한 이 결혼은 그녀의 직접적 성취는 아니지만 남편을 통해 사랑과 예술을 동시에 성취하는 것으로 더욱 바람직하게 묘사된다.

이런 묘사에도 불구하고 캐더린이 결혼 뒤 얼마나 행복한가, 알카리시의 경우와 비교하여 그녀의 선택이 얼마나 현실성이 있는가 하는 점을 생각해 볼 때 캐더린의 선택에는 몇 가지 문제가 내포되어 있다. 작품에서 캐더린은 좋은 배우자를 만나는 것으로 끝나며, 미라의 재능을 인정하기 위해 클레스머가 나중에 등장하긴 하지만 두 사람은 그들의 결합 이후 작품에서 거의 사라진 것처럼 보인다. 그러므로 예술보다 사랑을 택한 캐더린의 미래는 다소 불투명해 보인다. 첫째, 캐더린의 경우 예술에 관한 얘기는 그녀가 클래스머를 만나게 되는 계기 내지 배경, 그리고 클래스머의 직업으로서 존재할 뿐 그녀에게 알카리시나 그웬들런만큼 진정한 예술가가 되고자 하는 강력한 성취욕이 있었는지 의심스럽기 때문에 그들과 엄밀히 비교할 수 없다. 둘째로, 캐더린이 예술보다 애정을 중시하는 것 자체가 문제는 아니지만, 캐더린의 결합은 캐더린이 클레스머에게 흡수병합되는 관계, 지머맨(Zimmerman)의 표현을 빌자면 "클레스머 발꿈치에 복종하는 영웅숭배" 식의((1974) 230) 전통적 결합이므로, 캐더린과 클레스머의 결혼에서 이상적 인물로 제시된 클레스머와의 관념적인 결합이 허용되고 있다. 셋째로, 얼마나 설득력있게 형상화된 인물인가 많은 찬반의 논의를 불러 일으킨 캐더린과 클레스머의 형상화 및 그들 결합의 현실성이라는 문제가 있다(패트리셔 비어 201-13; 데이비드 (1981) 188-89). 클레스머는 위대한 예술가일뿐 아니라 그의 신랄한 영국 정치비판이 보여주듯 올바른 의식의 소유자이며, 캐더린 역시 그웬들런의 미모만 빠질 뿐 "영리한 머리와 강한 의지"(279), 거의 완벽한 음악적 재능 등의 내적 자질과 재산이라는 외적 요건을 고루 갖춘 여성으로 다소 지나치게 이상화되어 있다. 당대 영국사회에서 국외자적 위치를 차지한 클래스머와의 결합도 영국사회라는 "침몰하는 배의 갑판에서 구명보트로 여성이 뛰어내리는 것"(287)에 비유될 만큼 실현되기 어려운 것이지만, 매우 손쉽게 처리되어 현실감이 부족해 보인다.

이러한 분석 결과 예술보다 사랑을 택한 바람직한 여성들로 제시된 미라와 캐더린의 결혼은 작가의 의도와는 달리 전통적이며 순종적인 여성의 미화 내지 클레스머를 비롯한 인물들의 비현실적인 이상화 및 당대 사회에서의 실현 가능성 등의 몇 가지 문제점 때문에 알카리시의 선택에 대한 현실적이며 진정한 대안으로서 부족하다는 결론에 도달하게 된다.

3

이상의 검토에서 고찰해본 바와 같이, 엘리엇은 그들의 상황에 수동적으로 대처하는 도로시아나 그웬들런같은 여주인공보다 여주인공이 아닌 여류 예술가 마담 로르와 알카리시같은 인물에게 여성의 한계에 대한 보다 적극적인 도전을 허용하였다. 이러한 묘사는 작가로서 빅토리아조 독자에게 강한 의무감을 의식하면서 동시에 표면상 보수적인 태도 이면에 여성문제에 대한 지속적 관심을 감추고 싶어한 엘리엇의 의도적인 전략으로 보인다. 이로써 세 여류 예술가의 사랑과 예술간의 갈등에 대한 분석을 통해 그들의 갈등에 공감하면서도 발푸르가나 도로시아, 그웬들런이나 미라, 캐더린 등의 인물을 통해 이들의 항거에 거리를 두고자 한 여성문제에 대한 엘리엇의 복잡미묘한 입장을 보다 잘 이해할 수 있었다.

이 세 작품에서 암거트와 마담 로르, 그리고 알카리시라는 세 여류 예술가가 겪는 사랑과 예술간의 갈등은 작가가 이 여성들에게 견지한 거리감에도 불구하고, 여성에게 보편적으로 부과된 억압에 대해 느끼는 강력한 분노와 저항감을 생생하게 전달해준다. 따라서 세 여성들의 항의에 대한 엘리엇의 충실한 묘사는 독자가 그들의 갈등을 가볍게 간과할 수 없게 한다. 이것이 표면적으로 여주인공이 아닌 세 여성의 삶을 경계하는 작가의 입장을 뛰어넘어 그 항의의 정당성을 제시해 주는 여성문제에 대한 엘리엇의 선진적인 여성론적 성취라 할 것이다. 당대 많은 여성들이 겪는 이러한 갈등을 단순화시키지 않고 복합적으로 리얼하게 그린 것이 엘리엇을 더욱 원숙한 작가로 평가받게 하는 한 가지 요인일 것이다.

< 인용문헌 >

Bell, Srilekha. "Love, Marriage and Work in *Daniel Deronda*", *Browning Society Notes*. 17: 123 (1987/88): 45-54.

Blake, Kathleen. "*Middlemarch and the Woman Question*". *Nineteenth Century Fiction*, 31 (1976): 285-312.

Boone, Joseph Allen. "Wedlock as Deadlock and Beyond: Closure and the Victorian Marriage Ideal." *Mosaic*, 17 (1984): 65-81.

Chard, Joan M. ""An Lasting Habitation": The Quest for Identity and Vocation in *Daniel Deronda.*" *The George Eliot Fellowship Review*, 15 (1984): 38-44.

David, Deidre . *Intellectual Women and Victorian Patriarchy: Harriet Martineau, Elizabeth Barret Browning, George Eliot*. New York: Cornell Univ. Press, 1987.

Demaria, Joanne Long. "The Wondrous Marriages of Daniel Deronda: Gender, Work, and Love", *Studies in the Novel*, 22 (1990): 403-17.

Dowling, Andrew. ""The Other Side of Silence": Matrimonial Conflict and the Divorce Court in George Eliot's Fiction", *Nineteenth-Century Literature*, 50 (1995): 322-36.

During, Simon. "The Strange Case of Monomania: Patriarchy in Literature, Murder in *Middlemarch*, Drowning in *Daniel Deronda*", *Representations*, 23 (1988): 86-104.

Feinberg, Monica L. "Scenes of Marital Life: The Middle March of Extratextual Reading", *The Victorian Newsletter*, 77 (1990): 16-26.

Forster, Jean-Paul. "Beyond Reticence: The Power Politics Relationship in George Eliot", *Etudes de Lettres*. 1 (1983): 13-30.

French, Marilyn. "Muzzled Women". *College Literature*, 14 (1987): 219-29.

Greenstein, Susan M. "The Question of Vocation: From *Romola to Middlemarch.*"

Nineteenth Century Fiction, 35 (1981): 487-505.

Hochberg, Shifra. "Onomastics and the German Literary Ancestry of Daniel Deronda's Mother", *English Language Notes*. 28 (1990): 46-51.

Kalikoff, Beth. "The Falling Woman in Three Victorian Novels". *Studies in the Novel*. 19 (1987): 357-67.

Kubitschek, Missy Dehn. "Eliot as Activist: Marriage and Politics in *Daniel Deronda*". *CLA Journal*, 28 (1984): 176-89.

Meyer, Susan. ""Safely to Their Own Borders": Proto-Zionism, Feminism, and Nationalism in *Daniel Deronda*", *ELH*, 60 (1993): 733-58.

Nathan, Rhoda B., ed. *Nineteenth Century Women Writers of the English Speaking World*. New York: Greenwood Press, 1986.

Pell, Nancy. "The Father's Daughters in *Daniel Deronda*". *Nineteenth Century Fiction*, 36 (1982): 424-51.

_____. "*A Flight from Home*": Displacement as Feminist Critique in George Eliot's Expertriate Fiction. Ph. D. dissertation. State Univ. of New York at Buffalo, 1980.

Reed, John R. & Herron, Jerry. "George Eliot's Illegitimate Children." *Nineteenth Century Fiction*. 40 (1985): 175-86.

Robinson, Carole. "The Severe Angel: A Study of *Daniel Deronda*". *ELH*., 31 (1964): 278-300.

Rosenman, Ellen B. "Women's Speech and the Roles of the Sexes in *Daniel Deronda*", *Texas Studies in Literature and Language*, 31 (1989): 237-56.

Sypher, Eileen. "Resisting Gwendolen's "Subjection": Daniel Deronda's Proto-Feminism", *Studies in the Novel*. 28 (1996): 506-24.

Thomas, Jeanie E. "An Inconvenient Indefiniteness: George Eliot, *Middlemarch*, and Feminism". *University of Toronto Quarterly*, 56 (1986-87): 392-415.

Wilt, Judith. ""He Would Come Back": The Fathers of Daughters in *Daniel*

Deronda". *Nineteenth-Century Literature*, 42 (1987): 313-38.

Zimmerman, Bonnie Sue. *"Appetite for Submission": The Female Role in the Novels of George Eliot*. Ph.D dissetation, State Univ. of New York at Buffalo, 1974.

III-2. 『플로스강의 물방앗간』과 "상징폭력"

1

조지 엘리엇(George Eliot, 1819-1880)의 『플로스 강의 물방앗간』(*The Mill on the Floss*, 1860년)에 관해서는 다양한 방식으로 접근되어 왔다. 대체로 엘리엇에 관한 사실주의적·심리적 접근에서는 남매의 어린 시절을 묘사한 앞부분을 칭찬해왔다. 최근의 페미니즘 연구에서는 집중적인 조명을 받은 결과, 페미니즘의 선구적 작품으로 높이 평가되기도 했다. 가령 쇼월터(Showalter)는 이 작품이 여성의 성취에 적대적인 세인트 오그즈(St. Ogg's)라는 "편협하고 압제적인 사회에 사는 영리한 한 젊은 여성의 이루지 못한 동경"(125)을 생생하게 그려냈다고 높이 평가했다. 또한 뉴턴(Newton)은 탐이 가부장적 산업사회에서 여성의 힘과 지위를 파괴하는 인물이므로 매기가 그녀에 대한 탐의 인식을 변화시키는 게 전체사회를 바꾸는 것이며, 이런 의미에서 매기의 죽음은 왜곡된 이데올로기에 저항하는 것이라고 주장하였다(Newton 1981, 157).

이런 페미니즘적 접근에서는 가부장제 사회 안에서 여성이 겪는 문제를 집중적으로 조명해주는 성과를 거두었다. 본고에서는 페미니즘의 통찰을 받아들이되 기존의 엘리엇 비평과 최근의 페미니즘 비평에서 한 걸음 더 나아가, 여성이 받는 억압을 20세기 프랑스의 저명한 사회학자인 피에르 부르디외(Pierre Bourdieu, 1930-2002)의 '상징폭력'(symbolic violence, Violence symboliqe)이라는 새로운 관점에서 조명하고자 한다.[7] 그렇다면

---

[7] 부르디외의 '아비투스habitus'와 계급, 문화자본(Cultural Capital)과 계급 재생산, '장' (Field)의 이론과 지식 사회학, '구별 짓기'(distinction), 상징폭력과 지배이론 등 여러 가지 중요한 이론 중에서도 '상징 폭력'은 그의 핵심이다.

본격적인 작품분석에 들어가기에 앞서 부르디외의 '상징폭력'에 대해 좀 더 자세히 살펴보자. 상징폭력은 효과적인 지배를 위해 활용되는 하나의 전략으로서 지배와 별도로 생각하기 어려운 개념이다. 피지배자들은 상징폭력을 점잖고 비가시적인 형태라 오인해 복종해야 한다고 생각한다. 부르디외는 상징폭력을 설명하기 위해 『실천 이론개요』에서 카빌(Kabyle) 사회의 선물 교환을 예로 든다. 선물교환은 일종의 상징폭력으로서, 그것을 통해 이해관계가 호의적인 관계로 바뀐다. 왜냐하면 주는 것은 또 다른 형태의 소유를 의미하기 때문이다. 선물은 갚아야 할 채무를 만들어내고, 채무자로 하여금 온순하고 협조적인 태도를 취하게 한다. 상징 폭력에 있어 두 번째 중요한 개념은 오인이다. 선물교환의 경제적 현실에 대한 오인은 속이는 사람 없는 집단적 현혹상태다(정일준 66-67). 선물을 주면 보답을 기대하게 되며, 선물에 대한 답례가 상대방에게 모욕이 되지 않으려면 답례는 연기되고 또 받은 것과는 다른 것을 주어야 한다(정일준 61).[8] 이렇게 선물에 관련된 보답이라는 규칙은 꼭 지켜져야 한다는 게, 이 집단 전체의 오인이다.

이렇게 부르디외가 상징폭력의 예로 든 카빌 사회의 선물교환에서 첫째 상징폭력은 가시적이며 직접적 폭력이 아닌 비가시적인 폭력이며, 둘째 집단적 오인이나 자의적 공모에 의한 폭력이라는 사실에 주목해볼 수 있다. 다시 말해 상징폭력에서 가장 중요한 것은 사회 구성원이 스스로 무의식적이며 자의적으로 내재화한 집단적 공모나 '집단적 오인', 관습적 합의에 의한 지배라는 점이다.[9] 상징폭력의 세 번째 특징은 그것이 제

---

[8] 이 상징폭력은 여러 가지로 분류할 수 있다. 가령 상징폭력은 암묵적인 상징폭력(언어 등)과 제도화된 상징폭력(교육제도, 학교 등)으로 나누거나, 현실적 폭력은 경제적 폭력, 문화적 폭력, 정치적 폭력으로 나눌 수 있다. 또는 경제·문화사회·상징자본이라는 네 가지 자본과 관련하여 경제·문화사회·상징폭력으로 나눌 수도 있다. 이외에 상징폭력은 상징권력이나 상징자본과도 관련된 개념이다.

[9] 그렇다면 왜 지배 계급의 예술적 취향이 정당한 것으로 오인되는 과정에서 피지배 계

도화된다는 것이다. "피지배자가 지배자에게 (따라서 지배에) 동일한 의견을 갖지 않을 수 없는 동의를 매개로 제도화"(부르디외『남성 지배』 1998, 53)된다. 가령 교육체계는 상징폭력을 행사하는 제도적 대행기관이다. 다시 말해, 상징폭력은 기존질서를 정당한 것으로 승인함으로써 지배계급의 질서를 자연스러운 것으로 오인(meconnaissance)하게 만든다. 이렇게 자연적인 질서로 오인된 상징질서가 행위자의 인식 및 지각구조를 지배하는데, 이 질서는 가정, 교육제도, 일상생활을 통해 지속적으로 재생산된다(현택수 116-117).

본고에서는 19세기 여성 이미지의 전형을 묵시적으로 압력을 행사하는 하나의 상징폭력으로 보고 이 작품을 분석하고자 한다. 이런 분석을 할 때 여주인공 매기보다 그 폭력의 주체이자 폭력의 장인 사회제도와 사회를 분석대상으로 삼는 방법도 있을 수 있겠다. 하지만 이 논문에서는 상징폭력의 주체보다 대상, 즉 매기에게 행사되는 상징 폭력을 1) 가정과 2) 교육제도, 3) 일상생활에서의 집단적 공모로 나누어 차례로 살펴보려 한다. 아울러 홍수 속에서 매기의 익사로 끝나는 결말이 상징폭력에의 공모인지, 아니면 저항인지에 대해서도 생각해 볼 것이다. 이런 분석은 그저 젠더 및 성 이데올로기와 관련하여 보는 페미니즘적 접근보다 사회적 측면까지 고려함으로써, 이 작품을 좀 더 섬세하고도 풍부하게 읽어내는 분석틀을 제공할 것이라 기대된다.

급의 구성원들은 자신들에게 행사되는 상징폭력에 대해 저항하지 않는가? 부르디외에 의하면, 아무리 자유로운 행위자라 할지라도 경제자본이나 문화자본 또는 사회자본 등 자신이 지닌 자본의 양에 따라 결정되는 객관적 가능성에서 자유로울 수 없다는 것이다. (장미혜 94-95)
이외에 상징폭력에서 집단적 오인과 습관화된 믿음의 기능에 관해 (현택수, 1998, 101-120과 홍성민, 1998, 185-220 참조).

2

1) 가정 안의 상징폭력: 19세기 여성상과 자의적 공모

우선 가정에서 행사되는 상징폭력을 살펴보자. "가정의 천사"로 대변되는 19세기 이상적 여성상은[10] 여성의 자율과 의지를 억압하는 하나의 상징폭력이며, 이는 집단적 공모의 소산이다. 당대 사회가 주입하는 19세기 이상적 여성의 이미지는 매기의 사촌 루시 딘(Lucy Deane)으로 대변된다. 루시는 하얀 피부와 구불거리는 금발머리 등 예쁜 외모와 얌전한 행동, 온순하며 순종적인 성격을 지녔으며 자신을 강하게 주장하지도 않는다. 가령 루시는 의자에 앉혀놓으면 한 시간 동안 꼼짝없이 앉아있을 정도로 얌전한 태도를 지녔다. 뿐만 아니라 남을 배려하며 자기 필요를 먼저 내세우지도 않는다. 이런 연유로 후일 루시는 매기와 필립을 맺어주기 위해 먼저 마을로 떠나며, 매기가 스티븐과의 관계로 마을 사람들의 오해를 받을 때도 바닷가로 떠나기 전 몰래 매기를 만나고 떠난다. 이런 일화에서 루시가 19세기 이상적 여성으로 재현되었음이 확인된다.

한편 매기는 여러 면에서 루시와는 정반대되는 인물이다. 매기가 이런 19세기 여성 이미지에 맞지 않는다는 사실은 어린 시절 대부분의 일화에서 입증된다. 따라서 매기는 이런 여성 이미지를 강요하는 상징폭력에서 벗어나고자 하며, 이런 면모는 그녀의 외모와 얌전치 못한 행동, 반항적인 성격 등에서 드러난다. 우선 매기는 검은 피부와 검은 눈, 구불거리게

---

10) 19세기 여성상은 "가정의 천사(angel in the house)"나 "여성 [고유의] 영역 (women's [separate] sphere)"(Newton 126-30), 여성의 영향(women's influence)" 등에 반영된다. 이 이데올로기에 반영된 여성의 열등한 지위 및 남녀의 다른 속성은 성적 차이를 사회적 차별로 영속화시키려한다. 다시 말해 차별이 수직적이며 계급적인 개념이라면 구별은 수평적인 개념인데, 이 수평적인 성적 구별이 수직적인 사회적 차별로 고착된다는 것이다.

할 수 없는 뻣뻣한 검은 머리 등의 외모와 도전적이며 반항적인 성격을 갖고 있다. 그녀는 모자를 집어 던지는가 하면, 머리를 뒤로 넘기려 고개를 계속 뒤로 젖히며, 강둑을 천방지축으로 뛰어다닌다. 가령 돌아보면 돌로 굳는디는 "작은 메두사(Medusa)"[11]라는 그녀의 별명에 그녀가 변종 같은 존재라는 사실이 단적으로 표현된다. 따라서 매기는 이런 여성 이미지에 맞지 않는 반항적 행동을 한다. 예를 들어 엄마에게 늘 야단맞는 말썽의 원인인 검은 머리카락을 충동적으로 남자처럼 짧게 잘라버린다거나, 탐이 자기를 빼놓고 루시하고만 놀자 모두가 예뻐하는 루시를 진흙탕에 밀어 넣어 흙 범벅이 되게 하는 것은 다 매기의 반항적인 행동이다. 또한 그녀는 집시에게 도망가기도 한다. 이 도망은 세인트 오그즈 마을에 매기가 마음 편히 머물 곳이 없다는 사실을 암시해준다. 즉 그녀는 탈주하는 욕망 때문에 이 사회에서 머물 곳이 없어 유목적 공간인 집시들의 캠프로 간 것이다. 그녀가 이렇게 집시에게 도망친 원인은 엄마의 야단이 두려운 데다 오빠가 자기를 빼놓고 루시하고만 노는가 하면, 이모들이 루시만 예뻐하고 그녀를 야단쳤기 때문이다. 더 거슬러 올라가면 자신의 영리함을 칭찬하기는커녕 야단만 친 지방 경매인 라일리 씨(Mr. Riley)에게까지 그 원인을 거슬러 올라갈 수 있다. 이와 같이 표면상 매기는 엄마와 이모들의 야단이 두려워 도망간 것이지만, 한 겹 더 깊이 들여다보면 그녀에게 강요되는 19세기 여성의 이미지, 즉 이 사회의 '상징 폭력'에서 벗어나고자 했던 것이다.

주변 인물들은 매기가 당대 사회에서 여자아이에게 요구되는 기준과는 너무나 거리가 멀기 때문에 매기를 못마땅해 하며 걱정을 금치 못한다. 가령 매기를 아끼는 아버지 털리버 씨는 "탐보다 배나 영리한" 매기

---

[11] Eliot, George. The Mill on the Floss. Harmondsworth: Penguin Books, 1979. 161면. 이제부터 나오는 본문의 인용은 이 판에 의거하여 면수만 표기하기로 한다.

의 영리함을 자랑스러워하는 한편, 너무 똑똑해서 "화가 될"(66)까봐 딸의 장래를 걱정한다. 지방 경매인인 라일리 씨도 자신에게 대니엘 데포우(Daniel Defoe)의 『마녀 이야기』(The History of the Devil)에 나오는 마녀의 그림을 해석해주는 매기에게 영리하다고 칭찬해 주기는커녕 그런 책은 여자애들이 읽기에 적합한 책이 아니라고 야단친다. 이와 같이 아버지와 라일리 씨 등 남성들은 19세기 여성의 이미지에 대한 집단적 오인을 보인다.

남성 뿐 아니라 여성도 매기에게 이런 이미지를 강요한다. 특히 매기의 엄마와 이모들은 매기보다 루시를 칭찬하고 귀여워하는 반면, 매기를 메두사 같이 타기해야 할 여성으로 비난한다. 이런 반응에서 여성 이미지의 전형을 강요하는 사회의 상징폭력, 구체적으로 여성 인물들이 스스로 내재화한 집단적 오인과 공모가 드러난다. 다시 말해 남성은 물론 여성들까지 19세기 여성의 전형적 이미지를 자기도 모르는 사이에 바람직한 것으로 '오인' 내지 공모했다는 것이다.[12] 부르디외에 의하면, 지배권력은 위계화된 기존의 상징질서체계를 피지배계급에게 정당한 것으로 오인시키려고 애쓴다. 지배계급은 지배의 정당성을 확보하는 과정에서 상징폭력을 행사한다. 이 때 상징폭력이란 지배의 힘을 피지배자의 정신과 신체에 내면화하여 지배하려 한다. 이는 물리적 폭력이나 정치적 폭력보다 훨씬 지속적인 효과를 낳으며, 달리 말하면 기존 질서유지에 필요한 문화적 재생산 과정에 해당된다.

스튜어트 홀(Stuart Hall)은 상징폭력이 행사되는 방식으로 '전형화

---

[12] 이런 상징폭력을 자의적으로 받아들이는 이들의 집단적 오인 내지 공모 때문에 이들은 자신에게 불리한 기준의 적용을 당연시한다. 상징적 지배의 재생산은 다음을 전제한다. 즉 공식 언어를 사용할 수 없는 화자들이 자신의 상실상황에 대해 협력하며, 그들 자신들의 언어적 산물과 다른 이들의 것을 평가할 때, 자신들에게 불리한 기준을 선택한다는 것이다(정일준 52). 즉 끊임없이 지배 문화를 정당한 것으로 오인하는 행위자는 객관적인 조건에 의해 부과되는 무의식적인 제약에서 자유롭지 못하다.

(Stereotyping)'라는 개념을 든다. 전형화란 단순하고 본질적인 것처럼 보이는 고정된 특성들로 대상을 재현함으로써 그것을 '정상적이고 당연한 것'으로 받아들이게 하는 전략이다. 이는 지배계층이 자신들의 세계관과 가치체계, 감성과 이데올로기를 전 시회구성원들에게 '자연스럽고 불가피한 것'으로 만듦으로써 자신의 헤게모니를 구축하고 유지하려는 것이다. 가부장제 사회 속에서 여성의 생각과 판단, 행동과 취향을 규정하며 차별적인 지위를 자연스럽고 당연한 것으로 오인하게 만드는 것이 바로 이러한 전형화다. 특히 여성적 전형은 여성으로 하여금 몇 가지 특성으로 고정된 여성이미지를 내면화하게 만든다. 권력적으로 우월한 남성들이 자신의 시선과 권력, 이데올로기가 구축한 규범의 경계를 만들고 그것을 벗어난 여성상은 타자화함으로써 억압하거나 처벌, 혹은 배제시킨다(이신정 2). 가령 매기의 경우 "가정의 천사"라는 전형에서 이탈했기 때문에 처벌의 대상이 된다.

그러나 이 여성의 전형에서 타자화된 매기는 지배 권력의 상징폭력에 저항한다. 예를 들어 매기는 검은 머리와 검은 피부를 지닌 똑똑한 집시 여왕으로 인정받고자 집시에게 도망하며, 금발머리 여주인공과 달리 늘 불행해지는 검은 머리의 여주인공 얘기를 더 이상 읽고 싶지 않다며 (상징폭력을 주입하는) 『코린느』(*Corinne*)라는 책을(Moers 141-200)[13] 필립 웨이컴(Philip Wakem)에게 돌려준다. 루시를 진흙에 빠뜨리거나 집시에게 도망친 일은 예외지만, 매기는 이런 여성의 이미지를 강요하는 상징폭력을 직접 거부하기보다 주로 자신의 상상으로 도피하거나 머리를 자르는 등 자신을 해치는 방식으로 저항한다. 그런 반항은 부메랑이 되어 결국 그녀에게 돌아온다. 여기서 상징폭력에 반항하는 것이 얼마나 어려

---

[13] 스타엘(Stael)의 『코린느』는 코린느라는 똑똑한 여성이 계관시인으로서 대외적인 명성과 영광을 얻게 된 신화를 그린 작품이다.

운 일인지 알 수 있다.

그런데 흥미로운 사실은 이런 상징폭력에 반항하던 매기마저 잠시나마 이런 여성 이미지에 공모하게 된다는 점이다. 그녀는 중세 철학자 토마스 아 켐피스(Thomas à Kempis)의 『예수의 모방』(*The Imitation of Christ*)을 읽고 이 책에서 강조하는 체념과 자기부정에 감명을 받은 나머지, 자신에게 주어진 삶의 한계를 받아들이고 순종이나 자기 부정, 체념을 내면화하는 등 잠시 순종적인 여성으로 변하려 한다. 이런 관점에서 부르디외는 "인식 속에 포함되어 있는 오인들로 인해 사람들이 자신들의 실천을 지배적인 평가기준에 맞추어 나갈 때, 진정으로 상징적 지배가 시작된다"(Bourdieu Ce que parler veut dire 34; 정일준 51에서 재인용)고 언급한 바 있다. 이와 같이 모든 상징적 지배는 외적 압력에의 수동적인 복종보다 피지배자들의 공모를 전제한다(정일준 51). 이처럼 매기는 여성 이미지에 잠시 공모하지만, 완전히 이 이미지에 굴복하지는 않는다.

2) 학교교육과 사회 재생산

이제 학교 교육에서 행사되는 상징폭력을 살펴보자. 교육은 기존 사회의 상징폭력을 더욱 공고하게 제도화하는 장치이므로, 부르디외는 제도화된 상징폭력(및 상징폭력 재생산)의 대표적인 예로 학교교육을 언급한다. 즉 모든 교육행위는 문화적 자의성을 강제하는 상징폭력이라는 것이다(Bourdieu 1970 19). 학교는 이러한 상징 폭력을 통해 기존사회의 힘의 관계, 질서를 재생산하는 사회제도이다(현택수 116). 결과적으로 학교교육은 집단간 혹은 계급간의 지배관계를 재생산하는 사회재생산의 도구가 된다. 이런 관점에서 탐(Tom)과 매기가 받는 교육을 분석해 보자. 당대 사회에서는 중산계급 남녀에게 다른 사회적 역할을 기대하기 때문에 탐과 매기는 다른 교육을 받게 된다. 지적 능력과 상관없이 이들 남매가 받는 차등 교육에 당대 사회가 행사하는 '상징폭력'이 단적으로 드러난다. 우선 젊은 숙녀를 위한 퍼니스 양(Miss Firniss)의 기숙학교에서 루시와 함께 받는 매기의 교육은 단 한 문상으로 처리되는 반면에(263), 탐의 교육은 집안의 중대관심사로서 상세히 묘사된다. 털리버 씨는 탐이 다닐 학교를 정하기 위해 라일리 씨의 조언을 구하며 친척들이 모인 자리에서 탐의 교육계획을 밝히는 등 1권의 상당부분과 스틸링 씨(Mr. Stelling)의 학교교육(King's Lorton)을 다루는 2권 전체에서 탐의 교육이 상세히 묘사된다. 이런 분량과 길이상의 대조에서 아들의 교육에는 지대한 관심을 갖지만 딸의 교육에는 무심한 털리버 씨의 편파적인 태도가 드러난다.

먼저 물방앗간 주인인 털리버는 아들이 자기보다 출세하기를 원하므로, 돈과 기술을 지닌 지방 경매인 라일리를 모델로 많은 돈을 들여 탐에게 신사 교육을 시킨다. 부르디외 식으로 말하자면, 탐은 문화자본 중에서 '상속된 문화자본'(inherited cultural capital, 부모의 학력 수준이 높은 사람들) 없는 중간계급으로서 '획득된 문화자본'(acquired cultural capital, 본인의 교육수준이 높은 사람들)을 얻기 위해(Bourdieu 1995, 215) 지적 능력을 키우는 기하와 라틴어, 고전어 등을 배운다.

한편 매기는 탐보다 똑똑하지만 얌전히 집에 있다가 결혼하도록 19세기 여성 이미지에 부합하는 교육을 받는다. 즉 적당한 교양과 바느질과 요리, 퀼트 등 "여성의 영역"인 결혼 생활에 필요한 것을 배운다. 가령 매기는 마녀가 나오는 그림책을 자기 나름대로 해석하거나 소설 속의 검은 머리 여주인공을 위해 행복한 결말을 지어낼 정도로 상상력이 풍부하지만, 그녀에게는 순종적인 19세기 여성상만 강요된다. 일례로 "천을 조각조각 찢었다가 다시 붙여 바느질하는 어리석은 일"(61)로 매기가 거부하는 퀼트(patchwork)는 보잘것없는 여성교육을 단적으로 대변해준다. 이는 피아노나 노래, 불어, 그림 등을 조금씩 가르치는 상류여성 교육보다 못하며 여성의 유일한 직업인 가정교사 노릇에 필요한 정도이다. 매기는 이런 차등교육에 적극 반항하지는 못하지만, 퀼트 등 보잘것없는 여성교육에 반항하거나 불만을 터뜨린다. 가령 그녀는 혼자 많은 책을 읽는 등 지적 동경을 포기하지 않는 동시에 마음껏 배울 수 없는 현실에 대해 용암처럼 흘러넘치는 "분노와 증오의 발작"(380)을 일으킨다.

가령 당시 공식 언어인 라틴어를 배울 수 있는 남매의 기회를 살펴보자. 탐은 라틴어에 취미도 재능도 없지만 그의 선호에 관계없이 무조건 신사교육에 필요한 공식 언어인 라틴어를 배워야 한다. 반면 매기는 라틴어에 관심과 재능이 있지만, 이 공식 언어를 배울 기회가 차단된다. 그녀는 스털링 목사의 학교로 오빠를 방문했을 때 라틴어를 쉽게 이해하고 라틴어 때문에 곤란을 겪는 탐에게 오히려 한 수 가르쳐주지만, 여자라는 이유로 이 공식 언어에 접근할 매기의 기회는 원천 봉쇄된다. 이로써 라틴어는 상징폭력을 행사하는 하나의 매개가 되며, 공식 언어의 습득여부는 남녀의 문화적 구별 짓기에 중대한 영향을 미친다.

아울러 탐과 매기의 언어를 간단히 비교해 보자. 매기는 파리나 두꺼비 등 동물에 관한 이야기를 지어낼 정도로 영리하고 상상력이 풍부하지만, 낭만적이며 비현실적인 그녀의 언어는 어리석고 가치 없는 것으로 무시된다. 반면 탐의 언어는 정신적으로 편협하다는 한계가 있지만 현실적이며 가치 있는 공식 언어로 인정받는다. 또한 탐을 방문한 매기와 스털링 목사의 문답에서 당시 학교 교육이 제도적인 상징폭력이자 상징폭력의 재생산 도구라는 사실이 더욱 분명히 드러난다. 즉 자신은 탐과 같이 유클리드(Euclid)를 배울 수 있을 거라 확신하는 매기에게 스털링 목사는 여자애들은 조금씩 익힐 수 있으며 피상적으로 영리하지만 깊이 배울 수 없다고, 한마디로 "잽싸긴 하지만 얄팍"(220-21)하다고 설명한다. 이 말은 평소 자신의 지적 능력에 대해 갖고 있던 매기의 자부심과 자존심을 무참히 짓밟고 매기의 지적 열망과 사기를 저하시킴으로써, 탐이 받는 신사 교육이 여성을 무시하는 남성 중심적 교육이며 동시에 상징폭력을 재생산한다는 사실을 보여준다. 한 사회 내에서 보편적이며 지배적인 문화로서 인정받는 고급문화의 규정은, 지배 계급에 의한 상징폭력의 결과다. 문화적 취향의 차이는 단순한 차이로 인식되지 않고 하나의 문화[남성 문화]는 정당하고 합법화된 고급문화로, 다른 하나의 문화[여성 문화]는 비합법적이고 정당치 못하며 통속적인 저급 문화로 규정된다(장미혜 94).

이러한 차등교육은 19세기 영국의 세인트 오그즈라는 당대 성차별적 사회에서 중간계급 여성에게 행사되는 상징폭력, 구체적으로 지배계급/중심/ 남성들이 피지배계급/ 주변/ 여성을 효과적으로 지배하기 위해 행사하는 상징폭력을 잘 대변하며, 19세기 여성 이미지의 재생산에 기여한다. "학교는 문화자본의 불평등적 분배와 교육체계의 서열화를 정당화함으로써 사회적 차이, 사회적 위치의 위계화를 사회구성원들이 자연스러운 것으로 인정하게 하는 제도이다"(현택수 114). 이처럼 상징폭력은 교육제도 내 성의 차이라는 메커니즘 안에서 더욱 심각해질 수 있다.

이상에서 학교 시스템이 기회와 평등을 실현하는 것이 아니라, 문화자본의 불평등한 분배와 배제의 고착화를 정당화함으로써 위계화된 기존 사회질서를 자연스러운 것으로 오인하게 만든다는 사실을 알 수 있다. 이러한 학교교육 체계의 문화적 전횡은 지배계급에게 위임받은 것이다. 부르디외는 그의 저서 『재생산』(*La Reproduction*)에서 학교가 중립적이고 객관적 지식의 전달이라는 교육기능보다 지배계급이 승인한 문화만을 강제적으로 주입한다고 분석한다(현택수 115). "교육체계가 기존질서를 정당화시키는 이데올로기의 기능을 그토록 완벽하게 수행할 수 있었던 까닭은 사회적 메커니즘 중에서 최고 메커니즘인 교육체계가 계급사회에서 주입기능, 다시 말해 지적-도덕적 통합 기능과 계급사회에 특징적인 계급관계 구조를 유지하는 기능을… 통합하고 있다는 점을 은폐할 수 있었기 때문이다"(Bourdieu & Passeron Reproduction: In Education, Society and Culture 200; 정 일준 67-68). 이처럼 학교교육은 상징폭력을 제도화하며, 이로써 남녀 차별적인 사회가 재생산된다.

3) 일상생활에서의 '상징폭력': 집단적 오인과 상징폭력

부르디외에 의하면, 상징폭력은 자기들 자신이 바로 상징폭력에 종속 당해 있다는 사실을 알려고 하지 않는 사람들의 집단적 오인과 공모를 전제하기 때문에, 사회적 행위자들 눈에 보이지 않는 비가시적인 폭력이다. 다시 말해 피지배자는 자신에게 이런 상징폭력이 강제된다는 사실조차 모르면서, 이런 지배에 공모한다는 것이다. '점잖고 비가시적인 상징폭력'은 인식과 오인의 독특한 혼합(melange)으로 특징지어진다. 바로 이런 혼합 때문에 상징폭력은 사회 재생산의 효과적 매체가 된다(정 일준 69-70).

이런 맥락에서 일상생활에서 볼 수 있는 상징폭력은 당시 성적 기준에서 벗어난 스티븐과 매기의 일탈적 행동에 대한 마을 사람들의 반응에 가장 확실히 드러난다. 매기는 여러 가지 겹친 우연으로 스티븐과 단 둘이 보트를 타고 마을을 떠났다가 세인트 오그즈 마을을 떠난 지 5일만에 스티븐과 결혼하지 않은 채 마을로 돌아오게 된다. 그들은 루시와 만나기로 했던 머드포트(Mudport)를 지나 먼 곳까지 갔다가 돌아온다. 스티본과 함께 강물을 따라 멀리까지 가버린 이런 일탈적 행동은 무의식적으로 상징폭력에 저항한 것으로 볼 수 있다. 남녀 간에 의심할 만한 사건은 없었지만 당시로서는 파격적인 이 사건 뒤에, 그들에게는 상징폭력이 전혀 다른 방식으로 행사된다. 순간적인 방심으로 스티븐이 목적지를 지나도록 수수방관한 매기에게는 탐을 비롯해 마을 사람들의 온갖 수모와 박해가 가해지지만, 스티븐에게는 아무런 단죄 없이 너그러운 관용이 베풀어진다.

이런 대조적인 반응을 통해 일상생활에서 상징폭력이 남녀에게 다른 양상으로 행사됨을 알 수 있다. 이 점은 스티븐이 그간의 정황을 소상히 설명하는 편지를 아버지에게 보냈어도 아무런 상황변화가 없다는 사실로도 입증된다. 사건이 일어난 뒤 네덜란드에 머물고 있는 스티븐이 자기 아버지에게 사건의 전말을 소상히 밝히는 편지를 보내자, 사람들은 진상을 깨닫고 매기를 호의적으로 생각하기보다 스티븐이 매기의 입장을 배려해 그런 편지를 보냈을 거라고 그를 더욱 좋게 생각할 따름이다. 이처럼 스티븐과 매기에게 행사되는 상징폭력은 사건의 진상이나 편지 내용과는 전혀 관계가 없다. 마을 사람들에게는 남자와 며칠 타지에 떠나 있던 여성이 그 남자와 결혼했느냐 안 했느냐 하는 사실만이 중요했던 것이다. 이는 남성과의 관계가 결혼으로 이어져야 한다는 성적인 이중 기준을 보여주며, 이런 성적인 이중 기준이야말로 전형적인 상징폭력이라 할 수 있다.

한편 매기는 그녀의 정황을 이해받기는커녕 무조건 냉혹한 비난과 차가운 눈길만 받는다. 마을 사람들에게는 사건의 진상이나 정황보다 혼전의 남녀가 외지에서 며칠 지내다 결혼하지 않고 돌아왔다는 결과만이 중요하다. 따라서 마을 사람들은 매기를 타락한 여성 내지 죄인으로 취급하고 냉대하며, 그녀는 이 고통과 비난을 혼자 온몸으로 견뎌야 한다. 19

세기 여성 이미지를 요구하는 상징폭력의 대표는 바로 다름 아닌 탐이다. "전통적인 의무나 예의"(364) 등 관습을 중시하는 편협한 닷슨 가의 혈통을 물려받아 동기보다 결과로 사물을 판단하는 탐은 매기에게 냉정하다. 부양은 하겠지만 여동생으로 인정할 수 없다는 탐 때문에 집에서 쫓겨난 매기는 밥의 집에 가서 살게 된다.

이제까지의 분석에서 보아온 것처럼, 매기는 19세기 여성의 전형적 이미지를 강요하며 스티븐과 결혼하기를 기대하는 등 상징폭력을 행사하는 세인트 오그즈 사회와 갈등관계에 있다. 매기는 재차 구혼하는 스티븐의 편지를 받고 탐을 비롯하여 마을 사람들의 오해를 받는 어려운 상황에서 벗어날 수 있는 "다른 미래"(648)에 대해 유혹을 느끼며 고민한다. 그녀가 얼마나 더 고통을 견딜 수 있을지 고민할 때 사회와 매기 사이의 팽팽한 긴장과 갈등은 극에 달해 있다. 매기는 이렇듯 상징폭력이 부당하게 행사되는 세인트 오그즈 마을에서 머물 공간이 없다. 성장한 매기는 이전처럼 집시나 고모 집으로 도피할 수 없으며, 세인트 오그즈 마을에 계속 머물 수도 없다. 이런 극한적인 대립 상태는 매사에 매기를 감싸고 도와주던 켄 목사(Dr Kenn)마저 사면초가에 처한 매기에게 자기 아이들의 가정교사 자리를 마련해 주려다가 그녀와의 관계에 대해 스캔들이 날 정도가 되자, 이 마을을 떠나는 것만이 유일한 해결책이라고 충고하는 데서 단적으로 드러난다.

그럼에도 불구하고, 매기와 스티븐의 일탈 후 세인트 오그즈의 일상생활에서 그들에게 상징폭력이 다르게 행사될 때, 매기는 이 상징폭력에 굴복하지 않는다. 스티븐과 결혼한다면 마을 사람들의 비난을 잠재울 수 있겠지만, 그녀는 이 결혼을 강요하는 '상징폭력'에 굴복하지 않는다. 이런 결심 뒤에는 사랑보다 필립이나 루시 등과 맺은 우정과 과거의 유대를 중시한다는 복잡한 심리적 이유가 있긴 하지만, 어쨌거나 매기는 이런 해결 방식을 거부한다.

이는 참으로 거절하기 어려운 상황에서 그의 청혼을 거절하는 것이다. 즉 그녀는 "다른 사람들을 희생시켜 가면서 자신만의 행복을 추구"(571)할 수 없다면서, 루시와 필립 등을 위해 사랑하는 스티븐을 포기하는 등 자신 위주로 행동하지 않는다. 그러나 마을에서는 매기가 스티븐과 결혼하지 않는 이유, 즉 매기의 이런 어려운 결심이나 고상한 윤리적 결단에는 관심이 없다. 이런 마을 사람들의 반응 뒤에는 상징폭력의 집단적 오인과 공모가 숨어 있다.

4) 홍수 속에서의 익사와 상징폭력의 재생산

이런 상징폭력의 목표가 사회재생산이라는 점은 이미 언급한 바 있다. 상징폭력과 관련하여 결말을 어떻게 분석할 수 있을까? 이 결말은 매기가 다음날 스티븐에게 쓰려 했던 거절 편지를 쓰지 못하고 그날 밤 갑작스레 닥친 홍수에서 탐을 구하고 그와 잠시 화해한 다음 남매가 홍수로 범람한 플로스강에 떠다니던 거대한 "목재 기계"(655)에 부딪쳐 손을 잡고 함께 익사하는 것으로 처리되어 있다. 홍수 속에서의 익사는 이런 진퇴양난(Scylla & Charybdis)에 처한 매기의 딜레마를 해결하는 거의 유일한 해결 방안으로 보이지만, 작가가 매기의 딜레마를 우연히 닥친 홍수로 해결하려 함으로써 매기의 열망 등이 임의적으로 중단된 느낌을 주는 것도 사실이다.

이 결말에 대해 매기가 상징폭력에 굴복했다거나 아니면 항거했다고 보는 두 가지 대조적인 견해가 있을 수 있다. 우선 매기가 상징폭력에 굴복한 것으로 해석될 여지가 없지는 않다. 가령 탐과의 화해는 더 나아가 사회와의 화해를 암시하므로, 매기의 익사는 홍수 속에서 매기가 상징폭력에 굴복하고 마을 사람들의 집단적 오인 및 이런 상징폭력을 행사하는 사회와의 갈등을 무마시키는 듯하다. 이 결말을 마녀 이야기- 물에 빠뜨렸을 때 수영해서 살아나면 마녀로 판정되고 물에 빠져 죽으면 죄 없는 여인으로 판정된다는 데포우의 이야기 -와 관련하여 생각해 볼 수 있다. 앞에 복선으로 제시된 마녀 이야기에 의하면, 매기는 죽어서 무죄를 입증하거나 살아남아 마녀로 취급당하게 된다. 그러므로 죽어서 무죄를 입증하는 게 무슨 소용이 있느냐, 즉 "물에 빠져 죽었을 때 마녀가 아니라고 판명되는 것이 … 무슨 소용이"(66) 있느냐는 매기의 질문처럼, 죽거나 살아 계속 '상징폭력'에 시달리는 것은 둘 다 현실적으로 얻을 게 없는 선택이다.

이렇게 일방적으로 매기에게 상징폭력이 행사되는 현실 속에서 다른 대안은 없다. 매기는 탐과 필립, 스티븐이라는 세 남성과 불편한 관계에 있으며, 스티븐과 결혼을 하지 않은 채 이 사회에서 버틸 수도, 과감하게 스티븐과 결혼해버릴 수도 없다. 그러므로 세인트 오그즈 사회와 갈등 관계에 있는 매기가 이 갈등을 해결하는 방안은 두 가지다. 매기가 변하거나, 사회가 변하거나 둘 중 하나다. 즉 매기가 이런 여성 이미지를 강요하는 이 사회의 상징폭력을 자의적으로 받아들여 같이 공모하고 이 이미지에 맞춰 변하거나, 상징폭력을 행사하는 세인트 오그즈 사회가 변해 상징폭력의 행사를 멈추어야 한다. 그러나 둘 다 가능성이 희박한, 아니 거의 불가능한 얘기다.

그러나 매기가 이런 상징폭력에 반항한다고 보는 해석이 더 설득력이 있다. 앞의 분석에서 보았듯이, 매기는 자신에게 행사되는 상징폭력에 공모하기를 거부해왔다. 홍수는 이런 부정적인 사회 재생산의 가능성을 아예 근절시키고 차단시키는 게 아닐까? 실제로 홍수 속에서 남매와 더불어 상징폭력을 행사하던 사회까지 흔적을 찾을 수 없게 전멸한다는 점에 주목해야 한다. 홍수 속에서 익사하는 매기에게 독자가 느끼는 연민과 공감은 상징폭력의 부당함을 폭로해 널리 반향을 불러일으킨다. 이런 이유로 중간계급의 현실과 관련하여 페미니즘을 논하는 쥬디스 뉴턴 등의 평자들은 홍수로 인해 매기를 좌절시킨 전체 사회의 질서도 붕괴되므로, 비록 사회변화가 홍수라는 자연적인 사건으로 주어지긴 하지만 이 결말에 전체적인 사회변화의 환상이 암시된다고 해석한다(Newton 157). 이런 맥락에서 이 파멸은 작가의 적극적인 사회변화의 환상을 암시하는 것으로 볼 수 있다. 즉 매기의 익사는 표면상 매기와 사회의 화해를 암시하는 등 매기가 상징폭력에 자의적으로 공모하는 듯하지만, 궁극적으로는 이 상징폭력에 항거한다는 것이다. 세인트 오그즈 사회가 존속한다면 매기는 이 사회가 행사하는 상징폭력에서 자유로이 해방될 수 없다. 그래서 홍수 속에서 남매뿐 아니라 사회도 파멸된다는 결말이 다소 도피적인 대로, 매기가 상징폭력에 굴복하지 않고 항거한다는 뜻을 함축한 것으로 보인다. 이런 관점에서 본다면, 홍수 속 남매의 익사라는 결말을 어느 정도 긍정적으로 평가할 수 있다.

3

이와 같이 부르디외의 핵심 개념인 상징폭력이라는 관점에서 이 작품을 재조명해보았다. 구체적으로 19세기 영국의 가정과 교육, 사회 전반에서 매기에게 상징폭력이 어떻게 보이지 않는 암묵적 영향력을 행사하는지 살펴 보았다. 표면상 이 텍스트는 19세기 여성 이미지의 전형이라는 '상징폭력'이 행사되는 세인트 오그즈 사회에서 남다른 성취욕과 열망을 지닌 매기가 고군분투하다가 좌절하는 얘기다. 그러나 이 텍스트에 관한 저항적인 버텨 읽기는 더욱 설득력이 있다. 매기가 가끔 19세기 여성 이미지라는 상징폭력에 적극적으로 반항하지 못하고 이런 이미지를 자기에게 투사해 자기를 희생하는 방식으로 반응하기도 하지만, 묵시적으로 그러나 엄청나게 압력을 가하는 상징폭력에 완전히 굴복하지는 않는다. 가령 매기는 가정에서 19세기 여성 이미지에 잠시 공모 내지 오인하긴 하지만, 이런 상징폭력에 대해 부단히 반항한다. 남매의 차등교육에 적극 반항하지는 못하지만, 상징폭력을 제도화하고 재생산하는 이런 차등교육에 대해 여러 차례 의문과 불만을 토로한다. 또한 매기와 스티븐의 일탈 후 일상생활에서 매기에게만 상징폭력이 행사될 때, 매기는 세인트 오그즈라는 일상생활에서 발휘되는 상징폭력에 굴복하지 않는다. 마지막으로 논란이 분분한 홍수 속 익사라는 결말에서도 상징폭력에 항거하는 작가의 근본적인 사회 변화의 환상이 암시됨을 볼 수 있었다. 한마디로 매기의 직접적 반항이 두드러지는 작품의 전반부뿐 아니라, 후반부에서도 매기는 비가시적인 상징폭력의 오인과 공모에서 벗어나려 부단히 노력한다는 것이다. 즉 19세기 여성 이미지의 전형에 대한 매기의 반항은 중산계급 여성에게 강요되는 상징폭력에 대한 저항으로 탁월하게 제시된다는 것이다.

< 인용문헌 >

계정민.「스펙터클에 대한 매혹과 혐오: 빅토리아 시대 댄디의 사회학」.『근대 영미소설』8권 1호 (2001.8).
김창남.「대중문화의 이해」. 서울: 한울 아카데미, 1998.
이신정.「대중매체에 나타난 상징폭력으로서의 여성이미지와 저항적 읽기」. 1-8. http://mwli.or.kr/signbook/viewbody.htmlcode=movieclub=1 & n.
부르디외, 피에르. 김용숙·주경미 옮김.『남성지배』. 서울: 동문선, 1998.
부르디외 피에르 지음. 정일준 옮김.『상징폭력과 문화재생산』(*Language and Symbolic Power*). 서울: 새물결, 1997.
부르디외, 피에르. 하태환 옮김.『예술의 규칙: 문학 장의 기원과 구조』. 서울: 동문선, 1998.
부르디외, 피에르. 최종철 옮김『구별짓기: 문화와 취향의 사회학』(上 & 下). 서울: 새물결, 1996.
임영호 편역.『스튜어트 홀의 문화 이론』. 서울: 한나래, 1996.
장미혜.「예술적 취향의 차이와 문화자본」. 홍성민 편저.『문화와 계급: 부르디외와 한국사회』. 서울: 동문선, 2002. 87-120.
정일준.「왜 부르디외인가?: 문제는 '상징권력'이다」. Bourdieu, P, 정일준 역,『상징폭력과 문화재생산』. 서울: 나남 출판, 1998.
현택수.「아비튀스와 상징폭력의 사회비판 이론」.『문화와 권력: 부르디외 사회학의 이해』, 현택수·정선기·이상호·홍성민, 서울: 나남 출판, 1998. 101-120.
홍성민.「아비투스와 계급」. 홍성민 편저.『문화와 계급: 부르디외와 한국 사회』. 서울: 동문선, 2002. 13-48.
홍성민, 1998,「부르디외와 푸코의 권력개념 비교: 새로운 주체화의 전략」. 『문화와 권력: 부르디외 사회학의 이해』. 현택수·정선기·이상호·홍성민, 서울: 나남 출판, 1998. 185-264.

Adams, Kimberly VanEsveld. *Our Lady of Victorian Feminism: The Madonna in the Work of Anna Jameson, Margaret Fuller, and George Eliot.* Athens: Ohio UP, 2001.

Armitt, Lucie Ed. *George Eliot: Adam Bede, The Mill on the Floss, Middlemarch(Columbia Critical Guides).* New York: Cambrige UP, 2000.

Bourdieu, Pierre. *The Field of Literary Production: Essay on Art and Literature.* Ed. Randal Johnson. Cambridge: Polity, 1993.

Bourdieu, P. and Jean-Claude Passeron. *Reproduction in Education, Society and Culture.* London: Sage Publication, 1977.

Bourdieu, P and L. J. D. Wacquant. *An Invitation to Reflexive Sociology*, U of Chicago P, 1992.

Grosz, Elizabeth. *Volatile Bodies: Toward a Corporeal Feminism.* Bloomington: Indiana UP, 1994.

Hall, Stuart. Ed. *Representation: Cultural Representations and Signifying Practices.* London: Sage Publications, 1997.

Henry, Nancy. *George Eliot and the British Empire.* Cambridge & New York: Cambridge UP, 2002.

Kaplan, E. Ann. *Women and Film: Both Sides of the Camera*, New York & London: Methuen, 1983.

Martin, Bill & Szelenyi, Ivan. "Beyond Cultural Capital: Toward a Theory of Symbolic Domination.", Robbins, Derek. Ed. *Pierre Bourdieu.* London·Thousand Oaks·New Delhi: Sage Publications, 2000, 278-301.

Moers, Ellen, *Literary Women.* New York: Oxford UP, 1976.

Newton, Judith. "Making And Remaking-History.", Benstock, Shari Ed., *Feminist Issues in Literary Scholarship.* Bloomington & Indianapolis: Indiana UP, 1987.

Peterson, R. A. "Revitalizing the Culture Concept." *Annual Review of Sociology* 5 (1979): 137-166.

Poovey, Mary. L. *The Proper Lady and the Woman Writer.* Chicago & London: The U of Chicago P, 1984.

―――. *Uneven Developments: The Ideological Work of Gender in Mid-Victorian England*. Chicago: Chicago UP, 1988.

Showalter, Elaine, *A Literature of Their Own: British Women Novelists from Brontë to Lessing*. New Jersey: Princeton UP, 1977,

Swartz, David. "Pierre Bourdieu: The Cultural Transmission of Social Inequality," *Harvard Educational Review*, 47(4), (1977): 545-555.

―――. *Culture and Power: The Sociology of Pierre Bourdieu*. Chicago & London; The U of Chicago P, 1997.

Turner, J. H. *The Structure of Sociological Theory*. Wadsworth Pub. Co., 1990.

Ⅲ-3. 지젝의 이데올로기와 주체―『플로스 강의 물방앗간』

1

슬로베니아 출신의 슬라보예 지젝(Slavoj Zizek)은 오늘날 가장 주목받는 정신분석이론가이자 철학자이며 문화비평가다. 그는 라캉의 정신분석학과 헤겔의 관념철학, 대중문화론, 미학, 정치이론을 자유자재로 결합하여 철학, 역사, 문학, 영화, 비평, 정치철학, 대중문화비평 등 다방면에서 방대한 저술활동을 하고 있다.14) 그는 『이데올로기라는 숭고한 대상』(The Sublime Object of Ideology, 1989)의 출간 이후 난해한 라캉(Lacan)의 정신분석 이론을 사회와 정치 영역에 적용해 독자로 하여금 라캉에게 가까이 다가갈 수 있는 길을 열어주었다. 지젝은 라캉을 모델로 "실재계"의 의미를 확장하여 이데올로기와 주체의 관계를 새롭게 정립함으로써, 라캉의 정신분석학에서 사회이론 및 이데올로기 이론 등 정치적 함의를 이끌어 내었다(이윤성 328-29).15) 지젝의 이론에는 이데올로기 이론, 사회적 환상, 전체주의적 욕망 만들기 등 많은 개념이 있지만, 핵심 개념은 이데올로기와16) 주체라 할 수 있을 것이다.

---

14) 지젝은 "지난 수십 년 동안 유럽에 출현한 사람 중 가장 놀라운 명민함으로 정신분석학, 혹은 문화이론"을 해설한 사람이라는 테리 이글턴(Terry Eagleton)의 칭찬을 받고 있다. 그는 또한 우리 시대의 "MTV 철학자"라거나 "동유럽 인문학의 기적"이라는 찬사와 그의 문화비판의 정확한 실체를 알 수 없다는 비판을 동시에 받고 있다. http://www.ybooks.co.kr/ypbooks/WebHome/specdm

15) 지젝은 탈이데올로기 시대인 현대에 라캉이 언급한 판타지(fantasme, phantasm)와 판타지를 가로지르기(la tracersee du fantasme, traversing the fantasy), 그리고 자신의 유령(spectre)이란 개념을 통해 이데올로기를 분석한다. 지젝은 라캉의 세미나 7권 『정신분석학의 윤리』(The Seminar of Jacques Lacan Book VII: The Ethics of Psychoanalysis, 1959-1960)을 토대로 정신분석학과 이데올로기를 연결시키려 한다. 이윤성, 328-29에서 재인용.

16) 지젝은 정신분석학적 의미로만 쓰이던 라캉의 이론, 특히 라캉의 상상계와 상징계, 실재계(the Real)의 개념 및 프로이트의 무의식의 개념을 차용해 숭고하게 보이는 이데올로기가 지닌 막강한 위력과 그 이데올로기가 얼마나 철저한 허구성을 지닌 빈껍

1980년대 이후 페미니즘 비평에서는 조지 엘리엇(George Eliot)의 최대 걸작이라 평가되는 『미들마치』(*Middlemarch*, 1871-72)보다 『플로스 강의 물방앗간』(*The Mill on the Floss*, 1860)에 더 주목하여 이 작품의 여주인공인 매기 털리버(Maggie Tulliver)가 여성의 성취를 허용하지 않는 사회에 대해 느끼는 격렬한 분노를 높이 평가했다. 이 작품의 주제가 "편협하고 압제적인 사회에 사는 영리한 젊은 여성의 이루어지지 않은 동경"(Showalter 125)에 대한 공감적 이해라는 지적이 그 단적인 예다. 이런 페미니즘 비평에서는 19세기 이상적 여성을 요구하는 성 이데올로기에 저항하던 매기가 결국 이 성이데올로기에 희생되는지 아니면 계속 도전하는 것인지에 대해 의견이 분분했다. 그런가 하면 프랑스의 사회학자 피에르 부르디외(Pierre Bourdieu)의 "상징폭력" (Symbolic Violence)이라는 관점에서 보면, 매기는 19세기 성 이데올로기보다 좀 더 광범위한 의미의 "상징폭력"에 저항하지만, 엄마와 이모 등 주변인물은 물론 매기 자신도 이 "상징폭력"을 내면화하여 일부 이 "상징폭력"에 공모 내지 오인함을 살펴본 바 있다.17) 이 논문에서는 지젝의 이데올로기와 주체라는 개념에 의거하여 이 작품을 분석해 보고자 한다. 구체적으로 매기의 재현을 대타자(the Other)의 케보이(Che Vuoi)와 히스테리적 주체, 그리고 이데올로기적 환상(ideological fantasy), 안티고네의 죽음과 관련하여 살펴보고자 한다. 이런 분석은 19세기 성 이데올로기 및 "상징폭력"과 관련하여 보는 페미니즘 비평이나 사회학적 접근보다 이 작품을 좀 더 참신한 각도에서 이해하게 해줄 것이다.

데기인지 분석하였다. 지젝은 모든 이데올로기는 환상이지만, 그런 환상 없이 살 수도 없음을 지적한다. 현실을 정확히 볼 수 있는 이데올로기는 본래 불가능하므로, 대상을 판타지 속에서 보는 것, 즉 삐딱하게 보면 바로 볼 수 있다는 것이다. 지젝, 『삐딱하게 보기』 참조.
17) 본인의 논문 「『플로스 강의 물방앗간』과 '상징폭력'」. 『19세기 영어권 문학』. 9: 2 (2005. 8), 153-72 참조.

2

1) 케보이와 히스테리적 주체

지젝에 의하면, 대타자는 주체에게 어떤 역할을 기대한다. 바꿔 말하면 주체는 대타자라는 상징 질서가 위임하는 명령을 받는다. 이것은 알튀세르(Louis Althusser)의 대타자의 호명(interpellation) 내지 이데올로기적 호명과정과[18] 비슷하다. 이렇게 호명된 주체는 그 부름에 응해 자기에게 주어진 자리와 의미에 적합한 자신을 만들려고 하지만, 이 부름과 응답이 늘 일치하는 것은 아니다. 왜냐하면 주체는 호명된 자신을 인정하지도, 호명된 역할에 전적으로 순응하지도 않기 때문이다. 즉 주체는 대타자에게 "이것은 내가 (참으로) 원하는 것이 아니다"라고 한다. 이에 대해 대타자는 주체에게 "네[타자]가 (참으로) 원하는 것은 무엇인가?(What do you want?)"라고 묻는다. 이것이 그 유명한 "케보이"(Che Vuoi)다. 즉 케보이란 대타자가 주체에게 원하는 것, 다시 말해 타자의 욕망이다. 대타자는 주체에게 "너는 나에게 왜 이것을 말하는가?"(Zizek, 1989: 111)라고 묻는다. 즉 너는 나에게 어떤 것을 요구하지만 진정으로 원하는 것은 무엇인가? 너는 이 요구를 통해 무엇을 목표하고 있는가? 라고 묻는다. 따라서 분열된 주체는 인식하지 못하지만 대타자의 부름과 주체의 응답, 케보이(상징적 질서)와 주체, 대타자가 주체에게 원하는 대타자의 욕망과 주체가 원하는 주체의 욕망 사이에는 필연적으로 간극이 생긴다. 즉 "당신은 나에게 말하고 있다"라고 말하는 주체와 "도대체 그

---

[18] 이 윤성은 이데올로기가 무의식적 차원에서 작용한다는 점을 앞서 언급한 사람이 알튀세르지만, 알튀세르의 대타자의 호명작업은 성공할 수 없으며 판타지와 유령의 출몰에 의존한다는 점을 드러낸 사람이 지젝임을 지적한다. 알튀세르의 호명에 대해 이윤성, 329 참조.

것을 통해 무엇을 원하고 무엇을 노리는가"라고 말하는 주체 사이에는 거리가 있다는 것이다.

여기서 두 가지 점을 생각해볼 수 있다. 첫째, 대타자의 명령, 바꿔 말하면 주체가 부여받은 상징적 위임은 자의적이다(김용규 89-90). 그러므로 지젝의 대타자는 이데올로기적 국가장치와 억압적 국가장치 같은 알튀세르의 대타자와는 달리 완벽하지 않다.[19] 왜냐하면 대타자가 완벽한 자기통일성을 갖지 못하고 이미 분열되어 있기 때문이다(이윤성 334). 둘째, 주체도 이미 분열되어 있다. 대타자의 호명은 대타자가 원하는 방식으로만 되지 않고, 이렇게 형성된 주체는 대타자의 명령을 완벽하게 수행하지 않는다(이윤성 334). 고전적인 라캉의 공식을 따르면, 히스테리적인 요구는 다음과 같이 표현된다. "나는 당신에게 이것을 요구하지만, 내가 정말로 당신에게 요구하는 것은 내 요구를 거절해 주는 것이지요. 내가 정말로 원하는 건 그게 아니니까요."(Zizek, 1989: 112). 다시 말해 이 간극의 표현이 케보이, 즉 대타자의 질문이다. 대타자는 주체가 자신의 질문에 대답할 거라 생각해 묻지만, 주체는 이 질문에 대답할 수 없다. 왜냐하면 주체는 상징적 관계망 속에서 자신이 그 자리를 차지한 이유를 모르기 때문이다. 즉 주체는 대타자의 "질문에 대한 실재의 응답이다"(Zizek, 1989: 178). 대타자의 이런 질문은 주체를 분열시키며 히스테리화한다. "주체는 자신 안에 있는 대상에 대한 그 자신의 분열, 분할을 통해서 구성"[20](Zizek, 1989: 181)되므로, 주체는 근본적으로 히스테리적이다. 이런 의미에서 매기뿐 아니라 모든 인간은 히스테리적 주체가

---

[19] 이런 대타자의 결핍은 주체에게 숨쉴 공간을 주고 전면적인 소외를 피하게 해준다. Zizek, 1989: 122.
[20] 지젝은 주체를 호명하는 것이 이데올로기라는 알튀세르의 이데올로기론이 주체의 자율성을 간과했다고 지적한다. http://wallflower.egloos.com/840510. 지젝의 관심은 주체보다 대타자(케보이와 환상)에, 어떤 사회가 가능하냐 하는 점보다 어떻게 불가능한가 하는 점에 있다. Zizek & Daly, 13-15 참조.

된다.

그렇다면 19세기 영국의 중간계급 여성인 매기에게는 어떤 역할이 호명되었는가? 가령 매기라는 주체에게는 얌전한 딸이자 정숙한 여성이라는 19세기 여성의 역할이 호명된다. 말하자면 19세기 이상적 여성은 매기라는 불안한 히스테리적 주체(떠다니는 기표)를 꿰매는(quilting) 고정점이 된다.21) 매기의 사촌인 루시 딘(Lucy Deane)은 이런 얌전하고 순종적인 여성이다. 가령 루시는 하얀 피부에 금발 곱슬머리와 "의자에 앉혀 놓으면 한 시간이라도 그대로 앉아"22) 있는 등 예쁜 외모와 얌전한 태도, 그리고 순종적인 성격을 지녔다. 이렇게 루시처럼 얌전하고 순종적 여성이 되는 것이 바로 매기에게 호명된 역할이다. 즉 사회에서는 매기에게 이런 역할을 기대하며, 매기를 이런 호명된 역할에 고정시키려 한다.

그러나 히스테리적 주체인 매기는 이런 호명에 순응할 수 없다. 그녀는 이런 여성과 거리가 멀며, 이런 여성이 되고 싶은 생각도 없다. 이것은 그녀가 원하는 것이 아니다. 여기서 히스테리적 주체로서 매기의 외모와 성격, 그리고 역할과 기능에 대한 의미 있는 조명이 필요하다. 가령 매기가 얌전한 루시를 진흙에 밀어 넣은 일화(164)에 대해 정신분석적인 조명을 해보자. 올바르지 못한 행동은 반드시 처벌받아야 한다고 생각하는 탐이 매기를 따돌리고 루시와 놀자, 매기는 루시를 진흙에 밀쳐 탐에게 간접적으로 복수한다. 매기가 진정 원하는 것은 탐의 인정과 사랑이지만, 표면상 그녀의 행위는 루시에게의 복수로 나타난다. 대타자가 히스테리적 주체인 매기에게 케보이, 즉 루시에게의 복수를 진정 원하느냐고 묻

---

21) 라캉은 고정된 의미 없이 떠도는 기표들을 잠정적으로 고정시켜서 의미작용을 가능하게 하는 지점을 "고정점"(또는 누빔점, point de capiton, knotenpunkt)이라 부른다. 양운덕, http://emerge.joins.com/200204/200204-16-1.asp
22) Eliot, George. *The Mill on the Floss*(1860). Harmondsworth: Penguin Books, 1974. 96면. 이제부터 나오는 본문의 인용은 이 판에 의거하여 면수만 표기하기로 한다.

는다면, 매기는 "이것은 내가 원하는 것이 아니"라고 대답했을 것이다. 이 일화에서 히스테리적 주체로서 매기의 정신분열적 욕망을 엿볼 수 있다. 그런데 이 일화의 배후에는 "연분홍 루시"뿐 아니라 루시로 대변되는 19세기 이상적 여성에게 복수한다는 의미가 숨어 있다. 또한 매기의 외모와 성격 등 그 어느 것도 이 호명된 역할에 일치하지 않는다. 구체적으로 매기는 말을 잘 듣지 않는 뻣뻣한 검은 직모 머리카락을 지녔을 뿐 아니라, 잠시도 가만히 있지 못한다. 가령 매기는 엄마가 강가 둑에 빠져 죽을까봐 늘 걱정할 정도로 강둑을 천방지축으로 뛰어다니는가 하면(60), 엄마가 곱슬머리 컬을 만드는 걸 싫어해 물에 젖은 강아지처럼 머리를 감다 말고 젖은 채로 도망가고(78), 엄마의 최대 근심거리인 뻣뻣한 머리를 아예 가위로 스스로 잘라버려 모든 사람을 경악시키기도 한다(124). 이런 일화에서 금발에 흰 피부 등 이상적 외모와 너무나 동떨어진 그녀의 외모와 반항적이며 도전적인 성격이 드러난다. 게다가 탐보다 영리한 그녀의 강력한 지적 욕망과 성취욕도 당대 여성에게 호명된 역할과는 거리가 있다. 그녀가 상당한 명성을 얻은 18세기 계관시인의 『코린느』라는 책을 즐겨 읽고, 당시 다른 여자애들에 비해 독서를 아주 많이 했으며(66-68), 똑똑한 여자가 되기로 결심하는 데서 이 점이 입증된다. "메두사"(Medusa, 161)라는 별명도 그녀가 호명된 역할을 거부하는 히스테리적 주체임을 입증하는 동시에, 대타자의 부름과 이 부름에 응답하지 않는 히스테리적 주체 사이의 거리를 암시해준다.

    이와 같이 대타자는 매기에게 케보이, 즉 진정으로 원하는 것이 무엇인지 묻지만, 매기는 상징적 관계망 속에서 자기가 그 자리를 차지한 이유를 모르기 때문에 이 질문에 대답할 수 없다. 지젝에 의하면 이 케보이의 질문에 대답할 수 있게 해주는 것은 이데올로기적 환상이다.

2) 이데올로기적 환상

1) 이데올로기적 환상이라는 관점에서 세인트 오그즈(St. Ogg's) 사회를 분석해 보자. 지젝에 의하면 사회는 항상 적대적 분열에 의해 관통되므로(Zizek, 1989: 126-27), 조화로운 사회란 애초에 불가능하다. 지젝에게 사회는 알튀세르처럼 기존의 체제가 재생산되는 곳이 아니라, 화해할 수 없는 분열된 사회적 갈등과 적대를 은폐하는 곳이다. 즉 대타자의 근본적인 불가능성 때문에 이 사회는 완벽한 사회, 즉 완전한 대타자가 될 수 없다. 이처럼 이데올로기는 개인들이 사회 현실에 대해서 무의식적인 착각과 "가짜 표상"을 갖게 한다. 그럼에도 불구하고, 사람들은 이런 완벽한 사회가 가능하다는 사회 통합의 환상을 갖고 있다. 주체가 환상을 통해 욕망 대상을 찾듯이, 대타자는 조화로운 전체에 대한 사회적 환상을 추구한다(http://emerge.joins.com/200204/200204-16-1.asp 양운덕). 이것이 바로 이데올로기적 환상이다. 이데올로기적 환상이란 상징적 질서 속에 통합될 수 없는 사회의 적대적 분열을 "적대관계에 의해 분열되지 않으며, 사회의 각 부분이 유기적이며 상보적인 관계를 맺는 사회에 대한 비전"(Zizek, 1991: 251~52)을 의미한다. 가령 지젝은 공산주의가 허구라는 것이나 임금님이 벌거벗고 있음을 잘 안다. 그런데 전통적 권위에서처럼 "그럼에도 불구하고"가 아니라, "바로 그 때문에"(just because)("바로 임금님이 벌거벗었기 때문에") 우리는 더욱더 뭉쳐야 한다(Zizek, 1991: 251~52).[23] "개인은 진정 현실이 무엇인지 매우 잘 알

---

[23] 이데올로기에 대한 마르크스의 설명인 "그들은 그것을 모르고 행한다"가 지젝에 가면 "그들은 자신들이 무슨 일을 하는지 잘 알지만 그럼에도 불구하고 여전히 그것을 하고 있다."로 바뀐다. 또한 지젝은 이데올로기를 정의하면서 이데올로기적인 신비화 없이는 현실이 재생산될 수 없다고 한다. Zizek, 1989: 28, 32-33. 즉 이데올로기는 현실의 상처를 피하기 위해 현실을 상상적으로 구축하는 궁극적 환상이다. Zizec & Daly, 2004: 10. 따라서 환상은 케보이의 질문을 회피하게 해준다. 김용규, 91.

지만, 모르는 것처럼 여전히 그렇게 행동한다"(Zizek, 1989: 32). 이데올로기적 환상은 조화로운 사회가 존재하지 않는다는 사실, 즉 대타자의 결핍을 은폐한다(Zizek, 1989: 118).

매기가 살고 있는 세인트 오그즈 사회가 지닌 이데올로기적 환상의 속성을 검토해보자. 이 사회는 원래 사회적 갈등과 적대로 분할되어 있기 때문에 조화로운 사회가 될 수 없다. 세인트 오그라는 뱃사공에 대한 이 마을의 전설에서 세인트 오그는 아이를 안은 여인이 원하는 대로 아무것도 묻지 않고 한밤중에 배를 저어 건네준다. 이렇듯 인간에 대한 인정과 조건 없는 사랑과 연민, 인간적 유대가 살아있던 예전의 세인트 오그즈 사회는 산업주의 사회로 급변하는 과정에서 유기적 공동체의 미덕을 잃어버렸지만, 이 마을 사람들은 아직도 이런 완전한 사회가 가능하다는 사회적 환상 내지 이데올로기적 환상을 갖고 있다. 조지 엘리엇도 예외는 아니다. 인간적 유대가 가능했던 유기적 공동체에 대한 작가의 향수 어린 시선은 작품의 곳곳에서 암시된다. 다시 말해 작가는 이익을 추구하는 산업자본주의 사회로의 변화를 근본적으로 부정하지는 않지만, 산업주의 이전의 옛 시절을 그리워한다는 것이다. 이런 과거의 유기적 공동체에 대한 향수는 사회 구성원 간에 적대가 없고 그야말로 유기적이며 상보적 조화를 이룬 사회에 대한 비전을 암시한다.

그렇다면 세인트 오그즈 사회가 통합되지 못한 이유는 무엇일까? 누가 사회통합을 방해하는가? 진짜 이유는 사회의 적대적 분열, 즉 서로 다른 일련의 불순 세력 때문이다. 구체적으로 경제적인 불순 세력(자본의 차이), 정치적 불순 세력(계급 갈등), 도덕적·종교적 불순 세력(성격 차이), 성적인 불순 세력(남녀 차이) 등이 그것이다. 예컨대 털리버(Tulliver)와 딘(Deane), 털리버와 웨이컴(Wakem), 탐과 매기 간의 갈등을 생각해볼 수 있다. 이 중에서도 털리버와 딘의 대조가 단적인 예다. 털리버는 다정하지만 충동적이며 비현실적인 인물로서 이익 위주로 급속히 변화하는 사회에 잘 대처하지 못하는 반면, 딘은 이런 사회에 신속히 적응하여 크게 성공한다. 털리버는 그의 충직한 일꾼 루크(Luke)와 더불어 급변하는 세상 속에서 늘 어리둥절하고 당황해 하면서, 퍼즐이나 수수께끼같이 이해할 수 없는 세상이라고 되뇌이면서 옛 시절을 그리워한다. 구식 부르주아인 털리버는 이런 옛 생활방식과 옛날 사고방식 때문에 거듭 실패한다. 반면 딘 같은 벤처 사업가는 급부상한 신흥 부르주아로서 스티븐 게스트(Stephen Guest)의 아버지와 동업하여 큰돈을 벌고 승승장구한다. 이외에 법률가 웨이컴과 탐, 보부상인 밥 제이킨(Bob Jakin)도 새로운 세력에 발맞춰 적응하려는 인물들이다. 그들의 대조적인 운명은 같은 중간계급이지만 자본 및 산업 사회에 적응하는 정도의 차이 등 경제적 적대에서 연유한다. 또한 털리버와 새 사회에 약삭빠르게 적응한 웨이컴의 불화도 마찬가지다. 그들의 적대는 원래 물방앗간의 물에 관한 용수권 분쟁에서 비롯되었지만 털리버는 집안의 파산과 몰락을 초래한 웨이컴에게 복수심과 원한을 갖는 등 사업 문제에 감정을 이입시켜 정신적·육체적·경제적으로 몰락한다. 이외에 탐과 매기의 갈등은 성적 적대감과 성격 차이에서 연유한 것이다. 이런 적대관계는 한마디로 신구 세력의 알력과 첨예한 갈등이라고 할 수 있을 것이다.

 그럼에도 불구하고, 세인트 오그즈 사회에서는 이 사회가 통합되지 못한 이유를 다른 데서 찾는다. 이상적 사회가 못되는 원인을 유대인에게 돌렸던 반유대주의처럼, 사회적 조화가 불가능한 원인이 일부 매기에게 전가된다. 즉 사회적 조화를 막는 장애물로서 매기가 형상화된다. 어린 시절을 그린 전반부에서는 매기가 그저 규범에서 벗어난 인물 정도로 간주된다. 가령 "메두사"라는 별명은 규범적 인물인 루시에 비해, 매기가 사회의 "규범"(norm)에서 벗어난 비정상적 인물임을 암시한다. 메두사는 로마시대에 사악한 귀신을 쫓아내기 위해 건축물에 그리던 극악한 인물로서, 이 별명은 마녀를 물에 빠뜨려 살아나면 마녀로 판명되며 빠져 죽으면 무죄로 판명된다는 마녀 이야기와도 상통된다. 그러나 후반부로 갈수록 매기에 대한 적대적 시선이 강해진다.

이런 매기의 재현에서 지젝의 이데올로기적 환상의 구축과정을 볼 수 있다. 즉 이데올로기적 환상은 꿈의 왜곡 작업의 "전치"(displacement)와 "응축"(condensation)으로 이뤄진다. 지젝이 예로 든 반유대주의의 "유대인 형상" 만들기에 가장 잘 나타나는 전치와 응축이 매기의 재현에서는 어떻게 나타나는지, 즉 매기가 이데올로기적 환상에 어떻게 체계적으로 억압받고 적대감의 희생자가 되는지 살펴보자.

첫째, 원래 건강한 사회가 매기의 침입을 받은 것으로 제시됨으로써, 사회적 조화가 깨진 원인이 많은 부분 매기에게 전치된다. 우선 전치란 꿈 작업 중에 심리적 강력함이 원래 생각과는 무관하게 다른 생각에 전이되는 것을 의미한다. 이처럼 중요한 것과 부차적인 것이 자리를 바꾸는 전치를 통해 사회적 적대가 엉뚱한 곳에 옮겨진다. 원래 적대 때문에 "[온전한 전체인] 사회는 존재하지 않는다"(Zizek, 1989: 127). 그런데 파시즘 이데올로기는 이런 사회에 고유한 적대 및 조화로운 전체가 불가능한 이유를 사회의 일부인 유대인에게 전치시킨다. 즉 사회적 대립을 "건전한 사회 구성체와 그것을 부식시키는 타락한 힘인 유대인 사이의 대립"(Zizek, 1989: 125)으로 전치시킨다. 이로써 조화로운 사회는 존재한 적이 없으며 원래 불가능하다는 외상을 감추려고 한다(Zizek & Daly 10-11).

가장 단적인 예는 매기가 스티븐과 보트를 타고 떠났다가 돌아오는 사건 이후 보이는 마을 사람들의 반응이다. 루시와 필립을 만나려던 매기는 겹친 우연으로 스티븐과 단 둘이 배를 타고 목적지인 머드포트

(Mudport)를 지나치는 바람에 스티븐과의 사이에 아무 일도 없었지만 5일 만에 결혼하지 않은 채 집으로 돌아오게 된다. 당시로서는 대단히 파격적인 이 사건은 실은 스티븐의 탓이 더 크다. 그러나 스티븐에게 아무런 책임 추궁이나 비판이 없고 마을 사람들은 스티븐에게 매우 관대하다. 게다가 매기를 변호하고자 사건의 진상을 설명한 스티븐의 편지 때문에 그를 더 좋게 생각한다. 반면 매기에게는 온갖 비난과 박해가 가해지며, 그녀는 탐 때문에 집에서 쫓겨나 엄마와 함께 밥의 집에 가서 살 정도로 거의 마녀 취급을 당한다. 영원히 손을 떼겠으며, "넌 나와 관계없는 사람"(612)이라는 탐의 발언은 앞으로 너 같은 인간과 엮일 수 없다는 선언이다. 이런 탐의 선언에 마을의 냉담하고도 준엄한 판단과 정죄가 집약되어 있다. 자기 아이들의 가정교사 자리를 맡겨 매기를 도와주려 하던 켄(Kenn) 목사마저 자신이 매기와 결혼하려 한다는 오해를 받게 되자, 매기에게 마을을 떠나는 것만이 그녀가 고통에서 벗어날 수 있는 유일한 길이라고 충고한다. 이처럼 매기는 사회적 조화를 깨뜨린 병균이자 제거해야 할 암적 존재로 간주된다.

둘째로, 이데올로기적 환상의 두 번째 과정은 응축이다. 사회의 대립적이고 이질적인 특징을 "유대인 형상"에 응축시키듯, 매기에게 온갖 부정적 요소와 비난을 "응축"시킨다. 지젝은 응축이 전치를 보완하며 전치에 활력을 주므로, 응축이 더 중요하다고 설명한다(Zizek & Daly 74). 사회는 자신의 내적인 부정성을 유대인에게 투사하여 유대인들은 더러우면서 지적이고, 관능적이면서 성적으로 무능하게 묘사된다((Zizek, 1989: 127, 125). 이런 조작으로 유대인은 경제적으로 폭리를 취하는 자, 정치적으로는 음모가나 비밀 권력을 지닌 자, 도덕적-종교적으로는 타락한 반기독교인, 성적으로는 순진한 소녀들을 유혹하는 자로 묘사된다(Zizek, 1989: 125).

매기의 경우 경제적 폭리나 정치적 음모는 찾아볼 수 없지만, 도덕적 타락이나 성적 적대감은 찾아볼 수 있다. 그녀는 스티븐과의 사이에 아무 일 없이 돌아오지만 집안에 "수치"(612)를 가져온 도덕적·성적으로 타락한 여성으로 간주된다. 또한 검은 피부와 검은 머리카락, 큰 키와 나이에 비해 조숙한 외모 등은 아름답지만 불길한 요소가 있는 것으로 암시된다. 가령 그녀는 자선 바자회에서 남성들의 뭇시선을 받을 정도로 성적 매력이 있지만, 이 매력은 불길하게 그려진다(548). 한마디로 매기는 유대인처럼 하나의 증상, 즉 "코드화된 메시지, 암호, 사회적 적대의 왜곡된 표상, … 건전한 사회 조직을 부패시키는 이질적인 몸"(Zizek, 1989: 126)이 된다. 이와 같이 이데올로기적 환상의 전치와 응축을 통해 유기적이고 통일적 사회가 못된 원인이 매기에게 일부 전가된다.

3) 매기의 죽음과 안티고네의 죽음

라캉과 지젝은 이천 오백 년 전 소포클레스(Sophocles)의 비극 『안티고네』(*Antigone*)에 등장하는 안티고네의 죽음에 큰 의미를 부여한다. 안티고네는 크레온 왕의 명령을 어기고 당시 관습대로 전장에서 죽은 오빠 폴리니케스(Polynices)의 시신을 묻어준다. 안티고네는 폴리니케스가 오빠이기 때문에 그의 매장과 장례에 집착한다. 먼저 라캉은 그녀가 이른바 "두 죽음 사이에"(모든 사회관계가 상실되는 첫 번째 죽음과 죽음 및 재탄생의 순환이 끝나는 두 번째 죽음 사이에) 자신을 던져 넣고(Lacan, 1997: 279), 크레온 왕의 명령(상징적 질서의 법)보다 국가에 대항하는 죽음(자신의 욕망)을 택했다고 본다. 이런 연유로 라캉은 안티고네의 죽음을 "끝까지 욕망을 포기하지" 않고 "자기 욕망에 끝까지 충실한" 윤리적 죽음 또는 윤리적 실재라고 칭찬한다. 더 나아가 지젝은 안티고네의 이런 "무조건적 요구"(unconditional demand)(Zizek, 1992: 46)에서 대타자의 욕망과 단절하는 독립된 주체의 무조건적인 자율성을 읽어낸다.24)

그렇다면 안티고네의 행위에 입각해서 볼 때, 매기의 죽음은 어떻게 평가될까? 스티븐과의 결혼을 거부하고 계속 수모당해야 하는 현실과 이런 고통스런 현실에서 벗어날 수 있는 유일한 돌파구인 스티븐과의 결혼 사이에서 고민하던 매기는 우연히 닥친 홍수 속에서 익사한다. 즉 매기는 19세기 이상적 여성의 역할을 요구하는 대타자의 케보이와 히스테리적 주체의 욕망 사이에서 고민하던 중이었다. 작가는 매기가 스티븐과의 사건 후에 예전과 같이 사회에 통합되어 살 수 없으므로, 홍수 속에서 매기를 죽게 한다. 작가는 매기가 사회적 대립과 적대를 일으킨 원인이라면, 그녀를 제거하면 사회적 질서와 정체성, 안정, 동일성 등을 회복할 것으로 생각한 듯하다. 즉 매기만 제거되면 조화로운 사회가 가능할 것으로 보였다는 것이다.

이제까지 대부분의 비평에서는 매기의 익사가 전반부에서 보여주던 사회의 요구에 대한 그녀의 치열한 투쟁을 포기한 임의적 결말이자 애매한 죽음이라고 비난해왔다. 매기는 지적 성취든 스티븐과의 사랑이든 자

---

24) 『안티고네』의 해석에서 라캉과 지젝의 관심은 다르다. 라캉에게 안티고네의 행위는 상징적 질서를 떠나 실재 차원에서 벌어지는 윤리적 사건이다. Jacque Lacan, *The Ethics*, 311. 지젝의 관심은 판타지와 유령을 가로질러 실재와 대면하는 사건이 윤리적일 뿐만 아니라 상징질서를 반복하고 재생산하는 현실 이데올로기와 초자아의 명령에 정면으로 맞서는 행위이며 대타자의 불완전성을 드러내는 정치적 사건이다. Zizek. "Class Struggle or Postmodernism? Yes, Please", 121, 특히 120-28 참조. 김용규는 지젝이 책임과 자율에 근거한 실재의 윤리를 주장하며, 실재계의 윤리란 주체가 정상적이고 병리적인 상징적 법의 구속에서 벗어나 실재계와 정직하게 대면하려는 것이라 설명한다. 김용규, 103, 106, 107 참조.
라캉은 안티고네의 비극적 행위를 "실재의 윤리"의 구체적 사례로 설명함으로써 정신분석학에 윤리적 차원을 부여했다면, 지젝은 안티고네의 행위를 지젝의 이데올로기 분석과 연결시켜 정치적 기획으로 수렴시킨다. 이윤성, 329, 330. 판타지와 유령을 가로지르는 지젝의 이데올로기 분석과 라캉의 "실재의 윤리"는 구체적인 행위, 특히 "비극적인 행위"를 매개로 연결된다. Zizek, 1989: 114-17 참조. 라캉과 지젝의 "실재의 윤리"에 대해 이윤성, 340-50, 김용규, 103-07, 양 운덕 참조.

기 욕망을 쉽게 포기하지 않지만, 그렇다고 안티고네처럼 끝까지 자기 욕망을 추구하지도, 대타자의 상징적 질서에 적극적으로 대항하지도 않는다. 그녀는 탐과 루시, 필립 등 어린 시절의 유대를 배반하지 못해 스티븐과 결혼할 수도 없고, 이데올로기직 환상의 구축과정에서 자신을 타락한 여인으로 취급해 사회적 적대의 책임을 자신에게 전치·응축시키는 사회의 비난과 모멸을 더 이상 견디기 어려운 진퇴양난의 딜레마에 처해 있었던 것이다. 지젝 식으로 표현하자면, 그녀는 대타자의 부름과 히스테리적 주체의 응답 사이에서 진동하다가 익사하며, 매기의 익사는 안티고네의 죽음과는 달리 "실재의 윤리"(an ethics of the Real)에 도달하지 못한다. 이처럼 매기의 죽음과 안티고네의 죽음 간에 상당한 거리가 있다는 것은 매기의 익사에 비판적인 이제까지 대부분의 비평과 같은 입장이지만, 그 비판의 근거는 다르다. 이 점에서 매기와 안티고네의 죽음을 비교해보는 작업이 의미를 가질 수 있을 것이다.

그런데 매기는 홍수 속에서 탐과 잠시 화해하고 함께 손을 잡고 사회적 적대와 대립을 모르던 어린 시절로 돌아가는 환상 속에서 죽는 것으로 묘사된다.

> 남매는 서로 사랑에 넘쳐 작은 손을 꼭 잡은 채 데이지 꽃이 만발한 들판을 함께 돌아다니던 시절, 그 좋았던 시절로 다시 돌아가 결코 헤어지지 않도록 꼭 끌어안은 채 가라앉아 버렸던 것이다. (655)

남매의 이런 일시적 화합의 묘사는 엘리엇의 이데올로기적 환상을 보여준다. 작가는 사회적 갈등의 일부 원인을 매기에게 부여한 뒤 매기를 제거해 사회통합이 가능함을 보여주는 동시에, 적대적 관계로 분할되지 않고 유기적이며 상보적 부분으로 이뤄진 사회의 비전을 암시하는 것으로 보인다. 즉 남매의 홍수 속 화해를 통해 사회적 조화, 즉 매기라는 불안한 상징적 기표를 다시 고정시키는 소원 성취적 비전을 제시한다는 것이다.

그러나 과연 매기를 없앤다고 사회적 조화가 가능할 것인가? 이 사회적 조화가 가능할 것인지도 문제지만, 또 하나의 문제는 이 홍수 속에서 탐과 사회도 같이 사라져 버린다는 것이다. 홍수를 통해 사회도 같이 파괴해버린 이 결말은 적대 없는 조화로운 사회가 존재하지 않는다는 사실을 역설적으로 암시하는 것으로 보인다. 또한 "결말"에서 오년 뒤 홍수로 야기된 파괴가 거의 회복되었지만, 그 상처가 다 아물지는 않은 것으로 묘사된다. "자연은 파괴를 회복시켰지만, 완전히는 아니었다. … 과거에 머문 사람의 눈에는, 완전히 회복되지 않았다."(656) 이 마지막 장면의 쓸쓸함은 사회적 조화가 원초적으로 불가능하다는 실재(the Real)의 결핍을 암시하는 듯하다. 여기서 "사회 통합의 환상을 유지하면서도 동시에 거리를 두려고 하는"(Zizek & Daly 74) 이데올로기의 또 다른 측면을 짐작해 볼 수 있다.

3

이와 같이 지젝의 이데올로기와 주체라는 개념에 입각하여 이 작품을 분석해 보았다. 구체적으로 매기의 재현에서 대타자의 케보이와 히스테리적 주체, 이데올로기적 환상, 이데올로기적 환상의 구축과정인 전치와 응축, 그리고 안티고네의 죽음과 관련하여 매기의 죽음을 살펴보았다. 이런 접근은 19세기 성 이데올로기나 "상징폭력"과 관련하여 보는 페미니즘 비평이나 사회학적 접근보다 이 작품을 새로운 각도에서 이해하게 해줄 뿐 아니라, 히스테리적 주체로서 매기에 대한 정신분석적인 의미와 세인트 오그즈 사회가 지닌 이데올로기적 환상의 정치적 함의까지 포괄적으로 이해하게 해준다. 또한 이런 분석은 19세기 작가 엘리엇의 작품에 21세기 지젝의 개념을 적용해 그의 이론이 신기하게도 잘 들어맞기 때문에, 대단히 재미있고 흥미로운 작업이었다. 이것이 19세기 작품에 현대 비평을 적용하여 새로운 의미를 발견하는 시대를 초월한 문학 텍스트 분석의 현재성이라 할 것이다. 여기서 작가 엘리엇의 시대를 앞선 의식과 선견지명을 확인해볼 수 있었다.

< 인용문헌 >

권택영.『잉여 쾌락의 시대: 지젝의 후기산업사회 비판』. 서울: 문예출판사, 2003.

김용규.「지젝의 대타자와 실재계의 윤리」.『비평과 이론』. 14호(2004/봄 · 여름), 81-116.

이윤성.「지젝의 포스트모던 이데올로기론 혹은 판타지와 유령을 가로지르기」.『안과 밖』. 17호(2004년 하반기), 326-51.

지젝, 슬라보예 지음/ 김소연 & 유재희 옮김.『삐딱하게 보기: 대중문화를 통한 라캉의 이해』(Looking Awry: An Introduction to Jacques Lacan through Popular Culture, 1991). 서울: 시각과 언어, 1995.

지젝, 슬라보예 지음/ 이수련 옮김.『이데올로기라는 숭고한 대상』. 서울: 인간사랑, 2001.

지젝, 슬라보예 지음/ 주은우 옮김.『당신의 징후를 즐겨라! 할리우드의 정신분석』(Enjoy Tour Symptom! : Jacques LAcan in Hollywood and out, 1992). 서울: 한나래, 1997.

지젝, 슬라보예 지음/ 김소연 옮김.『항상 라캉에 대해 알고 싶었지만 감히 히치콕에게 물어보지 못한 모든 것』(Everything You Always Wanted to Know about Lacan But Were Afraid to Ask Hitchcock, 1992). 서울: 새 물결, 2001.

Eliot, George. *The Mill on the Floss*(1860). Harmondsworth: Penguin, 1974.

Evans, Dylan. *An Introductory Dictionary of Lacanian Psychoanalysis*. London: Routledge, 1996.

Lacan, Jacque. *The Ethics of Psychoanalysis: The Seminar of Jacque Lacan Book VII 1959-1960*, ed. by Jacques-Alain Miller and Trans. by Dennis Porter (New York: Norton, 1997.

Showalter, Elaine. *A Literature of Their Own: British Women Novelists from Bronte to*

Lessing. New Jersey: Princeton UP, 1977.

Zizek, Slavoj & Glyn Daly. *Conversations with Zizek/ Slavoj Zizek and Glen Daly*. Cambridge, UK: Polity, 2004.

Zizek Slavoj. "Class Struggle or Postmodernism? Yes, Please", *Contingency, Hegemony, Universality: Contemporary Dialogues on the Self, Judith Butler, Ernesto Laclau and Slavoj Zizek*. London: Verso, 2000.

_____. *The Sublime Object of Ideology*. London & New York: Verso, 1989.

http://emerge.joins.com/200204/200204-16-1.asp 양운덕. "정신분석학적 사회 이론: 사회적 환상이여, 타자의 결핍을 메워라!-실재계에 대한 재해석을 중심으로".

http://www.morning365.com/book/book_detail 출판사 서평. "<잉여쾌락의 시대>가 말하고 있는 것"

http://wallflower.egloos.com/840510 이택광. "라캉, 수용의 문제: 문화 분석에서 라캉 사용하기." (2004.12.17)

http://www.ybooks.co.kr/ypbooks/WebHome/specdm/ "누가 슬라보예 지젝을 미워하는가?"

http://b-book.co.kr/newbook/view-article

Ⅲ-4. 여성의 몸과 히스테리:『대니엘 데론다』

1

몸이란 무엇인가? 최근 20여 년 동안 문화계의 화두는 단연 몸이다. 피상적으로는 건강과 미용, 다이어트, 장수 등 의학부문으로부터 문학과 철학, 사회학, 예술에 이르기까지 몸은 활발한 논의와 관심의 대상이 되었다. 최근 학계에서 몸에 관심을 갖는 이유는 몸이 데카르트 이후 '타자'로서 무시되어 왔기 때문이다. 페미니즘 비평과 탈식민주의 이론에서 여성의 몸에 대해 보이는 각별한 관심은 이러한 무시의 연장선상에 있다. 데카르트로부터 시작되는 서구의 지배적 철학 전통에서 육체는 정신에 대응되는 타자로서 정신을 육체보다 우위에 두는 이분법적 전통이 우세하였지만, 이 전통에 반기를 들고 몸의 의미를 복원하려는 시도들이 근래에 와서 두드러지고 있다. 특히 문학에서는 미셸 푸코(Michel Foucault)[25]와 1980년대에 새롭게 일어난 신역사주의, 페미니즘 비평 등의 영향으로 몸에 대한 담론이 다양하고도 활발하게 전개되고 있다. 그 중에서도 근대소설과 몸의 재현 문제를 탐구하면서 욕망과 몸, 그리고 서술 사이의 관계를 중심으로 통찰력 있는 관찰을 제공한 피터 브룩스(Peter Brooks),[26] 질 매터스(Jill Matus)와 메리 푸비(Mary Poovey), 페미니스트

---

[25] 푸코는 근대 사회를 규율 사회(disciplinary society)로 정의하였으며, 이것이『규율과 처벌』(Discipline and Punish)의 핵심 사상이다. 규율 사회의 밑바탕은 유순한 육체를 만들어내는데 있으며, 규율은 인간의 육체를 통제하고 권력은 사상의 통제를 통해 육체를 복종시키게 된다.
[26] 그의 논의의 핵심은 몸에 대해 알려는 욕망이 모든 이야기에 가장 강력한 동력이라는 사실과 문학에 재현된 몸의 역사에서 욕망의 행위자이자 대상인 몸에 대한 관심이다. 그는 나아가 성에 대한 담론에서 남녀의 몸에 각기 다른 기준이 적용되었다는 점에 주목하는데, 우리의 관점에서 관심을 끄는 것은 바로 이점이다. 젊은 남자의 육체를 미의 기준으로 보는 고대와 르네상스의 전통은 18세기까지 이어지며 르네상스

이론에 수행성(performativity)의 개념을 도입한 주디스 버틀러(Judith Butler)[27], 프로이트(Freud)의 추종자이면서 그의 남성주의적 편견을 공격한 제인 갤럽(Jane Gallop), 몸에 대해 근본적 접근을 시도한 토머스 라케르(Thomas Laqueur), 그리고 몸을 일종의 물질로 보는 신 맑스주의자(Neo-Marxist) 등의 논의를 주목할 수 있다.

인간을 정신과 몸으로 양분하는 이원론에서는 정신을 문화의 영역에, 몸을 자연의 영역에 속하는 것으로 파악한다. 그러므로 자연의 일부분인 몸은 인간의 의미작용과는 관계없는 타자일 수밖에 없다. 몸과 분리된 인간은 이 몸을 문화의 영역 속에 포함시키려 노력해 왔으며, 문학에서 몸으로부터의 소외를 극복하려는 노력은 주로 텍스트에 몸을 묘사함으로써 이루어졌다. 인간은 이러한 몸의 기호화를 통해 몸을 문화, 즉 인간의 의미영역에 포함시켰다. 이러한 의미에서 몸은 의미와 상징화의 장소가 된다. 그러므로 최근 문화계의 담론에서 몸은 의미와 상징화의 장소로 그 중요성을 더하고 있다.

와 그 이후 예술에 있어 남성의 나체가 영웅적인 것으로 간주된 반면, 여성의 나체는 처음부터 남성의 성적 욕망 내지 에로틱한 응시의 대상으로 그려졌다. 이런 이유로 그는 페미니즘의 관점에서 여성의 몸에 대한 접근이 필요함을 시사하는데, 바로 이 점에서 그의 몸 이론이 유용하다. Brooks, 5, 1-37, 17-18, 266 참조.

[27] 매티스는 19세기 영국에서 여성의 몸을 둘러싼 사회적·문화적 논쟁(즉 1840년대 노동계급의 성 논쟁, 1850년대의 여성의 성과 매춘에 관한 논의, 1860년대의 유아살해에 대한 반대급부로 나온 모성본능의 회복시도 등)과 당대 여성작가들의 소설을 연결시켜 논의하였다. 매티스, 1-17. 또한 푸비는 그레그의 『매춘』을 논의하면서 당시 여성의 몸에 대한 모순된 재현을 볼 수 있으며, 모든 여성, 심지어 매춘부조차 성이 없고 자기희생적이며 수동적인 순결한 존재라 규정한 그레그의 주장에는 여성의 희생적 사랑으로 계급문제를 해결할 수 있다는 당대의 관점이 반영되어 있다고 지적한다. 그러나 실제로 여성의 몸은 성적 욕망을 지닌 존재이자 순결한 '집안의 천사'라는 두 가지 이미지를 지닌 존재로서, 소설은 빅토리아조 여성의 몸이 부인되고 여성에 대한 중산층의 도덕화가 진전된 후에도 여성의 성적인 일탈이 계속 재현되며 가장 손쉽게 여성의 성적 욕구의 재현이 가능했던 장르로 보인다. Poovey 1990, 31-36, 33, 38. 버틀러는 *Gender Trouble*에서 본질주의에 빠지지 않고 저항적인 성 정치를 전개하기 위해 이 수행성이라는 개념을 도입하였다. 136 참조.

이런 논의들에서 여성의 몸과 성(sexuality)을 중심으로 전개되는 여성의 몸에 대한 관심이 주목된다. 부르주아 계층의 대두에 의해 성, 즉 생식의 개념이 귀족적 혈통의 개념보다 중요해지게 되었다는 푸코의 주장처럼, 고귀한 조상에 의지하여 자기 권력을 과시한 귀족들에 비해 부르주아는 미래, 즉 가족과 후손을 중시하였다(Brooks 18). 다시 말해 부르주아에게는 몸이라는 새로운 "혈통"을 창조하고 종족을 보존하여 사회를 유지하는 것이 중대 관심사였으므로, 그들은 출산 기능을 통해 가족 및 사회와 연관되는 여성의 몸에 더욱 관심을 갖게 되었다는 것이다.

몸에 대한 문화적 해석에서 또 하나 중요한 점은 몸이 여성에 대한 억압을 나타내는 지형이 되었다는 점이다. 왜냐하면 여성의 몸은 출산과 멘스 등 여성의 주기성과 불안정,[28] 성욕과 관련하여 불완전한 존재로 간주되었기 때문이다. 가령 셔틀워스(Shuttleworth)는 19세기 의학 담론에서 여성의 불안정과 멘스와의 연관관계를 집요하게 추적했는데, 그녀의 초점은 여성의 몸이 불안정하며 이 불안정의 원인이 주로 멘스에서 유래한다는 것이다. 그녀는 여성의 질병을 논의하면서 여성의 질병 증상으로 열거된 것들은 히스테리 증세와 거의 유사하므로 여성의 질병은 히스테리로 대치해도 거의 차이가 없을 정도이며, 이 히스테리의 원인이 주로 멘스라고 지적한다(47-68). 이런 이론 하에서 여성의 몸에 대한 감시와 통제가 가능해진다. 왜냐하면 주기적 불안정과 비이성, 성적 욕구가 연결되어 여성은 매우 위험한 존재로 간주되었기 때문이다. 예컨대 여성은 과도한 성적 에너지나 성욕을 지녔거나 성욕과는 무관한 아주 순진한 인물로서 매우 모순된 두 가지 모습으로 그려졌다. 그뿐 아니라 여성/남성, 자연/문명, 감성/이성 등의 전통적인 이분법에서 여성은 주로 자연 및 감성과 관련됨으로써 여성의 몸은 열등하고 불안정하며 약하고 수

---

[28] 푸비는 출산의 주기성이 여성의 불안정성에 영향을 미친다고 지적하였다. Poovey 1988, 37.

동적·부정적 존재로 간주되어 늘 통제와 감시의 대상이 되어 왔다. 따라서 여성의 몸에 대한 역사적 개관은 여성이 남성의 응시대상이자 관음증의 대상으로서의 역사 개관이라 해도 과언이 아니다. 그러므로 성적인 존재가 될 가능성이 있는 여성의 몸은 "면밀한 통제와 합리적인 교정의 기술이 적용되어야 할 첫 번째 대상"(푸코1980 120)으로 더욱 철저히 의학적 통제와 감시의 대상이 되었다. 이렇듯 히스테리에 관한 전통적 의학 담론에서는 여성의 생리구조와 출산기능 및 성적인 본성을 강조함으로써 여성을 본질적으로 열등하고 불안정한 존재로 보는 가부장적 사회의 성차별 이데올로기 내지 여성에 대한 편견을 드러내고 있다. 근본적으로 히스테리컬하게 규정된 여성의 몸은 여성을 남성의 지배하에 두는 결혼의 필연성 및 의학적 통제의 필연성으로 귀결되었다. 여성의 몸을 긍정적인 에너지와 창의력의 원천으로 보고 여성의 성의식과 성욕에 긍정적 의미를 부여한 페미니즘 비평과는 대조적으로, 히스테리에 대한 대부분의 의학담론은 여성의 몸에 대한 남성의 통제와 감시를 정당화하는 이론적 근거가 되었다. 이러한 의학담론은 담론이 "우리가 사물에 가하는 폭력"으로서 권력은 담론을 통해 얻어진다는 푸코의 해석(Widdowson 160-61)을 상기시킨다.

여성의 몸을 논하면서 히스테리를 언급하지 않을 수 없다. 빅토리아조 의학 담론에서 광기와 히스테리 등 여러 가지 여성의 질병 중에서도 히스테리에 관한 논의는 주요 쟁점 중 하나였다. 왜냐하면 멘스의 주기성 및 불안정과 관련하여 여성과 히스테리, 변덕은 불가분의 관계를 지닌 개념들이었기 때문이다.29) 19세기 대중들의 상상력에서 히스테리는 엄격하게 정의되지 않았고 "고도의 흥분에서 광기"까지 다 히스테리의 범

---

29) 가령 빅토리아조 의사인 에드워드 J. 틸트(Edward J. Tilt)는 여성의 특징인 변덕은 또한 히스테리의 특징이 된다고 지적하였다. 19세기 말까지 문학에서 히스테리는 "여성의 본질" 내지 "여성적"(feminine)이란 단어와 거의 대치될 정도였다. Showalter, 129, 131, 145.

주에 속하였다(Vrettos 60). 이런 광범위한 의미에서 빅토리아 시대의 여성은 근본적으로 히스테리컬한 존재로 규정되었다. 여성의 히스테리에 대한 빅토리아 시대의 의학담론을 분석한 쇼월터(Showalter)와 셔틀워스의 분석을 중심으로 히스테리의 원인과 증상, 히스테리 환자에 대한 주변 사람들의 반응과 치료책, 히스테리와 페미니즘의 관계를 잠시 생각해 보자.

첫째로, 히스테리의 원인은 "돌아다니는 자궁"(the wandering womb), 즉 불안정한 자궁 때문으로 여겨졌다. 그 병명도 자궁을 의미하는 고대 그리스어 히스테라(hystera 혹은 uterus)에서 유래했다. 그러나 히스테리 연구에 괄목할만한 기여를 한 브로이어(Breuer)와 그의 제자 프로이트는 안나 O.(Anna O.)와 도라(Dora)의 유명한 사례분석을 통해 히스테리를 가부장적 문화에 반항하는 지적이며 비범한 젊은 여성들이 걸리기 쉬운 질병으로 진단하였다. 그들은 똑똑한 여성들에게 강요된 바느질과 뜨개질, 병상 간호 등 반복적인 가정의 일상사를 히스테리의 원인으로 간주했다. 가령 브로이어는 히스테리의 원인을 억제된 감정으로, 당대 신경과 의사인 돈킨(Donkin)은 여성들의 성적 억제와 강요된 수동성으로 분석하였다. 따라서 히스테리의 원인은 의학적으로는 자궁원인론이지만, 정신적으로는 남다른 성취욕과 억제된 감정 등으로 진단된다. 또한 히스테리의 증상으로는 발작과 기절, 구토, 질식, 울음, 웃음, 마비, 비명 등을 들 수 있다. 요컨대 히스테리는 생리의 주기성과 성적 욕구의 좌절로 인해 생기는 여성의 질병으로 간주됨으로써 수세기 동안 히스테리 치료를 위해서는 뒤바뀐 자궁의 위치를 바로잡아야 한다고 주장되었다. 히스테리의 원인을 규명하려는 여러 가지 의학적 시도가 있었지만, B.C. 1900년에 쓰인 고대 이집트와 히포크라테스의 의학 서적, 퍼가먼의 갈렌(Galen of Pergammon A.D. 129-199)과 16세기 유명한 불란서 외과의 암

브로이즈 파레이(Ambroise Parey), 17세기 로버트 버튼(Robert Burton)(『우울증 해부』(The Anatomy of Melancholy)), 17세기말에서 18세기초에 활동한 내과의 토머스 사이덴햄(Thomas Sydenham) 등 의학담론에서 한결같이 변하지 않는 것은 히스테리가 온갖 생리적·정신적 병에 걸리기 쉬운 여성의 질병이라는 고착된 편견이었다. 히스테리에 관한 위대한 유럽 이론가 중 첫 번째 인물로서 히스테리 연구에 중요한 업적을 남긴 18세기 프랑스의 장 마르탱 샤르코(Jean Martin Charcot)(1825-1893)에 오면 히스테리가 여성의 질병이라는 이 고정관념이 다소 변하게 된다. 그는 미친 여성들을 수용하는 살페트리에르(Salpetriere) 정신병원에서 일한 경험을 토대로 히스테리를 하나의 질병, 즉 그가 "광란성 간질(hystero-epilepsy)"이라 명명한 질병으로 정착시키는 동시에 여성만의 질병이 아니라 남성도 걸리기 쉬운 병임을 입증하였다(Showalter 157-58, 131, 129, 147-55; Brooks 224, 225). 그럼에도 불구하고 그는 히스테리에 걸리기 쉬운 체질과 기질을 여성적인 것으로 간주함으로써, 히스테리는 여러 세기 동안 의학적으로는 아니지만 상징적으로는 여전히 여성의 질병으로 남아 있게 된다.

두 번째로, 이러한 히스테리 환자에 대한 주변 사람들의 반응 및 치료 방법을 생각해 보자. 히스테리에 관해 자세히 분석한 쇼월터에 따르면, 히스테리에 대한 반응은 크게 비난과 관용의 두 가지 반응으로 나뉜다. 첫째로, 모드즐리(Maudsley)를 비롯한 대부분의 빅토리아조 의사들은 히스테리 여성환자들을 이기적이며 부도덕한 존재로 비난하였다. 가정과 결혼 생활에서 해야 할 의무나 역할을 다 하지 않아 주변가족에게 부담을 주는 여성 히스테리 환자는 자기 희생적인 딸이나 아내 같은 당대 지배 이데올로기가 요구하는 여성의 역할에 대해 갈등했기 때문에, 몹시 비난을 받았다. 둘째로, 19세기 후반에 가면 히스테리는 자신의 좌절된 삶에 대한 무력하고도 개인적인 여성의 반응으로서 문화적인 변화를 일으킬만한 힘이 없기 때문에 허용되기도 하였다. 왜냐하면 가족의 동정이나 의사의 관심 같은 히스테리 환자의 가족이 치러야 할 희생은 무력함과 침묵 등 당시 여성들이 겪었던 커다란 희생에 비하면 아주 가벼운 것이었기 때문이다. 아울러 여성들이 경제적·법적인 권리를 위해 투쟁하는 것보다 히스테리를 통해 그들의 불만을 표현하는 것이 가부장적 질서에 더 안전하다고 여겨지기도 했던 것이다. 더하고 연유로 히스테리의 치료란 히스테리 환자를 헌신적인 "집안의 천사"(Angel in the house)로 복귀시키는 것이라고 주장되었다(161, 133, 134). 이것은 여성의 일상적 의무라는 기존의 성 역할에서 히스테리 환자를 면제시키고 남편과 아버지 등에 반대하여 여성의 편을 들어야 하는 자신들이 가정의 의무를 다하지 않는 히스테리 여성의 '공모자'로 보일까봐 전전긍긍하던 의사들에게 너무나도 당연한 결론이었다.

세 번째로, 최근 페미니스트 비평가들 사이에서 히스테리가 지적 욕구의 좌절이나 여성억압과 관련된 증세로 지목된 이래, 히스테리와 페미니즘은 밀접한 관계를 맺게 된다. 여성은 남성과 달리 탈출구가 없어 자신의 불만을 외부적으로 표현하거나 분출하지 못하며 그 결과 히스테리에 걸리게 된다. 이 히스테리를 통해 그들의 좌절된 욕망을 역으로 짐작해볼 수 있으며, 히스테리가 여성의 내적인 항거이자 자학적인 반항의 한 형태라는 점에서 히스테리와 페미니즘은 스펙트럼의 양끝을 이루게 된다.30)

이러한 담론의 공통점은 정신적 갈등이 각인되는 장소로서의 몸에 대한 관심이라 하겠다. 본고에서는 몸에 대한 이런 최근의 비평적 담론의 관점에서 빅토리아조의 소설이자 조지 엘리엇(George Eliot)의 마지막 소

---

30) 스펙트럼의 한 끝에 여성 히스테리 환자가 있다면, 스펙트럼의 다른 끝에는 자기파괴적이며 자기폐쇄적 전략인 히스테리에 대한 강력한 대안이자 가부장적 질서에 저항하는 페미니즘이 있다. Showalter, 161.

설인『대니엘 데론다』(Daniel Deronda)(1876)에 나오는 여주인공 그웬들런 할러스(Gwendlolen Harleth)의 몸, 즉 그녀의 히스테리 증상에 각인된 정신적·심리적 갈등을 고찰하고자 한다. 19세기 후기 소설에서는 히스테리 여성 환자들이 자주 등장하여 왔으며, 그웬들런은 현재까지 평자들 사이에서 이의 없이 히스테리 환자로 규정되어 왔다(Brooks 245). 이 히스테리는 그웬들런을 이해하는데 핵심적인 단서가 된다. 그러므로 먼저 그녀의 이야기에서 히스테리의 원인과 증상, 페미니즘과의 관계를 살펴본 다음, 그녀가 히스테리 환자라는 사실에 함축된 빅토리아조 여성의 정신적·심리적 갈등을 고찰하기로 한다. 다시 말해 그녀의 히스테리의 원인이 무엇이며 그녀를 통해 여성의 몸과 히스테리 증상이 어떻게 재현되고 있는가 라는 궁금증에서 출발하여 이 작품을 여성의 몸과 히스테리라는 관점에서 읽을 때 엘리엇의 페미니즘적 요소가 어떻게 드러날까, 즉 지금까지의 페미니즘 논의와는 어떻게 다른 결론이 나올 수 있을까를 생각해볼 것이다. 물론 본인의 관심사는 이 작품에서 이룩된 엘리엇의 페미니즘적 성취에 있다. 그렇다면 엘리엇이 지금까지도 페미니스트 비평가들 사이에서 반페미니즘적이라는 비판을 받고 있지 않느냐는 질문이 당연히 제기될 수 있겠지만 이 점에 관해서는 이미 다른 논문에서 언급한 바 있으므로,[31] 여기서는 다시 거론하지 않을 것이다. 그웬들렌이 종래의 전형적인 히스테리 환자와 같은 점과 다른 점을 중심으로 엘리엇의 페미니즘적 성취를 살펴 보기로 한다.

---

31) 졸고 "『미들마취』(Middlemarch): 지상의 삶을 위하여", 『죠지 엘리어트와 여성문제』, 서울: 동인, 1998, 230-40, 287-94 참조.

2

그웬들런은 아름답고 지적인 상류계급여성으로 외양상 지위나 미모 등 여러 면에서 당대의 이상적 여성에게 요구되는 조건을 충족시키는 바람직한 규수지만, 어머니같이 평범한 여성과 다른 삶을 살고 싶다는 강력한 욕구를 갖고 있다. 이른바 브로이어와 프로이트가 지적한 것처럼, 그녀는 남다른 욕구를 지닌 비범한 여성이었던 것이다. 그러므로 그웬들런이 보여주는 히스테리 증상은 앞의 의학담론들에서 살펴본 바와 같이 평범한 주위 여성과는 달리 자신이 주도권을 갖는 남다른 삶을 살아보려는 욕구에서 비롯된다. 자신의 성취욕과 이런 욕구를 허용치 않는 현실에 대한 그녀의 욕구불만이나 억제된 욕망은 이유를 알 수 없는 두려움과 히스테리 증상으로 나타난다. 가령 그녀가 원인 모를 "정신적인 두려움"[32]을 느낀다는 사실, 예컨대 공포에 민감하며 어둠 속이나 "넓은 공간에 혼자 있기"(94)를 두려워하는 것도 히스테리와 관련하여 설명할 수 있을 것이다. 이런 히스테리를 통해 여성에 대한 당대 사회의 기대와 통제 및 이런 기대에 대한 여성들의 분노가 미루어 짐작된다. 비평가들이 한결같이 슬쩍 언급하고 지나간 어릴 때의 세 가지 일화에서도 곧 후회하지만 격렬하게 분노를 폭발시키는 초기 단계의 히스테리가 엿보인다. 가령 그녀는 다음날 후회하고 어머니를 껴안아줌으로써 어머니의 마음을 돌리려 하지만 한밤중에 자리에서 일어나기 귀찮아 약을 갖다 달라는 어머니의 청을 거부하고, 후에 동생에게 흰쥐를 사주어 보상하려 하지만 자신의 노래를 방해하는 여동생의 카나리아새를 "분노의 발작"(53)으로 목졸라 죽여버리며, 벌레들의 회복을 나중에 기꺼이 지켜보지만 벌레들

---

[32] George, Eliot. *Daniel Deronda*(Harmondsworth: Penguin Books), 1967. 이제부터 나오는 본문의 인용은 이 판에 의거하여 면수만 표기하기로 한다. p. 94.

을 물에 빠뜨리기도 한다. 이런 일화들은 일찍이 히스테리 증상을 보여주며, 이런 히스테리 증상에서 그녀가 당대 여성상에 순응하거나 도전할 두 가지 가능성이 암시된다. 이외에 유명한 1장의 도박 장면이나 "눈에 띄게 이길 수 없다면 다음의 최선책은 눈에 띄게 지는 것"(39)이라고 생각하여 돈을 다 잃을 때까지 도박을 계속하는 장면에서도 권위나 당대의 순종적인 여성상에 대한 그웬들런의 도전이 암시된다.

그웬들런은 흔히 세 가지 에피소드를 통해 히스테리 환자라고 주장된다. 그 세 가지 에피소드란 그녀가 결혼 전 연극을 하다 그림을 보고 놀라 얼어붙었다가 비명을 지르는 장면과 결혼식 날 밤 그랜코트(Grandcourt)가 들어서자 복수의 여신이 등장한 듯 비명을 지르는 장면, 그리고 그랜코트 익사시 그녀가 하얗게 질려 마비되는 장면이라 하겠다. 이처럼 그녀는 인생의 중요한 고비마다 히스테리 발작을 일으키지만, 비평가들은 그저 그웬들런을 히스테리 환자로 규정하고 이런 에피소드가 그녀의 히스테리 증상을 보여준다고 간단히 언급할 뿐 이런 에피소드를 몸이나 히스테리 담론과 관련하여 본격적으로 분석한 적은 없었다. 본고에서는 그웬들런의 히스테리가 전형적인 히스테리 증상과 같은 점과 다른 점을 중심으로 그녀의 정신적·심리적 갈등을 분석해 보고자 한다.

보다 엄밀히 말하자면 그녀는 아직 본격적인 히스테리 환자라기보다 종종 히스테리 발작을 일으키는 초기 단계의 히스테리 환자라 하겠다. 흥미로운 사실은 실제로 그녀의 얘기에서 쇼월터식의 히스테리의 원인과 증상, 히스테리 환자에 대한 비난과 관용의 반응, 치료책을 다 찾아볼 수 있다는 점이다.

첫째로, 브로이어와 프로이트가 히스테리의 원인으로 진단했던 평범하게 살고 싶지 않다는 남다른 성취욕과 지적 욕구를 그녀에게서 찾아볼 수 있다. 그녀는 자신의 욕구를 실현할 수 없는 현실에 불만을 갖고 있지만, 나름의 성취방안을 알지 못해 이 불만을 남편을 지배하는 남다른 결혼을 통해 해소하려 한다. 어떤 식으로든 자신의 욕구불만과 좌절을 표출해야 했던 그녀는 이를 히스테리 증상으로 나타낸다.33) 즉 영혼이 몸에게 침묵을 강요할 때 히스테리 증상이 일어날 수 있다.

둘째로, 히스테리의 전형적 증상으로 열거된 비명이나 마비, 울음, 발작 등을 세 에피소드에서 다 찾아볼 수 있다. 구체적으로 첫 번째 장면에서의 순간적인 마비와 울음, 두 번째 장면에서의 발작과 비명, 세 번째 장면에서의 마비 등이 바로 그것이다.

셋째로, 그녀의 히스테리에 관해 비난하거나 관용하는 주변인의 양면적 반응을 다 볼 수 있다. 첫 번째 일화에서 그녀는 연극을 망쳐 비난받을 뻔했으나, 순간적인 마비와 울음 등 두려움과 공포로 인한 히스테리 반응은 "멋진 조각작품"(92)으로 간주한 클레스머 씨 덕분에 어머니를 제외한 연극 관객들에게 크게 주목받지 않고 그저 자연스러운 연기로 넘어간다. 그 뿐 아니라 그녀는 가족 중에 남성이 없어 그녀를 비난할 사람이 없으며 어머니의 편애를 받는 맏딸이었으므로, "가정이란 제국"(71)에서 "망명중인 공주"(53)처럼 비난받지 않고 군림할 수 있었다. 둘째 일화에서 그랜코트가 들어오자 "복수의 여신들"(the Furies)(407)이 등장한 것처럼 비명을 지르는 그녀의 히스테리컬한 발작 앞에서 한참 뒤 만찬복을

---

33) 브로이어(Breuer)가 1880-82년까지 다룬 좌절된 지식인이자 반항적 신여성인 히스테리 환자 안나 O.는 정통적 유대교 가정의 딸로서 아버지 병간호를 해야 하는 자기 역할에 분노하여 히스테리에 걸렸으며, 그녀의 히스테리는 단조로운 일상 생활에서 벗어나려는 "창조적" 도피라 할 수 있다. 그러므로 브로이어는 억제된 감정이 히스테리의 원인이라는 결론에 도달했다. 동시대 비평가인 다이앤 헌터(Dianne Hunter) 역시 안나의 언어적 무질서를 아버지의 가부장적 권위 및 문화적 질서에 대한 거부와 관련시켰다. 헌터는 라깡의 이론을 차용하여 가부장적 사회에서 문장을 형성하는 힘은 아버지 권위의 인식, 즉 아버지 역할 내지 남성의 지배를 발견하는 것과 일치하므로, 그녀가 무의식적으로 가부장적 질서를 거부하는 것은 아버지의 언어, 즉 조직적 언어를 거부하는 행위로 간주한다. Showalter, 155-57. Hunter, 257-76, 헌터, 143-67 참조.

입고 방에 들어섰다가 잠시 망연자실 서 있는 그랜코트의 반응은 그웬들런이 그랜코트의 가부장적 지배에서 일시적으로나마 벗어나는 것으로 해석되기도 한다(Brooks 407). 앞에서도 언급하였지만 빅토리아 시대에 여성의 몸은, 특히 히스테리 여성 환자의 몸은 지배와 감시의 대상이었다. 이러한 지배 및 감시가 결혼으로 더욱 합법화되기 직전 그웬들런의 히스테리 앞에서 잠시 멈칫한 그랜코트의 반응이 가부장적 지배의 일시적 패배를 암시한다는 지적 첫 날은(Brooks 248) 상당히 설득력이 있다. 같은 맥락에서 결혼 첫 날 밤에 일으킨 그녀의 히스테리 발작이 그랜코트의 관점으로 서술되어 있는데, 이러한 서술이 그녀의 과민한 감수성의 붕괴가 어떻게 잠시 그랜코트의 지배를 대신하고 이야기 설명이나 통제에 도전했나를 보여준다는 지적(Vrettos 71-72) 역시 적합한 것으로 보인다. 이 두 일화에서 그녀의 히스테리는 대체로 관용된다.

그러나 그랜코트의 익사라는 세 번째 일화는 그녀가 아무리 히스테리 발작으로 마비되었다 하더라도 남편의 죽음에 대한 책임이라는 도덕적·윤리적 문제를 제기하게 된다. 구체적으로 그녀는 눈앞에서 남편이 바다에 빠진 것을 보고 한 순간 멍하니 마비되어 있다가 나중에 밧줄을 던지고 뛰어들기까지 하지만 남편은 결국 익사하며, 평소 원하던 남편의 죽음에 대한 욕망이 몸밖에서 실현된 순간 그녀는 이 익사 앞에서 마비된 반응을 보인다. 이런 맥락에서 그녀의 마비된 몸은 그녀가 겪고 있는 심리적 갈등을 나타내는 기표라 할 수 있다. 만약 그녀가 명백한 살해의지 때문에 남편의 구조를 돕지 않았다면, 부도덕한 히스테리 환자로 도덕적 비난을 받아 마땅할 것이다. 그러나 그의 죽음은 우연한 사고로 물에 빠져 익사하는 것으로 매우 모호하게 처리되어 있으며, 작품에는 그녀의 살해욕구와 사고사의 가능성이 다 들어 있다.[34] 따라서 이 장면은 그랜코트의 죽음을 수수방관한 것에 대해 엘리엇이 교묘히 답을 피한 그웬들런의 책임, 즉 그웬들런이 유죄인가 무죄인가 하는 심각한 도덕적 문제를 제기한다. 그런데 이 문제는 단지 도덕적 문제만이 아니라 여성문제이기도 하므로 간단히 판단하기 어렵다.[35] 이런 맥락에서 그웬들런이 자신에게 제기하는 심오한 윤리적인 질문들은 여성으로서 도덕적 삶을 산다는 것이 무엇을 의미하느냐 하는 여성의 삶에 대한 보다 근원적이며 핵심적인 문제를 제기한다는 브룩스의 지적은(252, 253, 245-46) 적합한 것이다.

넷째로, 쇼월터가 지적한 바 가족으로의 복귀라는 히스테리 치료책을 이 작품에서도 볼 수 있다. 남편이 죽자 정부 리디아(Lydia)의 아들에게 유산이 거의 상속되어 적은 재산밖에 물려받지 못한 그웬들런은 이전과는 달리 따뜻하고 애정 어린 태도로 어머니와 여동생들을 대함으로써 가족에게 완전히 복귀한 것처럼 보인다. 그러나 이 점에 관해서는 결말과 관련하여 좀더 섬세한 분석이 필요하므로 뒤에서 다시 논의하기로 한다. 이와 같이 그웬들런의 히스테리는 히스테리의 원인과 증상, 주변인의 반응과 치료책 등 쇼월터 식의 분석에 그대로 적용될 수 있다. 그러나 이런 적용은 그웬들런의 히스테리가 쇼월터의 주장을 뒷받침하는 한 예임을

---

[34] 그의 사고사는 모호하게 처리되어 본인의 양심과 죄의식만이 문제일 뿐 표면상 그녀가 비난받을 소지는 별로 없다. 가령 그랜코트와 여행하는 동안 단도를 얻어 침실 옷장에 숨겨둘 정도로 명백한 그녀의 살해의지와, 나중에 생각 속에서 그를 죽였다는 고백이나, 요트 위에서 서로 극심하게 증오하는 상황, 밧줄을 던져주기를 요청하는 그에게 순간적인 의지의 마비로 그녀가 밧줄을 던져주지 않았기 때문에 의도하지는 않았지만 남편의 죽음을 초래한 것 등은 그의 죽음에 대한 그녀의 책임을 암시한다. 그러나 그녀가 남편에 대한 증오심과 살의 및 이를 억제하려는 도덕적 노력 사이에서 갈등하며 자신의 증오가 "사악한"(672) 마음이 될까봐 두려워하는 양심, 바다에 칼을 버리려고 침실로 칼을 찾으러 가다가 데론다를 만나 이 계획을 실행하지 못한 것, 뒤늦게나마 그를 구하기 위해 물 속에 뛰어드는 행동, 그리고 "순간적인 살해의지"(764)는 그녀의 마음속에 있었을 뿐이라는 데론다의 변호 등은 그녀의 책임을 면제시켜준다. 그러므로 그랜코트의 죽음에는 그녀의 살해 욕구와 사고사의 가능성이 둘 다 들어 있다.
[35] 이 점에 관해 졸고 "『대니엘 데론다』: 새로운 삶의 모색", 『죠지 엘리어트와 여성문제』, 서울: 동인, 1998, 241-86 참조.

증명하는데 그 의미가 있는 것이 아니라, 그웬들런뿐 아니라 빅토리아 시대 여성의 한 전형을 대변해 준다는 데 그 의미가 있다고 할 것이다.

이제 그녀가 전형적인 히스테리 증상을 보이는 세 에피소드에서 다른 비평가들이 미처 찾아내지 못했던 그녀의 심리적 갈등을 분석해보자. 첫 번째 장면은 결혼 전 오펜딘(Offendene)의 집에서 열린 그녀의 처음이자 마지막 연극공연 장면으로, 이 장면에서 그녀의 남다른 포부와 현실간의 갈등이 감지된다. 여기서 그웬들런은 셰익스피어(Shakespeare)의 『겨울 이야기』(Winter's Tale)의 한 장면에서 음악이 울리자 죽었다가 동상에서 살아나는 순간의 허마이오니(Hermione) 역할을 하기로 했으나, 클레스머 씨가 친 "천둥 같은" 피아노 소리에 떨어진 "죽은 사람의 얼굴과 도망하는 인물"(91)―그랜코트의 죽음을 예시하는―을 그린 그림을 보고 기절할 듯 놀라 얼어 붙어버린다. 이런 히스테리 발작은 그녀가 남다른 포부와 현실간에서 평소 느끼던 심리적 중압감과 갈등을 암시해준다. 그녀의 현실이란 자신의 꿈을 이룰 성취방안을 알지 못한 채 기껏 남성의 응시대상이나 전시대상의 역할을 하고 있을 뿐이다. 그녀는 상류계급의 백인으로서 남다른 포부와 도전적인 면모를 지녔지만 남성의 타자로서 남성의 통제를 받고 있으며, 이러한 사실은 비범한 그녀 역시 언제나 철저한 응시(gaze)의 대상이라는 사실에서 입증된다. 19세기 대다수 소설 속의 여성들처럼 그웬들런은 결혼 전후는 물론 언제 어디서나 남성들의 응시 대상이 된다. 즉 연극 게임의 무대나 그랜코트가 그녀를 처음 만나는 브래큰쇼 파크(Brackenshaw Park)의 궁술 모임, 그리고 그로스비너 스퀘어(Grosvenor Square) 타운 하우스 등에서 그녀는 항상 남성들의 주목을 받는다. 그녀는 결혼 전에는 미모나 지위 등 여러 면에서 바람직한 규수감으로, 결혼한 뒤로는 내면의 고통을 감추고 행복을 가장하는 귀부인으로, 즉 "남편의 엄한 눈초리 아래 아내 역할에 충실한지 충실하지 못한지 감시당하는 그랜코트 부인으로 무대에 등장한다"(608). 뿐만 아니라 소설 도입부의 유명한 첫 도박장면에서도 그녀는 데론다와 화자의 응시대상으로 등장한다. 구체적으로 그녀는 유럽의 도박장에서 룰레트(roulette)라는 도박에 몰두한 그웬들런의 시선에 "역동적인 힘"을 부여하는 것이 "천사인지 악마인지"(35) 궁금해하는 데론다의 시선으로 제시된다는 것이다. 또한 그웬들런이 결혼 첫 날 남편의 가문에 대대로 전해 내려오는 다이아몬드 반지에 동봉된 리디아의 복수 편지를 읽고 히스테리 발작을 일으키는 장면 역시 앞의 도박장면이나 첫 번째 연극장면처럼 그녀의 복잡한 내면이 아닌 그랜코트의 관점으로 그려지고 있는데, 이 장면에서도 그녀가 여전히 그랜코트의 응시대상이라는 사실이 밝혀진다. 그녀의 지배욕과 도전 가능성에도 불구하고 그랜코트가 그녀와 결혼하는 것 역시 남성의 응시 대상으로서의 그녀에게 합격점을 주었기 때문이다. 이른 바 "여성은 남성의 주목을 받는 대상이며, 여성은 욕망과 관련하여 지위가 규정되는 존재", 즉 "사회적·성적 전시의 대상"(Brooks 270, 254)이었던 것이다. 이와 같이 그녀의 운명은 남성들의 시선(및 그 시선에 대한 그녀의 반응)에 따라 결정됨으로써, 그녀는 남성들의 응시대상이자 타자로서 철저히 통제받게 된다.36)

한편 이 포부와 현실간의 갈등과 관련하여 첫 장면에서 그녀가 맡은 허마이오니 역할에는 매우 의미심장한 의미가 있다. 예쁘지만 얼어붙어 정지된 허마이오니의 모습은 그웬들런 내면의 엄청난 성취욕 및 소용돌이와는 매우 대조적으로 당시 사회에서 요구되는 이상적인 여성의 모습이라 할 수 있다. 이런 의미에서 살아있는 조각 허마이오니의 모습은 그

---

36) 한편 그웬들런은 이러한 응시를 은근히 즐기기도 한다. 다시 말해 그녀는 응시의 대상이 되는 것에 도전하면서 동시에 미모에 대한 거의 자아도취적인 자신감 때문에 타인의 응시를 무의식적으로 원하기도 한다. 그녀는 이 자신감 때문에 결혼 후 남편을 지배할 수 있다고 착각하며, 이 착각이 후일 문제가 된다.

웬들런이 인생에서 하고 있는 역할, 즉 남성 응시자의 대상이자 구경거리의 역할을 완성한다는 브레토스의 지적은(70) 매우 설득력이 있다.

두 번째, 매우 전형적인 히스테리 증상을 보여주는 그웬들런의 결혼 첫 날 밤 장면은 성에 대한 호기심과 두려움간의 갈등을 보여준다. 라이랜드(Rhyland)에 있는 남편의 집에 도착한 그웬들런은 그랜코트가 그녀에게 주기로 약속했던 다이아몬드 결혼반지에 동봉된 리디아의 저주가 담긴 편지를 읽고 히스테리 발작을 일으킨다. 이러한 발작의 원인은 그랜코트의 정부 리디아의 삶에서 감지했던 "여자의 일생"(190)에 대한 두려움, 즉 귀족의 무력한 정부로서 기생적 삶을 영위하는 리디아의 "메두사(Medusa)같은 환영"(668)에서 느낀 결혼 이후 자신이 영위해야 할 여성의 운명적인 삶에 대한 공포이다.37) 아울러 그녀는 결혼 초야의 신부로서 당연히 성에 대한 호기심과 두려움을 느끼고 있다. 그러나 그녀가 정부 리디아가 그랜코트의 다이아몬드 반지를 반환하면서 보석함에 동봉한 편지를 읽을 때 이 호기심이 무참히 깨져 버린다. 그녀는 이 순간 이 모든 두려움과 호기심의 장본인인 그랜코트가 등장하자 복수의 여신이 등장한 듯 비명을 지르게 된다. 그러므로 이 순간 그녀가 느끼는 갈등은 사회에서 위험시하는 성욕에 대한 호기심과 두려움간의 첨예한 갈등이라 해석할 수 있다.

세 번째, 그녀의 인생에 있어 결정적 변화의 순간이라 할 그랜코트의 익사장면―그녀에게 반복적으로 나타난 죽은 얼굴의 환영에서 예시된―

---

37) 브룩스에 의하면 그웬들런이 이처럼 결혼 첫날 밤에 고통받는 것은 불행한 빅토리아조의 결혼 첫날 밤 장면을 상징하며, 정부로부터 신부가 물려받은 이 보석함에는 단지 남성에 의한 여성 몸의 가부장적인 소유와 성적인 위반 이상의 의미가 들어 있다고 한다. 나아가 브룩스는 그웬들런이 받은 이 보석함이 여성의 성기와 지식에 대한 여성의 호기심, 즉 성에 대한 호기심, 특히 성욕이란 "금지된" 주제 및 그녀 자신의 생식기를 상징하는 것으로 해석한다. 이런 맥락에서 몸에 대해 알려는 욕망은 이른바 푸코식의 지식애 및 권력욕에까지 연결될 수 있다. Brooks, 253, 247-48.

에서는 정부가 있는 줄 알면서도 감행한 자신의 결혼에 대한 양심의 가책과 이 선택을 합리화하는 마음, 그리고 그녀의 지배의지와 이 지배의지의 좌절간의 갈등을 볼 수 있다. 젊음과 지성, 미모를 겸비한 데다 기개까지 있는 그웬들린과 큰 재산과 지위를 지닌 잘 생긴 귀족 그랜코트의 결혼생활은 표면상 부족할 게 없는 부부 지만, 실제로는 매우 불행하다. 갈등의 절정에 처한 그들이 지중해로 요트 여행을 떠날 때의 모습은 아름다운 그림이나 영화처럼 더 할 나위 없이 어울리는 한 쌍의 모습을 연출한다. "당당하고, 창백하며 평온"(745)한 그녀와 남편이 구경꾼들에게 "극적인 재현처럼 [연출하는] 아름다운 장면"(745)은 그들의 이상적인 관계를 단적으로 표상하는 듯하다.

그러나 겉으로 보기에 남들이 부러워할 만한 아름다운 귀부인 역할을 수행하는 외양과는 달리, 그녀의 내면에는 자신을 감시하고 통제하는 남편에 대한 분노가 가득하다. 즉 그녀는 남편에게 노예가 느낄 만한 격렬한 증오와 복수심, 심지어 살해욕으로 번민 중이다. 그녀는 자신이 지배하리라 믿었던 이 결혼에서 지배하기는커녕 남편에게 질식할 정도로 무력하게 복종하고 있다. 왜냐하면 기개 있고 반항적인 여성을 더 좋아하는 남편은 정부와 네 아이의 존재를 알면서도 돈 때문에 결혼한 그녀의 약점을 알고 있을 뿐 아니라 말없이 냉혹하게 강력한 지배의지를 행사하기 때문이다. "복수의 여신들"이 가부장적 문지방을 건넌 것으로 표현되듯, 그녀가 이 결혼에서 겪는 갈등은 그녀가 정부 리디아의 권리를 빼앗은 자신의 부도덕한 결혼에 대해 느끼는 죄책감과 이 결혼을 정당한 것으로 합리화하는 마음 사이의 갈등, 더 나아가 그녀의 지배의지와 이 지배의지의 좌절(및 그랜코트 앞에서 무력한 자신의 현실) 간의 첨예한 갈등이라 할 수 있다. 이 갈등이 히스테리 증상으로 나타난다는 것이다. 그랜코트와의 결혼에 대해 여기서 길게 논할 지면은 없으나, 그녀는 아버지 없는 집안의 맏딸로서 어머니와 여동생들을 책임져야 하는 데다가 어머니의 파산으로 이전에 거부했던 그랜코트의 청혼을 받아들이면서 누구라도 자기 상황에 있다면 자기처럼 할 수밖에 없을 거라고 자신의 결정을 정당화하면서도 못내 양심의 가책 내지 죄책감을 떨치지 못한다.

그런데 남편에 대한 그녀의 격렬한 살의와 바다에서의 익사라는 사건 자체는 선정 소설에나 나올 법한 충격적인 사건이다. 그녀가 센세이션 소설 속의 전형적인 히스테리 환자라면 분노만이 가중되는 시점에서 일어난 남편의 죽음과 이 죽음으로 인해 자신의 증오감과 결혼의 의무에서 벗어나는 해방만을 기뻐해야 할 것이다. 그러나 남편에게 항거하고 싶어 했던 그녀는 막상 자신의 몸밖에서 남편의 죽음이라는 욕망이 성취되자 죄의식과 동시에 도덕적 책임을 느낌으로써 선정 소설의 여주인공이나 히스테리 환자의 상투적 반응과는 다른 반응을 보인다. 이와 관련하여 작가가 이 작품에서 신경질환을 그리기 위해 신경질적 여주인공이 살해에 대해 해보는 상상과 폭력 등 센세이션 소설의 패러다임을 사용하였지만, 이 신경질환의 육체적·심리적 내용을 탐구하려고 이 장르를 변화시켰다는 지적은(Vrettos 60) 이러한 점에서 상당히 설득력이 있다.

이 세 에피소드를 통해 그녀가 히스테리 환자임을 지적하는 것에 무슨 의미가 있나? 다시 말해 그녀가 히스테리 환자라는 사실을 통해 무엇이 밝혀지나? 그웬들런의 히스테리 증상은 그녀의 몸에 각인된 심리적 갈등 내지 정신적 갈등을 보다 선명하게 설명해준다. "정신적 갈등이 각인되는 장소"이자 "상징화의 장소"로서의 몸에 대한 강조는(브룩스 xv) 바로 이러한 점에서 정당성을 얻는다. 또한 히스테리가 몸에 쓰인 글쓰기라는 의미에서 그녀의 히스테리에서는 엘렌 식수(Helene Cixous)가 말하는 "몸의 목소리"가 들리며, "메두사의 웃음"(The Laugh of the Medusa)에서 "네 자신을 써라. 네 몸의 말에 귀를 기울여야 한다. 그때에야 무의식의 거대한 샘이 터져 나올 것"이라는 식수의 표현(338)을 상기시킨다. 한마디로 그녀의 히스테리는 '언어화'된 여성의 몸을 보여준다.

여기서 또 한 가지 주목할 점은 데론다와의 관계다. 그랜코트의 익사 장면과 관련하여 도입된 그녀와 데론다의 관계는 전형적인 히스테리 증상을 넘어서는 측면 때문에 중요하다. 이미 여러 평자들(Brownstein 224, Mintz 157, Myers 127)이 지적했듯이, 그들의 관계는 히스테리 환자와 정신분석가의 관계에 비유된다. 불행하고 고통스런 결혼생활과 남편의 죽음에 대한 죄의식 등 자신의 모든 고민을 들어줄 대상이 필요했지만 아무에게도 속을 터놓고 이야기할 수 없었던 그녀는 히스테리 환자가 정신병 의사에게 상담하듯 데론다에게 자신의 모든 것을 털어놓는다. 후에 그녀는 데론다에게 자신이 남편을 직접 죽이지는 않았지만 평소에 그의 죽음을 원했기 때문에 실제로는 자신이 죽인 것이나 다름없다고 자신의 동기에 대한 죄의식과 책임을 고백하며 그의 충고를 구하는데, 이는 어떤 의미에서 자신의 히스테리 극복책을 묻는 것이다. 이런 맥락에서 그들의 관계는 이른 바 푸코의 고백 관계―서양에서 "고백의 동물"이 된 인간의―에 필요한 조건을 충족시킨다.[38] 이처럼 작가는 그랜코트의 죽음과 그웬들런의 히스테리를 통해 한 차원 깊이 있는 윤리적 문제 및 여성 문제를 제기하고 그녀가 히스테리를 극복하려는 자의식적 노력의 일환으로 데론다와 고백의 관계를 맺게 됨을 보여주며, 스스로 히스테리를 극복할 방도를 묻고 이를 극복하려 노력한다는 점에서 그녀는 전형적인 히스테리 환자와는 다른 면모를 보인다.

또 한 가지 그들의 관계에서 이른바 샤르코에서 프로이트로의 변화를

---

38) 푸코는 『성의 역사』(*The History of Sexuality*, 1978)에서 권력이 성을 어떻게 타락시켰는가 탐구하면서 고백의 중요성을 강조한다. 근대의 청교도주의는 성적 본능에 대하여 금지, 비존재 및 침묵이라는 세 가지 칙령을 부여하였으며, 그 결과 성은 '죄의식'과 결부되어 고백을 강요받게 되었다고 한다. 푸코, 『성의 역사』 1권 75-82.

주목할 수 있다. 즉 히스테리 여성에게 적대적인 동시대 영국과 프랑스의 의사들과는 대조적으로, 브로이어와 프로이트가 히스테리 여성환자의 얘기를 존중하여 샤르코처럼 시각적으로 관찰하기보다 프로이트처럼 이야기 듣기를 통한 치료, 즉 보는 치료에서 듣는 치료—"구술 치료"(talking cure: 대화치료, 말 치료) 내지 "듣기 치료"(listening treatment)—로의 변화가 주목된다는 것이다((Brooks 225, Showalter 148-155, 156). 그웬들런이 "태어나 다른 사람들을 기쁘게 하는 최고 여성"(882)이 되겠다고 얘기하는 결론은 앞부분에서 시각적 전시의 대상으로 제시되었던 그웬들런이 내면적인 이야기를 할 수 있는 깊이 있는 사람으로 변화되었음을 시사한다. 개념이 모호하긴 하지만, 이 "훌륭한 여성"이 전통적인 "집안의 천사"라면 이런 변화는 데론다의 영향으로 그녀가 도덕적 인물이 될 가능성을 암시한다. 이런 점에서 데론다는 히스테리 여성 환자를 치유하여 전통적이며 순종적인 여성, 즉 "집안의 천사"로 복귀시키는 전통적인 의사 역할을 하게 된다. 그러나 그는 가정을 돌볼 책임을 기피했다고 해서 히스테리 여성 환자를 부도덕한 존재로 비난하던 엘리엇 시대 의사들과는 달리, 비난을 통해서가 아니라 그녀의 이야기를 듣고 위로하며 공감해주는 감정전이적 관계를 통해 이런 역할을 수행한다.

3

마지막으로 이 작품의 결말을 그웬들런의 히스테리와 관련하여 볼 필요가 있다. 왜냐하면 이 결말에서 그웬들런은 전형적인 히스테리 환자와는 다른 반응을 보이기 때문이다. 자신의 출생을 발견한 데론다에게는 미라(Mirah)와 결혼하고 유대민족국가 건설이라는 이상을 실현할 소명이 주어지지만, 그웬들런에게는 정신적 각성을 제외한다면 남편이나 재산, 경력과 친구 등 아무 것도 확실하게 약속되지 않는다. 즉 그랜코트의 사후 남편과의 사이에 아들이 없기 때문에 대부분의 유산이 글래셔 부인(Mrs Glasher)의 아들 헨리(Henleigh)에게 상속되고 연 2,000파운드의 수입과 개즈미어(Gadsmere)의 집만이 그녀에게 남겨진다. 평자들은 발표 당시부터 현재까지 논란이 많은 이 결말에 대해 결혼생활에서 겪은 고통과 남편의 죽음에 대한 절실한 참회와 죄의식을 통해 그녀가 과연 성장했는가 하는 문제에 초점을 맞춰왔다. 최근의 페미니즘 논의에서는 그웬들런이 모진 고통을 겪고 살아남은 점에 중점을 두어 도덕적·심리적 건강을 얻은 것으로 긍정적으로 평가하는 시각과(Belsey1982 130; Boone 78-79;Boumelha 32-33; Lindau 157; Stone 75; Yee 18; Gillian Beer 225; Kakar 54) 내면적 변화 외에 아무 것도 주어지지 않은 어려운 현실에서 다시 새로운 삶을 시작해야 한다는 관점에서 그녀의 미래를 부정적으로 보는 시각(Patricia Beer 225; Zimmerman1974 211-13, 245)이 병존하고 있지만, 대체로 전자의 긍정적인 시각이 우세한 편이다. 일례를 들면 그웬들런이 데론다를 고백신부이자 임상 의사의 역할에서 해방시키고 "최고 여성"이 되겠다고 맹세하는 것으로 볼 때, 이제 이기적인 신경증 환자에서 이타적인 이상주의자로 성장했다는 지적은(Vrettos 76) 상당히 타당성이 있어 보인다.

그런데 그녀가 성장했느냐 하는 문제는 그웬들런의 히스테리가 과연 치유되었느냐 하는 문제와도 일맥상통한다. 이 문제는 매우 중요한 문제이긴 하지만, 그녀의 성장에 관한 논의와 마찬가지로 한마디로 분명히 대답하기 어렵다. 앞에서의 히스테리 논의를 상기한다면 히스테리가 치유되었는가 하는 문제는 그녀가 "집안의 천사"로 복귀하게 되었는가 하는 문제와 거의 동일선상의 문제이기 때문이다. 그렇다면 이 문제를 다시 꼼꼼히 검토해 보자. 결말에서 그웬들런의 히스테리는 거의 치유된 듯하다. 구체적으로 그녀는 데론다와 미라(Mirah)의 결혼과 유대국가를 건설하기 위한 그의 출발에 남편의 죽음보다 더 큰 충격을 받지만, 데론다와 어머니에게 분명히 살겠다는 의지를 밝힌다. 뿐만 아니라 그녀는 매기(Maggie)나 에스터(Esther), 도로시아(Dorothea) 등 다른 작품의 여성들과는 달리, 결혼식 날 그에게 보낸 편지에서 죽거나 재혼하지 않고 살아남아 더 나은 여성, 즉 "최고의 훌륭한 여성"(840, 882)이 되겠다는 결심을 밝히며, 오펜딘의 집으로 다시 이사하여 이전에 무시하던 가족들을 따뜻하게 대한다. 이러한 결말은 얼핏 그녀가 데론다의 영향으로 사회에서 제 자리를 찾음으로써 히스테리 환자를 치료하는 당대 의사들의 목표대로 전통적인 착한 여성, 즉 "집안의 천사"로 성공적으로 복귀한 것처럼 보인다. 이것이 바로 작가가 의도한 결말이다.

그러나 그녀의 반응을 좀더 자세히 들여다보면 그녀에게는 히스테리 환자의 진정되지 않은 국면이 아직 남아있다. 다시 말해 그녀의 히스테리가 완전히 치유된 것은 아니라는 것이다. 예컨대 그녀는 데론다를 마지막으로 만난 뒤 살겠다고 약속하지만 말을 끝맺지 못하고 비틀거린다거나, 그가 아주 가 버리자 꼼짝없이 앉아 있다가 어머니에게 매달려 히스테리 발작을 일으킨다. 말로는 살겠다고 하지만 매우 히스테리컬한 그녀의 행동에서 "집안의 천사"로 복귀하는 히스테리 환자의 회복과정과는 다른 측면을 찾아 볼 수 있다. 이로써 행동 없이 말로만, 그리고 이렇다할 재산이나 일도 없이 의지만 갖고 가족에 복귀하려는 그녀의 회복과정이 그리 순탄치 않으리라는 사실이 암시된다. 더 나아가 넘치는 지적 포부를 지닌 히스테리 환자가 별다른 경제적·사회적 대안 없이 가족으로 복귀하는 것이 완전하고도 유일한 해결책이 될 수 없다는 사실도 암시하게 된다. 이런 사실은 브로이어의 유명한 환자였던 안나 O.가 히스테리에서 회복된 뒤 40년간 독일 이젠부르크(Isenburg)에서 고아원 원장이자 훌륭한 사회사업가가 되어 나중에 서독 정부의 표창까지 받은 역사적 사실을 회고해 볼 때(Hunter 269-73, 257; 헌터 161), 쉽게 확인되는 바이다. 이런 해석은 작가의 의도를 넘어 텍스트에 함축된 의미이다. 엘리엇이 그웬들런과 데론다의 양심의 유대를 칭찬하고 모르디케이에게 예언자의 역할을 부여했지만 그웬들런의 히스테리는 전통적으로 착한 여성이 되기를 고무하는 도덕적인 데론다 플롯이라는 내러티브의 주구조에 도전한다는 브레토스의 해석은[39] 서술구조 중심의 논의이긴 하나 히스테리와 밀접히 연관된 여성문제의 해결 없이 데론다의 도덕적 비전을 제시하는 것이 이 작품의 근본문제라는 점에서 정확한 분석이라 할 수 있다. 다시 말해 그녀의 히스테리 반응은 바로 이러한 틈새를 보여준다는 것이다. 이런 식으로 의미를 열어놓은 이 작품의 open-ending은 세상에 절대적인 진리의 담론이 없다는 푸코의 언급을 연상시키게 된다.

엘리엇은 많은 다른 19세기 소설처럼 이 작품에서 히스테리 환자인 그웬들런의 정신 질환을 통해 심리를 그리고, 그녀가 데론다와의 고백관계를 통해 그에게 감화받아 히스테리에서 치유되어 "집안의 천사"로 복귀하는 것으로 그리려 하였다. 그러나 작가는 깊은 심리적 통찰력으로 그웬들런에게 여전히 남아 있는 히스테리 반응 및 여느 평범한 히스테리

---

[39] 구체적으로 그웬들런의 꼼짝하지 않은 차가운 몸은 이전에 여러 번 얼어붙었던 공포의 순간을 상기시키며, 그녀의 이성적인 생존 의지는 히스테리 발작으로 가려진다. 그녀가 치료되었다는 유일한 증거는 그웬들런의 행동이 아니라 좋은 의도에서 찾아볼 수 있을 뿐이다. 어머니와의 밀접한 관계가 그녀의 재생을 암시하는 유일한 약속이지만, 어머니는 그웬들런의 정신질환에 별 도움이 되지 못하는 것으로 제시되었었다. 한마디로 그웬들런은 정신병을 고치지 못한 채 데론다의 도덕적 비전을 수용했기 때문에 그녀의 문제가 소설 끝에서 근본적으로 해결되지 못한다는 것이다. 이런 맥락에서 데론다의 영향으로 자란 그웬들런의 싹트는 양심이 텍스트의 도덕적·문화적 추방을 따르는 한편, 그녀의 히스테리컬한 환영은 모르디케이(Mordecai), 미라, 데론다의 정신적 얘기에 도전하고 소설의 주요 내러티브 목소리를 단절시키려 위협한다는 지적은 거의 동어반복적인 얘기라 하겠다. Vrettos, 78-79, 69, 74-75.

환자를 넘어선 측면을 통해 표면상의 변화 뒤에 숨어있는 빅토리아조 이상적 여성상에 대한 그녀의 도전을 그려냈다. 다시 말해 그웬들런의 히스테리와 가족에의 복귀를 통해 그녀의 몸에 새겨진 정신적·심리적 갈등을 충실히 표현한 뒤 그녀의 히스테리가 치유된 것으로 제시하려는 작가의 노력에도 불구하고, 결말 부분에 남아 있는 간헐적인 히스테리 발작은 독자로 하여금 그녀의 히스테리가 완전히 치유되지 않았음을 짐작케 함으로써 이 가족에의 복귀가 완전한 해결책이 아님을 암시한다는 것이다. 즉 그웬들런의 히스테리는 그녀가 도덕적 성장을 이룬 소설의 결말에서도 여전히 치유되지 않았으므로, 여성문제의 근본적인 해결 없이 치유될 수 없는 빅토리아조 여성 히스테리 환자의 제반 문제를 간접적으로 시사하게 된다. 이것이 당대의 문화적 담론을 뛰어넘어『대니엘 데론다』라는 문학적 텍스트가 이룩해낸 페미니즘적 성취이자 여성의 몸과 히스테리에 관한 담론과 관련하여 그녀의 히스테리가 이 작품에서 갖는 가장 중요한 의미로 보인다.

<인용 문헌>

근대영미소설학회.『영국소설사』. 서울: 신아사, 2000.

메르키오르, J. G.『푸코』. 서울: 시공사, 1998.

미셸 푸코 외/황정미 편역.『미셸 푸코, 섹슈얼리티와 정치와 페미니즘』. 서울: 새물결. 1995.

크리스 쉴링/임인숙 역.『몸의 사회학』. 서울: 나남, 1999.

푸코.『성의 역사』. 1권(이규현 역, 1976), 2권(문경자 & 신은영 공역, 1984), 3권.(이혜숙 & 이영옥 공역). 서울: 나남, 1997,

피터 브룩스/ 이봉지 & 한애경 역.『육체와 예술』. 서울: 문학과 지성사, 2000.

한국 페미니즘 학회 편.『페미니즘, 어제와 오늘』. 서울: 민음사, 2000.

한애경.『죠지 엘리어트와 여성문제』. 서울: 동인, 1998.

헌터, 다이앤, "히스테리, 정신분석, 페미니즘: 안나의 사례", 한 애경 외 공역.『여성의 몸, 어떻게 읽을 것인가?』(Katie Conboy, Nadia Medina & Sarah Stanbury eds. Writing on the Body의 발췌번역). 서울: 한울, 2001.

Adelson, Leslie A. *Making Bodies, Making History: Feminism and German Identity*. Lincoln: Nebraska UP, 1993.

Bailin, Miriam. *The Sickroom in Victorian Fiction*(The Art of Being Ill). Cambridge: Cambridge UP, 1994.

Beer, Gillian. *George Eliot*. Brighton: The Harvester Press, 1986.

Beer, Patricia. *Reader, I Married Him : A Study of the Women Characters of Jane Austen, Charlotte Bronte, Elizabeth Gaskell and George Eliot*. London and Basingstoke: The Macmillan Press LTD., 1974.

Belkin, Roslyn. "What George Eliot Knew: Women and Power in *Daniel Deronda*". *International Journal of Women's Studies* 4-5 (1981): 472-83.

Belsey, Catherine. "Re-reading the Great Tradition". *Re-Reading English*. Ed. Peter

Widdowson. London & New York: Methuen, 1982. 121-35.

Boone, Joseph Allen. "Wedlock as Deadlock and Beyond: Closure and the Victorian Marriage Ideal." *Mosaic* 17(1) (1984): 65-81.

Boumelha, Penny. "George Eliot and the End of Realism". *Women Reading Women's Writing*. Ed. Sue Roe. Brighton: The Harvester Press, 1987. 15-35.

Brooks, Peter. *Body Work: Objectives of Desire in Modern Narrative*. Cambridge: Harvard UP, 1993.

Brownstein, Rachel M. *Becoming a Heroine: Reading about Women in Novels*. Harmondsworth: Penguin Books, 1982.

Butler, Judith. *Bodies that Matter: On the Discursive Limits of "Sex"*. New York: Routledge, 1993.

_____. *Gender Trouble: Feminism and the Subversion of Identity*. New York & London: Routledge, 1990.

Cixous, Helene. "The Laugh of Medusa." *Feminisms: An Anthology of Literary Theory and Criticism*. Eds. Robyn R. Earhol & Diane Price Herndl. New Brunswick: Rutgers UP, 1991. 334-49.

Foucault, Michel. *The History of Sexuality*. Tr. Hurley, Robert. New York: Vintage Books, 1980.

Gilbert, Pamela K. *Disease, Desire, and the Body in Victorian Women's Popular Novels*. New York: Cambridge UP, 1997.

Grosz, Elizabeth. *Volatile Bodies: Toward a Corporeal Feminism*. Bloomington: Indiana UP, 1994.

Hunter, Dianne. "Hysteria, Psychoanalsis, and Feminism: The Case of Anna O." *Writing on the Body: Female Embodiment and Feminist Theory*. Eds. Katie Conboy, Nadia Medina & Sarah Stanbury. New York: Columbia UP, 1997.

Kakar, H.S. "Gwendolen and the Growth of Conscience", *The George Eliot Fellowship Review* 15(1984): 49-54.

Lindau, Bertha. *Feminism in the English Novel: George Eliot, Virginia Woolf, Doris Lessing*. Ph. D. dissertation, Univ. of South Carolina, 1979.

Matus, Jill L. *Unstable Bodies: Victorian Representations of Sexuality and Maternity*. Manchester & New York: Manchester UP, 1995.

McNay, Lois. *Foucault and Feminism: Power, Gender and the Self*. Cambridge: Polity Press, 1992.

Mintz, Alan. *George Eliot and the Novel of Vacation*. Cambridge, Massachusetts: Harvard UP, 1978.

Poovey, Mary. *Uneven Developments: The Ideological Work of Gender in Mid-Victorian England*. Chicago: Chicago UP, 1988.

_____. "Speaking of the Body: Mid-Victorian Constructions of Female Desire." *Body/Politics: Women and the Discourses of Science*. Eds. Jacobus, Mary, Keller, Evelyn Fox, Shuttleworth, Sally. New York & London: Routledge, 1990.

Ramazanoglu, Caroline, ed. *Up Against Foucault: Explorations of Some Tensions between Foucault and Feminism*. New York & London: Routledge, 1993. (Bailey, M. E. "Foucaultian Feminism Contesting Bodies, Sexuality, and Identity")

Showalter, Elaine. *The Female Malady: Women, Madness, and English Culture, 1830-1980*. Harmondsworth: Penguin Books, 1985.

Shuttleworth, Sally. "Female Circulation: Medical Discourse and Popular Advertising in the Mid-Victorian Era." *Body/Politics: Women and the Discourses of Science*. Eds. Jacobus, Mary, Keller, Evelyn Fox, Shuttleworth, Sally. New York & London: Routledge, 1990.

Stone, Donald D. "Victorian Feminism and the Nineteenth-Century novel". *Women's Studies*(1972): 65-91.

Vrettos, Athena. *Somatic Fictions: Imaging Illness in Victorian Culture*. Standford, California: Standford UP, 1995.

Widdowson, Peter & Selden, Raman. *A Reader's Guide to Comtemporary Literary*

Theory(Third Edition). Lexington, Kentucky: Kentucky UP, 1993.

Williams, Merryn. *Women in the English Novel 1800-1900*. New York: St. Martin's Press, 1984.

Yee, Carol Zonis. *Feminism and the Later Heroines of George Eliot*. Ph. D. dissertation: The Univ. of New Mexico, 1977.

Zimmerman, Bonnie Sue. "*Appetite for Submission*": The Female Role in the Novels of *George Eliot*. Ph.D dissetation. State Univ. of New York at Buffalo, 1974.

Ⅳ. 영국제국주의

Ⅳ-1. 영국 제국주의와 영국소설
―『맨스필드 파크』, 『제인 에어』, 『대니엘 데론다』

1

보통 1815년에서 1902년가지의 약 한 세기를 영국 제국주의 시대로 본다. 그 이유는 영국의 식민지 지배가 1815년에 불란서의 패배로 시작하여 1902년(the Boers)의 패배로 끝났다고 보기 때문이다(David 85). 이처럼 영국 제국주의 시대를 하나로 묶어 단일한 것으로 취급하는 경향이 있으나 이 시기는 약 한 세기에 걸쳐 있을 정도로 길고 단계에 따라 다소 다른 양상을 보이므로, 단계별로 나누어 살펴볼 필요가 있다.

토머스 매콜리(Thomas Macaulay)는 1800년에서 1900년까지 영국의 식민지 지배를 두 단계로 나누어 식민지 약탈이 주를 이루던 초기의 "지배"(dominant) 단계와 식민 지배자와 식민지인 사이 관계가 강제보다 동의에 기초한 "헤게모니" (hegemonic) 단계로 본다. 그는 1833년과 1835

년 영국 하원에서 두 차례 연설을 했는데, 1833년 첫 번째 연설에서는 동인도 회사에서 비효율과 부패를 없애고 동인도 회사를 정화시키려면 "삭제 작업"(the work of retrenchment)이 필요하다고 강조했다. 이 연설은 영국의 인도 지배 초기에 동인도 회사에서 일하는 영국인의 도덕적 해이(moral laxity)를 비판하고 극복해야 한다고 주장했다는 점에서(David 84) 중요하다. 또한 1835년 인도 교육에 관한 『비망록』(*Minute*)이라는 두 번째 연설에서는 영국 제국의 지배 후기인 헤게모니 단계에서는 인도인의 문명화에 초점을 맞추고 있다. 즉 그는 영국인들이 인도를 지배하면서 방탕한 행동에서 벗어나 "사심 없는 규율"(disinterested discipline)이라는 이상을 갖고 행동해야 한다고 주장했던 것이다. 그는 "우리와 우리가 지배하는 수백만 사이에 해석자가 될 수도 있는 계급, 혈통과 피부색에 있어서는 인도인이지만 취향, 의견, 도덕, 지력에 있어서는 영국인인 계급"을 만들어야 한다고 주장했다. 따라서 제국주의의 지배 초기 단계에서는 야만인을 통치하지만, 헤게모니 단계에서는 그들을 문명화시켜 지배해야 한다는 것이다(David 1995, 29, 32-33). 이런 매콜리의 틀을 빌려 보면, 영국 제국주의는 크게 지배 단계와 헤게모니 단계의 두 단계로 나뉜다.

이 논문에서는 빅토리아 시대 문학이 영국 제국주의의 발전 단계에 어떻게 조응하는지 문학 텍스트에 재현된 영국 제국주의를 살펴보고자 한다. 즉 근 90여 년에 달하는 영국 제국주의 시기를 단일체로 파악하고 제국주의와 소설을 논하던 기존의 연구에서 벗어나, 서로 다른 시기에 발표된 세 여성 작가의 작품에서 영국 제국주의가 구체적으로 어떻게 드러나며, 영국이 식민지를 바라보는 태도와 제국주의 종주국의 상황이 어떻게 반영되며 변화되는지 살펴보고자 한다. 특히 이 영국 제국주의의 단계를 탈식민주의의 여러 개념('혼종'(hybrid)과 '모방'(mimicry) 등) 중에서도 '타자'(other)에 대한 '두려움'(the anxiety)과 불안이라는 관점에서 분석하고자 한다. 이런 분석을 위해 영국 제국주의 초기·중기·후기의 작품으로 각기 『맨스필드 파크』(Mansfield Park, 1813)와 『제인 에어』(Jane Eyre, 1847), 그리고 『대니엘 데론다』(Daniel Deronda, 1876)를 택하여 각 시기를 대표하는 세 작품 속에서 영국 제국주의와 관련된 작품의 양상들을 뽑아 영국 제국주의의 진전과정이 어떻게 재현되는지 살펴보고자 한다. 아울러 영국 상류 젠트리 사회가 19세기 안티구아(Antigua) 사탕 농장과 서인도 제도(West Indies), 그리고 자메이카(Jamaica) 같은 제국의 식민지와 어떤 상호작용을 하는지에 관심을 둘 것이다. 따라서 이 분석은 영국 제국주의 시대의 단계별 진전에 따라 그 특징이 세 작품 속에 어떻게 재현되는지에 초점이 있다. 이런 연구를 통해 세 작가는 물론 19세기 소설문학과 영국 제국주의 간의 관계에 대한 간략한 지형도를 파악할 수 있을 것이다.

2. 제국주의의 등장과 『맨스필드 파크』(1814)

먼저 제인 오스틴(Jane Austen, 1775-1817)의 『맨스필드 파크』를 살펴보자. 이 소설은 영국 제국주의 시대가 시작(1815년)되기 바로 전인 1814년에 출판되었으므로, 제국주의 초기에 속한 작품이다. 이런 시대적 배경에 걸맞게 영국 식민지의 현실은 작품의 전면이 아니라 흘깃 스쳐 지나가는 배경 정도로 잠시 언급될 뿐이다. 당시 영국은 인도나 오스트레일리아 등 다른 나라에 식민지를 건설하여 자국 번영에 큰 혜택을 보고 있었지만, 이런 현실을 공공연하게 인정하기보다 감추고 싶어 했다.

이 작품에서 안티구아 식민농장을 다룬 분량은 전체 텍스트 중에서 극히 일부지만, 그렇다고 무시할 정도는 아니다. 왜냐하면 이 부분에서 식민 농장이 버트람 가로 상징되는 영국 상류 계급의 부와 사회적 권력의 중요 원천임이 밝혀지기 때문이다. 탈식민주의 비평의 원조라 할 수 있는 에드워드 사이드(Edward Said)가 제일 먼저 이 점에 주목하였다. 사이드는 그의 유명한 저서 『문화와 제국주의』(Culture and Imperialism, 1993)에서 이 점을 처음으로 자세히 분석하여 큰 반향을 불러일으킨 바 있지만,[1] 제국주의라는 더러운 역사와 "제휴"했기 때문에 이 작품을 던져버릴 필요는 없다고 했다(Henry 114).[2] 사이드에 따르면, 오스틴은 "식민지를 확장한 위대한 시기"(Said 1993, 81)가 빅토리아 시대에 들어오기 직전에 이 작품을 썼으며, 영국 신사가 시골 집(country house)에서 누리는 편안함이 안티구아 사탕 농장에서 벌어들인 수입에 의존하고 있다는 사실에 처음으로 주의를 환기시켰다. 즉 "한쪽에 가정의 평온과 매력적인 조화를 보장하는" 것이 "다른 쪽에는 생산과 규제된 원칙"(the productivity and regulated discipline of the other)이었다는 것이다(Said 1993, 87).

그러나 사이드는 영국 제국이 누리는 편안함과 식민 농장과의 관계가 어떻게 재현되고 있는지에 관해서는 언급하지 않았다. 본고에서는 이 식민 농장과 제국의 관계에 관심을 갖고 식민 농장에 대한 제국의 침묵과 영국에서의 가장 부재를 중심으로 살펴보려 한다.

---

[1] 사탕 농장과 노예제 등 이 안티구아 농장 일화는 제국주의와 관련하여 탈식민 비평에서 최근 그 중요성이 부각되고 있다. 이 농장을 탈식민주의(Postcolonialism)와 관련하여 논한 사이드의 『문화와 제국주의』 중 "제인 오스틴과 제국"(2장 2절) 참조.
[2] 특히 오스틴이 안티구아 노예제에 무심하다는 사이드와 영국에서 패니의 도덕적 지위를 안티구아 노예의 지위와 비교한 Kirkham, 118 참조. 프레맨은 오스틴이 안티구아 언급에 무심했으며 영국 제국을 옹호했다는 사이드의 묘사는 19세기 유럽 문화, 특히 영소설이 제국주의 정치에 동조했다는 그의 주장과 일치한다고 보지만, 오스틴이 토머스 경의 해외 재산을 맨스필드의 평온, 질서, 미의 확대로 보았다는 사이드의 전제는 맨스필드의 도덕적 타락에 대한 오스틴의 비판으로 거부될 수 있으며, 권위에 대한 오스틴의 페미니스트적 비판에 사이드가 무관심했다고 비판한다. Fraiman, 805-21, 특히 806-8, 810, 815; 이외에 Stewart, 105-136 참조.

이런 사실을 살펴보기 위해 패니 프라이스(Fanny Price)의 사회적 위치를 살펴보자. 그녀는 엄마의 세 자매 중 제일 못 사는 프라이스 부인(Mrs Price)과 무능한 전직 해군 대위의 아홉 자녀 중 맏딸로 열 살이 되던 해 포츠머스(Portsmouth)의 집에서 한 입 덜고자 이모부인 준남작(baronet) 토머스 버트람 경(Sir Thomas Bertram)의 대저택에 오게 된다. 그녀는 겁 많고 소심한 성격과, 나이에 비해 작고 별로 예쁘지 않은 외모와 나약한 심신, 그리고 제대로 교육 받지 못한 처지 때문에 낯선 맨스필드 파크에서 매우 위축된다. 이렇듯 패니는 버트람 경의 맨스필드 파크에서 살지만, 가난한 친척으로 더부살이하는 불편한 처지 때문에 주변적 위치에 머물러 있다.

이렇게 보이지 않는 사회적 억압 때문에 그녀는 사회적으로 억압받고 소외된 소수자나 식민지인 등 사회적 약자에 대해 각별한 관심과 통찰력을 갖게 된다. 게다가 내성적인 그녀는 사촌인 에드먼드(Edmund)의 격려와 지도 덕분에 많은 독서를 하게 되며, 이 독서로 인해 그녀의 통찰력은 더욱 예리해진다. 그녀가 어려서부터 식민지의 노예무역에 지니고 있던 관심은 소설에는 나오지 않지만, 패트리샤 로제마 감독의 1998년도 영화에서 열 살 되던 해 마차를 타고 맨스필드 파크로 오면서 해안에 정박해 있는 노예선을 보고 그 배가 뭐 하는 배인지 물어보는 그녀의 질문에서 이런 관심이 암시된다.[3]

이런 관심이 증폭되는 것은 사촌 오빠인 탐을 간호할 때다. 토머스 버트람 경이 사업상 안티구아 사탕 농장에 데려갔던[4] (1권 3장) 탐(Tom)은

---

[3] 로제마 감독의 영화 <맨스필드 파크>(1998)에서는 탈식민적 관점이 매우 강조된다. 성적·육체적으로 착취당하는 가히 충격적인 안티구아 노예들 그림이나 해안에 정박한 노예선을 본 패니의 질문 등에서 이 감독의 탈식민적 의식을 짐작해 볼 수 있다.
[4] Austen, Jane. *Mansfield Park*(Harmondsworth: Penguin Books, 1970), 28면. 이제부터 나오는 본문의 인용은 이 판에 의거하여 면수만 표기하기로 한다.

아버지보다 먼저 영국으로 돌아오게 된다(1권 4장, 33). 단지 낭비와 향락을 위해 태어난 듯 가정에 마음을 붙이지 못하고 이기적인 쾌락과 방탕한 생활을 하던 탐은 후에 회복이 불투명한 심각한 병에 걸린다. 그가 이렇듯 병든 이유는 평소 타락한 생활과 지나친 음주(388) 외에 식민지에서 본 충격적인 장면 때문일 거라 추정된다. 이런 짐작은 로제마 감독의 영화에서 다시 확인된다. 원작에는 없지만, 탐을 간호하던 패니는 어느 날 탐이 안티구아에서 그린 충격적인 그림들을 우연히 보고 큰 충격을 받게 된다. 이 그림들은 주로 인종차별과 피식민지 여성에 대한 영국 지배자들의 성적 학대에 관한 내용이며, 이로써 패니는 영국의 식민지 지배의 부패하고 부도덕한 낌새를 엿보게 된다.

패니가 후일 버트람 경에게 노예무역에 대해 질문하자, 식민지 안티구아의 노예제 운영으로 이익을 보는 영국귀족이었던 버트람 경은 대답하지 않는다. 그가 대답하지 않는다고 해서 식민지 현실이 은폐되는 것은 아니지만, 그는 "완전한 침묵"(dead silence)으로 대답을 기피한다. 이처럼 1813년이라는 식민지 지배의 초기 단계에 영국 제국의 식민지 지배는 패니의 질문과 버트람 경의 "침묵" 이상으로 진전되지 않고 간접적으로 그려진다. 그의 침묵은 버트람 경으로 대변되는 백인 지배 담론에서 식민지 경영에 대한 침묵으로 보아도 좋을 것이다. 이처럼 이모부가 지닌 재산과 지위에서 소외된 패니는 버트람 경의 식민주의적 관심에 동조하기보다 비판적인 태도를 갖게 된다. 이런 거리감은 더 나아가 금전적으로 의존적인 미혼 여성으로서 "자기 나라에서 일종의 망명자"로서 인물과 아이러니컬한 거리를 견지하는 오스틴의 지위를 암시한다(Henry 116).

한편 토머스 경이 경영하는 서인도 제도 안티구아 식민지의 노예제 사탕 농장은 본국인 영국 지주들의 부와 정치권력을 위해 존재한다. 다시 말해 이 안티구아 식민지는 영국인들이 누리는 사치스럽고 여유로운 물적 생활의 토대가 된다. 이처럼 식민지에서 벌어들인 돈이 맨스필드 파크로 대변되는 당시 영국 상류계급이 누리는 부의 원천이지만, "침묵"으로 대답을 회피하는 버트람 경의 태도에서 보듯 식민 지배는 간접적으로 묘사된다.

또한 이 작품에서 식민지가 본국에 미친 영향은 가장의 부재에 대한 불안으로 나타난다. 버트람 경은 식민지 경영을 위해 안티구아 식민지에 많이 머물러야 하므로, 영국 집을 오래 비운다(Henry 115).[5] 부도덕한 <사랑의 맹세>(*Lovers' Vows*)라는 연극을 공연하던 도중 아버지의 갑작스런 등장으로 1권 18장 끝에서(155) 연극이 중단되는 장면은 탐과 줄리아(Julia), 마리아(Maria) 등 자녀들의 타락(및 버트람 부인의 무능함)과 관련하여 상징적 의미를 갖는다. 영국 지배계급은 식민지 경영에 힘쓰느라 자주 영국에 부재하며, 이 가장의 부재는 가정과 국가의 불안, 즉 자녀의 타락(가정의 혼란)과 영국 상류계급의 도덕적 타락(국가의 혼란)을 초래한다. 이처럼 제국주의 초기에 영국인들은 타자(식민지인)를 두려워하기보다 식민 경영에 몰두한 가장의 부재 때문에 가정과 영국에 어떤 영향이 초래될 것인지 불안해한다. 이런 가장의 부재에 대해 분별력 있고 신중한 패니가 가장이 부재한 영국 가정을 굳건히 지킬 하나의 대안으로 제시된다.

이처럼 식민지 경영으로 부를 누리던 영국 상류사회 거실에서 식민 경영에 관한 화제는 회피되었다. 이런 맥락에서 실제 정치 현실에서는 영국의 제국 지배가 무척 중요했지만 대체로 19세기 소설에서는 제국과 인종 문제가 중요하게 다뤄지지 않았으며, 위대한 제국주의 시기 초반에

---

5) 버트람 경은 1권 3장(28면)에서 식민지 사업을 잘 해결하려고 안티구아 농장으로 떠났다가 1권 18장(155) 끝에서야 다시 등장한다. 이처럼 전체 432면 중 127면의 공백 뒤에 재등장함으로써, 그는 약 1/3이나 부재한다.

제국은 아직 점잖은 대화의 주제나 중요한 문학적 재현의 주제가 아니었다는 지적이(David 84-85) 적합하다. 다시 말해 제국의 초기에 제국은 문학적 재현에 있어 식민지 경영에 대한 침묵이나 가장의 부재에 대한 두려움 등 우회적으로 다뤄졌던 것이다.

3. 제국주의의 융성과 『제인 에어』(1847)

샬롯 브론테(Charlotte Bronte, 1816-1855)의 『제인 에어』는 영국 제국주의 시기의 중반인 1847년에 출판되었다. 이 작품에서는 영국 제국주의가 로체스터(Rochester)와 제인(Jane), 버사 메이슨(Bertha Mason), 세인트 존 리버즈(St. John Rivers) 등 거의 모든 주요 인물의 삶과 밀접한 관련 하에 그려짐으로써, 서인도 제도라는 제국의 식민지가 보다 본격적으로 작품의 전면에 등장하게 된다. 가령 무일푼의 고아로 출발하여 외삼촌이 인도에서 벌어들인 막대한 유산 덕분에 가정과 재산, 사회적 신분을 얻게 되는 제인, 젊은 시절 식민지 인도에서 한 사업과 혼혈아 버사와의 결혼 덕에 큰돈을 번 로체스터, 인도에 선교사로 가려는 세인트 존, 그리고 자메이카 식민지에서 로체스터와 결혼하여 그에게 막대한 재산을 증식시켜주지만 다락방에 감금당하는 버사가 바로 그런 예들이다.

영국 제국주의가 번성한 중기에는 이른 바 제국주의가 식민지를 약탈하던 지배 단계에서 헤게모니 단계로 접어들게 된다.6) 이 작품에서 로체스터와 세인트 존을 통해 이 두 단계를 다 볼 수 있다. 식민지에서 부를

---

6) 제인이 "지배"에서 "헤게모니" 단계로 발전한 제국주의를 보여준다는 주장은 스피박이 그 원조이며 실제로 스피박은 바로 그렇기 때문에 이 작품이 문제가 많은 텍스트라고 비판하지만, 본고의 초점은 이런 비판보다 이 작품에서 제국주의 진행의 한 국면이 어떻게 반영되는가 하는 점에 있다.

가져오는 첫 번째 약탈 단계의 대표자는 바로 로체스터다. 로체스터는 젠트리인 아버지가 제공하는 높은 사회적 지위를 갖고 있었지만, 아버지가 형에게만 유산을 상속해주었기 때문에 돈 없는 차남으로 젊은 시절 인도에 가서 상당한 재산을 모았던 것이다. 그 위에 자메이카(Jamaica) 식민지에서 부유한 식민지 농장주의 딸이자 혼혈아인 버사와 결혼해 더욱 재산을 증식시켰다. 그러므로 로체스터의 사회적 지위는 본래 물려받은 것이지만, 부의 원천은 젊은 시절 그가 서인도 제도에서 자신의 노력으로 벌어들인 돈과 버사와의 결혼으로 인한 3만 파운드다. 이와 같은 부의 축적은 1847년 당시 영국에서는 드물지 않은 일이었으며, 이로써 그는 영국 제국주의 초기의 약탈 단계를 명백히 보여준다.

제국주의는 제인에게도 커다란 영향을 미친다. 로체스터에 비해 경제적으로나 사회적으로 열등한 위치에 놓여 있던 제인은 후반부에서 높은 사회적 지위와 재산을 다 얻게 된다. 그녀는 세인트 존과 다이애나(Diana), 메리(Mary) 등의 사촌으로 밝혀지고 돌아가신 외삼촌의 유산 덕분에 경제적·사회적 지위가 향상되어 로체스터와 어느 정도 대등한 입장에서 결합한다. 이런 결합을 하는데 지대한 공헌을 하는 것은 바로 다름 아닌 돌아가신 외삼촌 존 에어(John Eyre)가 남긴 이만 파운드라는 막대한 유산이다[7]. 이 외삼촌의 재산은 영국의 식민지인 서인도의 마데이라 제도(Madeira)에서 벌어들인 것이다. 이러한 연유로 제인도 영국 제국주의와 무관할 수 없게 된다.

세인트 존은 영국 제국의 헤게모니 단계를 보여준다. 원주민을 개화시켜 제국의 유능한 하인일 뿐 아니라 영국 상품의 고객을 만들어야 한다

---

[7] 이 점에 관해 이 작품이 경제적 부에 의해서 뿐 아니라 서술과 재현의 면에서도 식민지와 관련됨을 논한 스피박의 "Three Women's Texts and A Critique of Imperialism", 145-65 참조.

는 매콜리의 주장처럼(David 1995, 32), 세인트 존은 선교를 통해 식민지를 지배하려 했던 것이다. 잘 생기고 훌륭한 교육을 받은 그는 종교적 삶에 헌신해 인도에 선교사로 가려 하며 제인이 선교사의 조수이자 아내로서 적합하다고 확신하고 인도에 데려가려 한다. 그는 "당신은 온순하고, 부지런하며, 공정하고, 충성스러우며, 한결같고 용기가 있죠. 매우 온화하고 매우 영웅적이죠."8)라고 말하면서 제인에게 청혼한다. 그는 이런 결혼이 신을 위해 정당화될 거라 믿으면서 사랑보다 의무를 위해 청혼하는 것이다.

그는 이처럼 제인을 선교사에게 적합한 "신의 도구"로 본다. 그의 선교 사명은 영국을 "신이 우리에게 맡긴 위대한 국민[인도인]"(David 1995, 33)에게 은혜를 베푸는 은인으로 표현한 매콜리의 1885년 의회 연설을 상기시킨다. 그가 기독교를 전해 식민지를 개화시키려는 고귀한 사명을 지닌 인물이라기보다 그리스 조각이나 얼음같이 차고 이성적인 인물 내지 이성과 독단적인 종교를 대변하는 부정적인 인물로 그려진 것은 식민지를 약탈하는 "지배" 단계에서 "헤게모니" 단계로 접어든 제국의 변화과정과 무관하지 않다. 선교사는 식민지에서 기독교를 전하고 식민지인을 개화시키는데, 결과적으로는 이 개화가 헤게모니 단계의 식민지 지배를 돕게 된다. 따라서 제인을 선교의 도구로만 간주하는 존의 태도에서 그의 고귀한 사명 이면에 숨은 제국의 이기적인 지배욕이 감지된다.

『맨스필드 파크』에서 식민지 경영에 대한 제국의 언급 회피나 본국에서 가장의 부재 때문에 초래될 가정적·국가적 혼란에 대한 막연한 불안과는 달리, 이 작품에서는 식민 지배자가 식민지인에게 갖고 있던 불안, 즉 식민지인의 역공(counter invasion)에 대한 불안과 두려움이 직접 드러난

---

8) Bronte, Charlotte. *Jane Eyre*. Harmondsworth: Penguin Books, 429. 이제부터 나오는 본문의 인용은 이 판에 의거하여 면수만 표기하기로 한다.

다. 로체스터는 식민지에서 데려온 미친 아내와 사는 것보다 자살을 생각할 정도로 그녀를 두려워한다. 이런 두려움은 폭풍우와 광란의 밤, "유황 같은 서인도의 밤"(335)에 묘사된다.

> "잠을 이룰 수 없어 침대에서 일어나 창문을 열었소. 공기는 유황의 증기 같았고—기분을 상쾌하게 해줄 것은 어디에도 없었소. … 그것은 [달은] 폭풍으로 떨고 있는 이 세상에 최후로 핏발선 시선을 던졌소. 이런 분위기와 광경에 내 신체는 영향을 받았소. 내 귀에는 미친 여자가 더욱 찢어지게 퍼붓는 저주가 가득 찼소." (335)

그를 이런 두려움에서 구해주는 것은 "유럽에서 불어온 신선한 바람"(336)이다. 이와 같이 자메이카(Jamaica) 출신의 크레욜(Creole 서인도 태생의 유럽사람)인 미친 버사는 영국 사회에 위협적인 통제 불가능한 존재이므로, 로체스터는 그녀를 손필드(Thornfield)의 다락방에 가둔다.9) 여기서 타자인 식민지인의 역공격에 대한 제국의 불안과 두려움을 볼 수 있다.

그런데 이런 타자의 역공에 대한 불안과 두려움을 해결하는 하나의 방안으로 제인이 영국 제국주의에 필요한 모든 미덕을 갖춘 이상적인 여성으로 제시된다는 점에 주목할 수 있다. 제인은 작품에서 "의지와 활력, 미덕과 순결"을 지닌 "단호하고 …자유로운 인물"(344-45)로 묘사된다. 이런 묘사가 제인의 작고 나약한 측면을 무시하고 강인한 측면만 본 세

---

9) 로체스터는 버사에게 성적으로 강하게 이끌려 결혼하지만, 영국에 돌아온 후 버사를 두려워한다. 버사는 데이비드가 바람직하게 본 인도의 Babu(영국 교육을 받은 원주민 공무원, 또는 제국을 유지하기 위해 제국에 의해 문화적 번역을 훈련받은 서발턴 인물) 같은 인물이 될 수도 있었겠지만, 그렇게 되지 못한다. David(1995), 33. 이 점에 관한 아짐의 다음 지적은 설득력이 있다. "버사 메이슨이라는 인물은 교육하고 식민화하려는 사업의 실패를 나타내기 때문에 중요하다. 반항적이고 저항적인 버사는 지배적이고 권력지향적인 제국주의자와 그들의 교육과정을 받아들이지 않는다." Azim, 183.

인트 존의 착각이자 환상이라는 비판이 있지만, 그럼에도 불구하고 이 점에 관한 데이비드의 언급은 주목할 만하다. 데이비드에 의하면, 제인은 영국에서 제국을 지배하기 위해 필요한 도덕적 권위와, 기후나 음식, 그리고 일반적으로 인도나 아프리카, 서인도에서 발견되는 비-앵글로 색슨 족의 존재방식에서 생존에 필요한 신체적인 인내를 지닌 인물이며, 제인의 이상적인 도덕은 우울하게 유색 인종(버사)으로 오염된 로체스터를 정화시킨다는 것이다. 또한 제인은 도덕적 완전함과 신체적인 힘, 영국성(Englishness)에 대한 찬미를 통해 영국이라는 국가의 정체성을 세워주는 인물로서, 아마 존을 따라 갔다면 그를 보필하는 이상적인 선교사의 아내로서 인도에서 아주 편히 살았을 것이라 언급된다(David 91-92). 이런 지적은 제인에게 이런 강인한 측면이 없지 않다는 점에서 설득력이 있다.

이와 같이 제국주의 시대 중기작인 『제인 에어』에서는 영국 제국주의가 제인과 로체스터, 버사, 세인트 존 등 주요 인물과 불가분의 관계를 맺음으로써, 큰 비중을 갖고 보다 본격적으로 작품의 전면에 등장하게 된다. 샬롯 브론테는 제국주의의 중기에 본격적으로 등장한 영국 제국주의에 대해 의문을 제기하면서도 그 제국주의가 주요 인물들과 밀접한 관계를 맺는 양상을 추적한다. 아울러 식민지의 약탈 단계에서 헤게모니 단계로 접어든 이 중기에 버사에 대한 로체스터의 두려움을 통해 제국의 초기에 지배계급 가장의 부재에 대한 불안이 타자인 식민지인의 역공에 대한 불안으로 한 단계 진전되었으며, 이런 불안에 대해 제인이 제국에 필요한 이상적인 여성으로 제시되었음을 알 수 있다.

4. 제국주의의 몰락과 '은유': 『대니엘 데론다』(1876)

1876년에 출판된 조지 엘리엇(George Eliot)의 마지막 장편인 『대니엘 데론다』는 영국 제국주의 후반기에 속하는 작품이다. 오스틴처럼 19세기 소외된 미혼여성이었던 엘리엇은 여러 편의 장편소설의 성공을 통해 금전적으로 독립하지만, 소외된 소수민에 대한 관심을 잊지 않는다(Henry 116)[10]. 이제 영국 제국주의는 한창 전성기에서 바야흐로 몰락의 내리막길에 접어든다. 영국 상류 사회는 제국주의의 번영으로 한때 풍요를 누렸지만, 이제 식민지 경영의 부패가 극에 달한 제국 말기에 지배계급은 부패하고 타락하여 막다른 골목에 도달한다. 따라서 이 작품에 이르면 영국 제국주의 및 식민 지배는 일종의 '은유'(metaphor)로서 재현된다.

영국 제국주의의 은유는 주로 그웬들린 할러스(Gwendolen Harleth) 플롯에 주로 등장한다.[11] 그렇다고 그웬들린이 『맨스필드 파크』의 패니처럼 제국주의에 직접 관심을 지닌 것은 아니다. 그녀는 자기 가족이 먹고 사는 수입원이 식민지에서 벌어들인 돈이지만, 식민지의 재산 상태에 무관심하다. 그녀는 아버지가 서인도에 재산을 가지고 있다는 어머니의 말도 무심히 흘려듣고, 할아버지가 서인도에서 재산을 모았다는 것만 간신히 기억할 정도이다. 대부분의 돈을 투자한 인도의 회사(Grapnell & Co.)가 파산하자 이 돈 외에 별도의 유산이 없기 때문에 경제적 어려움에 봉착할 정도로 그들의 삶은 식민지와 밀접하게 관련되어 있지만, 그녀는

---

[10] 필자가 엘리엇의 작품을 택한 이유는 조지 헨리 루이스(George Henry Lewis)와 동거한 경험 때문에 그녀가 여성이나 식민인 같은 사회적 소수자에 관해 잘 알고 있었기 때문이다.

[11] 물론 데론다 플롯에서도 제국주의의 은유를 볼 수 있다. 데론다도 패니처럼 사회적·경제적 특권을 누리지만, 토지지주 귀족인 위고 경(Sir Hugo)의 양자라는 위치 때문에 자신을 상류 사회에서 소외된 '외부인'으로 느낀다. 그는 자신이 유대인이라는 사실을 안 뒤 사회적으로 소외되거나 권리를 박탈당한 소수자나 유대인, 여성, 피식민지인 등에게 더욱 관심을 갖는다. Henry, 116.

이런 식민지에 대해 무지하다. 에어(Eyre) 총독이 진압한 식민지 자메이카 반란에 무관심한 어머니처럼, 그웬들런 역시 자기 인생을 즐겁게 만드는 방법에만 몰두하여 영국의 제국주의는 물론 동시대인 1865년에 미국 남북전쟁에서 남자들이 어떻게 죽었으며, 북부의 랭카셔(Lancashire) 목화 노동자들이 남쪽 항구의 봉쇄로 인한 실업 때문에 어떻게 "빵을 줄였는지" 전혀 모르며 알려고 하지도 않는다. 그녀는 이처럼 그녀의 삶과 밀접하게 얽힌 제국의 영향 및 대서양 건너편에서 일어난 미국의 남북전쟁과 노예제도 등에 대해 무지하다.

이처럼 그녀가 제국주의에 직접 관심을 가진 것은 아니지만, 특히 그녀의 심리 묘사에서 영국 제국의 지배 및 식민화(colonization)의 은유가 많이 나타난다.12) 제국주의에 대한 토머스 매콜리의 긍정적이며 낙관적인 예상과는 달리, 영국 제국주의 및 식민 지배계급은 몹시 부패하게 되며 이런 양상은 제국주의의 은유로 나타난다. 논의의 편의상 그웬들런의 결혼 전 상황과 그랜코트와 그웬들런의 결혼생활, 그랜코트의 익사, 결말을 중심으로 굴절된 제국주의의 심리를 드러내는 이 '제국'의 은유를 살펴보자.

첫째로, 그웬들런의 결혼 전 상황을 살펴보면, 제국주의의 비유가 확실히 드러난다. 가령 그웬들런은 헨리 그랜코트(Henleigh Grandcourt)와 결혼하기 전 "가정이라는 제국"13)에서 "망명 중인 공주"(53)처럼 군림한다. 그녀가 집안에서 이렇게 군림할 수 있었던 것은 친아버지 할러스(Mr

---

12) 데이비드의 이런 은유 분석은 헨리에게 비판을 받았다. 영국 상류계급이 실제로 제국을 건설할 때 그웬들런은 심리적 식민화에 바쁠 따름이며, "실제 제국"과 그웬들런의 "심리적 제국주의"에 관한 데이비드의 일반화는 둘 사이의 관계를 명쾌히 밝혀주지 못한다는 것이다. 그러나 데이비드의 분석은 제국 말기의 여러 특성을 암시해준다는 점에서 여전히 유용한 분석틀이다. Henry, 122.
13) Eliot, George. *Daniel Deronda*. Harmondsworth: Penguin Books, 1967, 71. 이제부터 나오는 본문의 인용은 이 판에 의거하여 면수만 표기하기로 한다.

Harleth)가 죽고 남자라고는 없는 가정에서 어머니의 편애를 받는 맏딸이었기 때문이다. 그녀는 결혼한 뒤 자신이 남편을 주도하는 삶을 꿈꾸고 있으며, 자신의 미모에 대한 자신감 때문에 남편을 지배할 것이라고 막연히 확신한다. 그런데 "자신에게 기분 좋은 것"(69)만 하려는 그녀의 "철없이 어리석은 지배욕"(39)은 "거리낌 없는 남성"의 태도와 연관된다. 이처럼 그녀는 자기중심적인 남성들의 지배의지를 모방하지만, 완전히 닮을 수는 없다. 이런 그녀의 지배의지는 이른바 호미 바바(Homi Bhabha)의 "모방"(mimicry), 즉 자신들과 "거의 같지만 완전히 같지 않은"(89) 식민지인의 모방을[14] 상기시킨다.

이 점은 그녀가 젊음과 지성, 미모를 겸비한 백인 상류계급 여성으로서 남성을 지배하려 하나, 남성의 응시대상일 뿐이라는 사실에서도 확인된다. 가령 그녀는 그로스비노 스퀘어(Grosvenor Square)나 타운 하우스 등에서는 남성들의 응시(gaze) 대상으로, 룰렛(roulette)이라는 도박에 몰두한 유럽 도박장에서는 데론다의 응시대상으로, 첫 번째 연극장면이나 결혼 첫날 남편의 가문에 전해 내려오는 다이아몬드 반지에 동봉된 리디아의 복수 편지를 읽고 히스테리 발작을 일으키는 장면에서는 그랜코트의 응시대상으로 그려진다. 그녀는 결혼 전에는 미모나 지위 등에서 바람직한 규수로, 결혼한 뒤로는 고통을 감추고 행복한 척 하는 귀부인, 즉 "남편의 엄한 눈초리 아래 아내 역할에 충실한지 아닌지 감시당하는 그랜코트 부인으로 무대에 등장한다"(608). 이처럼 정치적·경제적·사회적 힘이 없는 여성은 언제나 "사회적·성적 전시의 대상"(Brooks 270, 254)일 뿐이다.

---

[14] 호미 바바(Homi Bhabha)에 따르면, 영국(제국주의)과 피식민지(hybrid identity) 사이의 상호 도전을 해결해야 했던 식민지인 뿐 아니라 지배자도 식민지인에게 두려움을 갖는다고 한다. 파농, "검은 피부, 하얀 가면"(Black Skin, White Masks) 참조.

둘째로, 그웬들런과 그랜코트의 결혼생활에서도 제국주의 및 식민지 지배의 은유가 탁월하다. 결혼 전 자신의 미모로 남편을 지배하기 원한 그웬들런처럼, 그랜코트가 그웬들런을 택한 이유 역시 지배의지의 충족이다. 그는 위고 경(Sir Hugo Mallinger)의 조카이자 유산상속자이며 외가로부터 준남작 작위까지 물려받을 큰 재산과 지위를 지닌 잘생긴 35세의 독신 귀족이자 위고 경처럼 상속받은 토지에서 지대 수입을 받아 사는 지주로서, 지주와 귀족중심으로 구성된 당대의 신사지배계급에 속해 있다. 그가 자신의 지배력에 맹목적으로 집착하는 것은 식민지를 지배하는 당대지배계급의 특성을 전형적으로 대변한다. 그의 유일한 관심사는 바로 다른 남자를 지배했을 이 여성의 "완전한 주인"(346)이 되어 가정이란 제국에서 군주처럼 군림하는 것이다.

그의 지배는 탁월한 식민 지배자의 지배에 비유된다. 전혀 물리적 폭력을 행사하지 않으면서 저항할 수 없는 힘으로 자신의 의지를 강요하는 "말은 없지만 엄청난 그의 지배력"(656)은 단지 아내에 대한 남편의 지배의지로 보기에는 지나친 면이 있다. 영국 지배계급과 식민지 지배는 밀접한 관련이 있기 때문에 겉으로는 점잖지만 고단수로 옥죄는 그의 지배의지 및 도덕적 타락은 헤게모니 단계의 영국 제국주의, 즉 식민 지배자가 식민지인에게 갖는 지배의지 및 그런 지배의지를 지닌 영국 지배계급의 총체적 타락을 상징하게 된다. 그의 행동반경은 가정과 상류사교계, 요컨대 그의 주변여성들과 노예 같은 존재인 러시(Lush), 그리고 개에 국한되어 있지만, 그의 지배는 영국 제국주의 및 식민 지배에 비유된다. 가령 그녀의 지배는 "왕의 대표자"(736)나 "전제정치"(736), 제국 및 훌륭한 식민 통치자 등의 그것에 비유된다. 또한 그녀는 "남편이 지배하는 두려운 제국"(479)에서 희생되는 것으로 묘사된다. 식민 지배에 대한 가장 명백한 언급은 또는 "깎아지른 듯한 옆모습에 흰 손을 지닌 이 사나이가 다루기 까다로운 식민지를 다스리는데 파견되었더라면, 그는 당시 사람들 사이에서 명성을 얻었을 것"(655)이며, 그들을 "달래기보다 전멸시켜 버리는 게 더 안전하다"(655)고 생각했을 것이다. 토지의 상속 외에 정치·사회적 동향에는 전혀 관심 없는 그가 관심을 가진 분야에서는 "가장 방대한 대륙의 문제를 다루는 성공적인 외교적 수완"(645)을 발휘하는 것으로 비유된다. 이 인용문들에서 그가 식민지 감독관에 적합했을 것이라는 비유 등은 단순히 가정에서 아내를 지배하는 개인적으로 탁월한 그의 지배능력을 비유한다기보다, 겉으로는 온건하지만 말없이 효과적으로 식민지를 지배하는 영국 제국을 상징한다.

이런 은유는 실제 식민지 상황에 대한 무지와 태만에도 나타낸다. 영국 거실의 점심 파티에서 1865년 자메이카 폭동에 대한 대화는 지배계급이 그토록 두려워하던 반란이 실제로 일어났음을 보여주며, 동시에 식민지의 반란을 바라보는 영국 지배계급의 태도를 잘 드러낸다. 가령 그랜코트는 자메마카에서 모랜트 만(Morant Bay)의 반란을 일으킨 자메이카의 흑인을 침례는 받았지만 야수 같은 "캘리반"(Caliban)이라 부르며, 몇몇 사람은 모든 문제에 대해 혼혈종(half-breeds)을 비난해야 한다고 말한다. 이와 같이 반란의 원인을 진지하게 생각하지 않고 식민지인을 모두 야만인으로 간주하는 그들의 태도는 부패한 영국 상류사회가 그들의 부의 근원인 식민지에 대해 매우 무지하다는 사실을 입증한다. 다시 말해 우려하던 타자의 역공격이 실제로 일어났는데, 이 역공에 대한 그들의 무감각한 반응은 그들이 식민지의 상황이나 현실을 제대로 인식하지 못한 채 무조건 식민지인을 무시하는 태도를 보여준다는 것이다. 이런 식민지에 대한 무지는 캐나다에 대해 아무 것도 모르면서 캐나다가 자기의 미래라고 아버지를 설득하는 그웬들런의 사촌 렉스(Rex)의 환상에서도 입증된다. 소년들의 모험담에서 유래한 렉스의 환상은, 식민지로의 이민을 "문명"에서 도피하는 것 정도로 여기는 영국인의 태도를 암시한다 (Henry 119).

이처럼 그웬들런을 옥죄어 억압하는 그의 냉혹한 지배의지는 식민제국을 경영하는 빅토리아조 후기 타락한 영국 상류지배계급의 정복욕과 지배욕을 드러낸다. 이런 인과관계에서 남편의 지배의지와 억압 하에서 질식할 상태에 놓인 그웬들런의 결혼생활은 그랜코트와 그가 속한 영국 지배계급의 제국주의를 근본적으로 비판하게 된다.

셋째로, 그랜코트의 익사에 대해 살펴보자. 구체적으로 그웬들런은 불행한 결혼 생활에서 남편에게 증오심과 살의를 느끼며 동시에 이런 자신을 두려워하는 갈등의 정점에서 지중해 제노아(Genoa)로 요트 여행을 떠난다. 이 제노아 여행은 그랜코트의 지배를 단적으로 보여준다. "당당하고, 창백하며 평온"(745)한 그녀는 모든 구경꾼들에게 남들이 부러워하는 아름다운 귀부인이자 더할 나위 없이 다정한 부부로서 "극적인 재현처럼 아름다운 장면"(745)을 연출하지만, 폭군처럼 자신을 지배하려는 남편에 대한 분노 때문에 실제로는 매우 불행하다. 바로 이때 그녀는 눈앞에서 남편이 바다에 빠진 것을 보고 한 순간 마비되어 있다가 나중에 밧줄을 던지고 뛰어들기까지 하지만 남편은 결국 익사하며, 남편의 죽음으로 인해 이 끔찍한 결혼생활에서 해방된다. 여기서 우리의 관심은 지금까지도 논란이 분분한 그랜코트의 익사에 대한 그웬들런의 책임 유무보다 이런 살의와 남편이 죽었을 때 느끼는 해방감이 노예의 그것과 유사하게 묘사된다는 점이다. 예컨대 두려움에 근거한 격렬한 증오 때문에 (737) 남편의 죽음을 갈망하는 그녀의 살해의지 및 남편이 익사했을 때 그녀가 느낀 해방감은 피압박자인 노예가 느끼는 감정, 더 나아가 식민지인이 영국 지배자에게 느끼는 살의 및 해방감에 비유된다. 여기서 다시 제국주의의 '은유'를 보게 된다. 이런 관점에서 엘리엇이 여주인공인 그웬들런의 심리 상태를 묘사하면서 식민화(colonization)의 은유를 발전시켰다는 지적(David 95)은 매우 적절하다.

넷째로, 영국 제국주의와 관련하여 결말을 어떻게 해석할 수 있을까? 이 작품의 다른 주인공인 데론다(Deronda)는 자신의 출생을 발견한 뒤 미라(Mirah)와 결혼하고 유대민족국가 건설이라는 소명을 발견하지만, 남편을 잃은 그웬들런에게는 내면적 변화 외에 재혼이나 직업 등 아무 것도 주어지지 않는다. 타락한 영국 제국주의에 대한 대안은 데론다 플롯의 유대 국가 건설로 암시되지만, 이는 현실성이 매우 희박하다. 다른 하나의 해결방안은 이기적인 존재에서 이타적인 존재로 변한 그웬들런의 내면적 변화다. 그녀는 데론다의 결혼식 날 그에게 보낸 편지에서 죽지 않고 "다른 사람을 기쁘게 하는 훌륭한 최고의 여성"(882)이 되겠다는 결심을 밝히며, 예전에 살던 오펜딘(Offendene)의 옛 집으로 다시 이사하여 어머니와 여동생들에게 이전보다 따뜻한 태도로 대한다. 그녀는 이제 자기 고통에서 벗어나 미국 남북전쟁과 랭카셔 면 노동자들 같은 타인의 고통과 세상사에도 관심을 갖게 된다. 그녀는 자신의 삶에서 다른 사람에게 '빚'을 졌다고 여기고 "작은 이기적인 욕망의 만족"(502)보다 "더 숭고한 종교적 삶"(507)이나 자기보다 더 불행한 타인에게 관심을 가지려 애쓴다. 그녀의 이런 변화는 다른 비유를 빌어 "이 섬세한 배 [인 여성들] 안에는 인간의 애정이라는 보배가 여러 시대에 걸쳐 담겨 있다"(159-60)고 전달되기도 한다. 그녀는 이 "인간의 애정"으로 사회적으로 소외된 소수자에게 관심을 갖게 되며, 이 소수자 속에 유대인은 물론 식민지인도 포함될 수 있다. 이처럼 그웬들런에게 내재된 막연하나마 이 '인간의 애정'이 부패한 영국 제국주의를 타개할 유일한 해결책으로 보인다.

작가는 이러한 비유를 통해 영국의 제국주의 말기 식민지를 경영하다가 타락하게 된 영국 지배계급과 식민지인을 구원할 힘은 여성에게 잠재된 "인간의 애정"에 있다고 암시한다. 이런 맥락에서 자기 문제에서 벗어나 주변인에게 애정을 갖게 된 그웬들런의 변화는 제국주의와 관련하여 바람직해 보인다. 따라서 그녀의 변화나 다른 세상에 대한 그녀의 인식은 그저 단순히 내면적 변화에 그치는 것이 아니라, 좀 더 실제적인 변화의 가능성을 담지하게 된다.

5

이상에서 시간적으로 거리가 있는 19세기 초기에서 중기와 후기의 세 작품에 묘사된 영국 제국주의의 진전 과정, 즉 영국 제국주의가 어떻게 등장하여 번성하다가, 쇠락하여 '은유'로 변화되는지 제국과 식민지의 관계 및 타자에 대한 두려움에 초점을 맞추어 분석하였다. 식민지의 실체를 부인하지만 덕을 보던 제국주의의 초기에는 이런 현실을 침묵으로 은폐하거나 제국의 식민지 경영에 힘쓰는 영국 남성의 부재에 대한 불안이 내비친다. 식민지의 약탈 단계에서 헤게모니 단계로 접어든 제국의 중기에는 제인과 로체스터, 버사와 세인트 존 등 모든 인물의 삶에 제국주의가 "침투"(saturation)하여 밀접한 관련을 맺을 뿐 아니라, 타자(식민지인)의 역공에 대한 불안이 증대되며 그 대안으로서 영국 여성이 이상적 여성으로 제시된다. 타자에 대한 불안이 가중된 제국주의 말기에는 스스로 부패하고 타락하게 된 지배계급의 총체적인 타락 현상을 보여준다. 즉 영국 지배계급은 경제적·사회적으로 식민지의 덕을 보지만 도덕적으로 막다른 골목에 도달할 정도로 부패하여 제국주의가 주로 은유로 재현된다. 이처럼 제국주의 시대가 식민지를 약탈하는 초기 단계에서 헤게모니 단계로 변화함에 따라, 타자에 대한 불안을 그리는 문학적 재현도 단계별로 달라짐을 확인할 수 있었다. 아울러 영국 사회를 부유하게 만든 안티구아와 서인도, 자메이카 같은 해외 식민지들은 영국에서 소수자(minority)로 제시될 뿐, 새로운 대안적 가치를 가져오거나 식민지의 현실을 충분히 대변하지 못한다.

이 세 소설에서 공통적으로 여성이 제국과 식민지의 긴장 관계에 대한 하나의 대안으로 제시된다는 점에 주목할 만하다. 패니는 영국에서 가장의 부재에 대한 불안을 메우고 맨스필드 파크로 대변되는 전통적이며 보수적인 상류 사회 가정을 지키는 것으로, 제인은 타자의 역공격에 대한 불안으로부터 영국을 지키는 것으로, 그웬들런은 자기 외에 타인의 고통과 세상사에 대한 관심과 애정을 통해 부패하고 타락한 영국 상류계급이 경영하는 영국 제국주의를 극복할 것으로 제시된다. 다시 말해 패니의 분별력과 신중함, 제인의 도덕적 완전함과 인내, 그리고 그웬들런에게 잠재된 "인간의 애정"이 각기 바람직한 자질로서 강조됨으로써, 영국 사회 안에서 가부장제의 희생자인 여성이 영국 제국과 식민지의 긴장관계를 해결할 대안적 가치의 담지자로 제시된다는 것이다. 이와 같이 식민지 종주국의 문제에 대한 해결책을 제국의 일원인 여성 인물에게 찾은 점은 한계라고 할 수 있지만, 이 대안이 제국의 남성에 대한 우회적인 비판이나 여성 인물의 역할에 대한 높은 기대와 맞물린다는 점에서는 성취라고 할 수 있을 것이다.

< 인용문헌 >

간디, 릴타 / 이 영욱 옮김.『포스트 식민주의란 무엇인가?』. 현실문화연구: 서울, 2000.

바트 무어 - 길버트 지음 / 이 경원 옮김.『탈식민주의; 저항에서 유희로』. 한길사: 서울, 2001.

유제분 엮음. 김 지영, 정 혜욱. 유 제분 옮김.『탈식민 페미니즘과 탈식민 페미니스트들』. 현대미학사; 서울, 2001.

태 혜숙.『탈식민주의 페미니즘』. 여이연: 서울, 2001.

한국 페미니즘 학회 편.『페미니즘, 어제와 오늘』. 서울: 민음사, 2000.

Allott, Miriam.(ed). *Jane Eyre and Villette(Casebook Series)*. London: Macmillan Press, 1973

Ashcroft, Bill, Griffiths, Gareth, & Tiffin, Helen, eds. *The Post colonial Studies Reader. Routledge*; Londen & New York, 1995

Azim, Firdous, *The Colonial Rise of the Novel*. London & New York: Routledge, 1993.

Bentley, Phyllis. *The Brontes: The European Novelists Series*. London, 1947.

Bhabha, Homok. *The Location of Culture*. London & New York: Routledge, 1994.

Blom, Margaret Howard. *Charlotte Bronte(Twayne's English Authors Series)*. Boston: Twayne Publishers, 1977.

Boumelha, Penny. *Charlotte Brontë*. Indiana UP.; Bloomington and Indianapolis, 1990.

Brooks, Peter. Body Work: Objectives of Desire in MOdern Narrative. Cambridge: Harvard UP, 1993.

Childs, Peter & Williams, R. J. Patrick. *An Introduction to Post Colonial Theory*. Prentice Hall & Harrester Whestsheat; London, New York, & etc, 1997.

David, Deirdre, "Empire, Race and the Victorian Novel" Brantlinger, Patrick & Thesing, William B. eds. *A Companion to The Victorian Novel*. Blackwell Publishing, 84-100.

David, Deirdre. *Rule Britannia: Women, Empire, and Victorian writing*. Ithaca & London: Cornell UP, 1995.

Donaldson, Laura E. *Decolonizing Feminisms: Race, Gender, & Empire-Building*. Chapel Hill & London: The Univ. of North Carolina Press, 1992.

Fraiman, Susan. "Jane Austen and Edward Said: Gender, Culture, and Imperialism", *Critical Inquiry*, 21: 4(Summer, 1995), 805-21.

Halperin, John. "The Novelist as Heroine in Mansfield Park, A Study in Autobiography", *Modern Language Quarterly*, 44:2 (June, 1983), pp. 136-56.

Handley, Graham. *Jane Austen: Criticisim in Focus*. London, Bristol Classical Press, 1992.

Henry, Nancy. *George Eliot and the British Empire*. Cambridge & New York: Cambridge UP., 2002.

Hoeveler, Diane Long & Lau, Bath, eds. *Approaches to Teaching Brontë's Jane Eyre*. The Modern Language Association of America; New York, 1993.

Hudson, Glenda A. "Incestuous Relationships: Mansfield Park Revisited", *Eighteenth-Century Fiction*, 4:1 (October, 1991), 53-68.

Kelly, Gary. "Reading Aloud in *Mansfield Park*", *Nineteenth-Century Fiction*, 37:1 (June, 1982), 29-49.

Kirkham, Margaret. *Jane Austen, Feminism and Fiction*, London & NJ : The Athlone Press, & Atlantic Highlands, 1997.

_____. ed. *Jane Austen and Achievement*. London & Basingstoke: Macmillan Press LTD, 1976.

Moore-Gilbert, Bart, ed. *Postcolonial Criticism*. Longman; London & New York, 1997.

_____. *Postcolonial Theory; Contexts, Practices, Politics.* Verso; London & New York, 1997.

Moore, Susan. "The Heroine of *Mansfield Park.*" *English Studies; A Journal of English Language and Literature,* 63:2 (April, 1982), 139-44.

Pinion, F. B. *A Bronte Companion (Literary Assessment, Background and Reference).* London: Macmillan Press Ltd., 1975.

Said, Edward. *Culture and Imperialism,* New York: Vintage, 1993.

Sherry, Norman. *Charlotte and Emily Bronte(Literature in Perspective).* London: Evans Brothers Ltd., 1969.

Shires, Linda M. ed. *Rewriting the Victorians: Theory, History, and the Politics of Gender.* New York & London, Routldege, 1992.

Spivak, Gayatri C. "Three Women's Texts and a Critique of Imperialism". Moore-Gilbert, Bart, ed. *Postcolonial Criticism.* Longman; London & New York, 1997, 145-65.

Stewart, Maaja. *Domestic Realities and Imperial Fictions: Jane Austen's Novels in Eighteenth Century.* Athens & London: U. of George P., 1993.

Sutherland, John. *Can Jane Eyre Be Happy? ; More Puzzles in Classic Fiction.* Oxford U.P.; Oxford, New York, 1997.

Wallace, Kathleen. *Immortal Wheat(A Personal Interpretation Mainly in Fictional Form of the Life and Works of the Bronte's),* New York: C. P. Putnarn's Sons, 1951.

York, Lorraine M. "The Pen of the Contriver" and the Eye of the Perceiver: *Mansfield Park,* the Implied Author and the Implied Reader". *English Studies in Canada,* 13: 2 (June, 1987), 161-73.

L.I.E. 영문학총서 발간위원회

위원장: 이만식(경원대)
19세기 영어권 문학회 위원: 여홍상(고려대), 장정희(광운대), 유명숙(서울대)
　　　　　　　　　　　　윤효녕(단국대), 김현숙(수원대), 정규환(한양대)
　　　　　　　　　　　　전세재(숙명여대), 이선주(송호대), 조병은(성공회대)
　　　　　　　　　　　　이소희(한양여대), 엄용희(명지대)

19세기 영국여성작가 읽기

인쇄일 초판1쇄 2008년 1월 25일
발행일 초판1쇄 2008년 1월 30일
지은이 한애경 / 발행인 정규형 / 발행처 *L. I. E.*
등록일 2006. 11. 02 제17-353호

서울시 강동구 성내동 447-11 현영빌딩 2층
Tel : 442-4623,4,6 / Fax : 442-4625
homepage : www.kookhak.co.kr
e-mail : kookhak2001@hanmail.net
ISBN 978-89-93047-02-8 *94800 / 가 격 15,000원
　　　978-89-959111-5-0 *94800 (set)

저자와의 협의하에 인지는 생략합니다.

L. I. E. (Literature in English)